国际中文教育
案例选编

Selected Cases of
International Chinese Education

王 宁　彭育波 主编

上海交通大学出版社
SHANGHAI JIAO TONG UNIVERSITY PRESS

内容提要

本书择优收录了上海交通大学国际中文教育专业历届硕士撰写的教学案例。本书将教学案例按照内容分为高校留学生教学案例、国际学校教学案例、孔子学院教学案例、线上汉语教学案例、跨文化交际案例共五个板块,每一板块包含若干篇案例,以及由一位专家撰写的案例点评。本书可作为高校国际中文教育专业本科或硕士课程的参考书目,有意报考国际中文教育专业硕士或从事国际中文教学工作的读者也可将本书作为提升自己教学能力的参考读物。

图书在版编目(CIP)数据

国际中文教育案例选编/王宁,彭育波主编.
上海:上海交通大学出版社,2025.5.—ISBN 978-7
-313-32524-2

Ⅰ.H195.3

中国国家版本馆 CIP 数据核字第 20256FU831 号

国际中文教育案例选编
GUOJI ZHONGWEN JIAOYU ANLI XUANBIAN

主　　编:王　宁　彭育波	
出版发行:上海交通大学出版社	地　　址:上海市番禺路 951 号
邮政编码:200030	电　　话:021-64071208
印　　制:苏州市古得堡数码印刷有限公司	经　　销:全国新华书店
开　　本:710mm×1000mm　1/16	印　　张:15.5
字　　数:250 千字	
版　　次:2025 年 5 月第 1 版	印　　次:2025 年 5 月第 1 次印刷
书　　号:ISBN 978-7-313-32524-2	
定　　价:89.00 元	

序

　　这本案例集是从上海交通大学国际中文教育专业历届硕士所撰写的教学案例中择优汇编而成，相信对那些正在或将要在第一线直接从事国际中文教育教学的教师会有一定的参考作用，这也是我们为国际中文教育事业所尽的一份绵薄之力。

　　也许熟悉我的学术生涯和著述的读者会感到纳闷：我这样一个长期从事比较文学和文化研究的学者怎么又与国际中文教育相关呢？我的回答是，不仅密切相关，而且我本人也曾涉及国际中文教育，或曾经的对外汉语教育。我在1997年至2000年期间曾在北京语言大学工作过一段时间，我在那里创立了比较文学研究所，并在短短的三四年内先后获批了比较文学与世界文学硕士点和博士点。当时的北京语言大学主要以对外汉语教学为主，但有一批教授兼通中外文学，并长期在国外教授汉语和中国文学，他们也加盟了我主持的比较文学与世界文学博士点的申报和建设，因此我就自然而然地与对外汉语教学相关了。我始终认为，教授文学肯定离不开最基础的语言，对外汉语教学，也即今天的国际中文教育在我国的高等教育中一直占有重要的一席之地。多年前，我在北京语言大学工作期间，就开始对当时所称之的"对外汉语"教学略有所知。后来，随着国外汉语热的兴起，各高校也相继成立了国际汉语教学中心或学院。我现在工作的单位上海交通大学人文学院下属的汉语国际教育中心，即专门承担教授外国人汉语的教学工作。

　　21世纪初以来，随着中国经济的腾飞和综合国力的强大，如何向国外传播中国文化也就提上了议事日程。承担这项工作的孔子学院也就应运而生了，孔子学院的成立在一定程度上表明中国在全世界范围内普及中国的语言和文化的开始。设立孔子学院的初衷主要是为了增进世界人民对中国语言和文化的了解,以便通过人文交流来发展中国与外国的友好关系,促进世界多元文化的发展。但后来由于西方国家对中国的文化软实力和中国文化的国际传播产生了警觉,认为这是中国政府用来实行文化渗透的工具,一度关闭了不少孔子学院。其实这完全是一种误解和误导。在过去的十多年里,我曾应邀在国外的一些孔子学院讲学,有时我也碰到国外的听众提出这样的问题,但我耐心地向他们解释:孔子学院的主要任务是教授外国人中国的语言和文化,并没有义务向他们传播以孔子为代表的儒家学说。只是孔子的知名度在国外很高,我们就用了他的名字来命名这些教授中国语言文化的机构。

当然,国际中文教育还有其他任务,其中的另一个重要任务就是培养一批国外的知华友华人士,他们是加强中外人文交流并推进中国文化走出去的重要力量,有时他们所做的工作恰是政府想做又难以直接去做的工作,因此他们所发挥的作用也是旁人难以替代的。由此可见,国际中文教育确实是任重道远,在这方面从事教学和研究的学者确实功不可没。因此我读完这本案例集,就越发感到他们所从事的工作的重要性。不知广大读者以为如何?我有感而发写了上述文字,是为序。

王 宁

2024 年 7 月于上海

前　言

　　上海交通大学国际中文教育以为世界各国培养优秀人才、培养知华友华的外国人士为宗旨。上海交通大学 2011 年成为国际中文教育专业硕士授权点，并于当年开始招生。2012 年，本专业"汉语国际教育硕士研究生新西兰实践基地"入选上海市专业学位研究生实践基地。2013 年入选首批国家来华留学示范基地。2016 年顺利通过全国国际中文教育硕士专业学位教育指导委员会的考核。在 2022 年教育部第五轮学科评估中取得了较好的成绩。

　　自 2011 年至今，上海交通大学国际中文教育专业硕士点已培养国内外毕业生 200 余名。大部分学生毕业后主要从事与国际中文教育相关的教学与研究工作。我们从上海交通大学国际中文教育专业历届硕士所撰写的教学案例中择优汇编成此书，既是对本专业相关教学成果的一次总结与展示，也期望能为国际中文教育事业贡献一份绵薄之力。本书可作为若干门国际中文教育专业本科或硕士课程的参考书目，如课堂教学研究、汉语教学案例分析、汉语作为第二语言教学法、中华文化与跨文化交际等课程。同时，有意报考国际中文教育专业硕士或从事国际中文教学工作的读者也可将本书作为提升自己教学能力的参考读物。

　　本书将收录的教学案例按照内容分为高校留学生教学案例、国际学校教学案例、孔子学院教学案例、线上汉语教学案例、跨文化交际案例共五个板块，每一板块包含若干篇案例，在案例之后由一篇专家撰写的总体介绍以及对所收案例的点评分析作为该板块的总结。

目 录

高校留学生教学案例

国际学校教学案例

孔子学院教学案例

线上汉语教学案例

跨文化交际案例

重构

高校留学生教学案例

中亚国际学生中国历史课教学

谢冰　新疆大学国际文化交流学院

作者简介　　上海交通大学国际中文教育专业硕士毕业。2013—2015 年赴泰国宋卡王子大学任中文教师，2018 年至今在新疆大学国际文化交流学院担任中文讲师。2021 年作为团队成员参加"汉教英雄会"并获得优异成绩；2022 年指导留学生参加第 15 届中国大学生计算机设计大赛并荣获二等奖。

一、历史课的重要性

中国文化植根于悠久历史，诸多内涵是历史文化的遗留，所以国际学生学习中国历史更有助于他们理解中国的文化。《国际汉语教学通用课程大纲》(2014)指出，国际中文教育学科核心素养由语言能力、文化意识、思维品质和学习能力构成，其中文化意识培养目标由文化知识、文化理解、跨文化能力与国际视野四方面组成。文化意识作为价值取向，是提高学生文化理解、文化认同，培养学生跨文化能力、交际能力的关键因素。文化意识的培养需要帮助国际学生了解汉语中常用成语、俗语和某些典故的文化内涵，了解中国文化中的价值观念。这些目标的达成需要国际学生对中国的历史有一定的了解，语言是文化的载体，文化与历史有着不可分割的关系，所以中国历史是国际学生学好汉语的必经之路。

面向国际学生的中国历史课和中国学生学习的通识课不同，教学对象的不同，决定了教学内容的选取和教学方法的使用。2020 年的新冠疫情，改变了教育生态模式，学生从线下学习转向全面线上学习，这对于教师和学生来说都是巨大的挑战，为了能取得较好的线上教学效果，笔者大胆地做了不同的尝试。

二、历史课实践教学背景

(一)学情分析

教学对象为大学三年级汉语言文化专业的本科国际学生,汉语水平等级为 HSK4—5 级,学生人数为 13 人,分别来自哈萨克斯坦、土库曼斯坦、吉尔吉斯斯坦、蒙古,教学方式为线上教学,教学平台为腾讯会议。学生在国外的网络信号普遍较差,所以只能使用一个平台,教师根据学生的需求选用了腾讯会议。历史课为考查课,期末考核方式为开卷考试。中亚学生的学习特点是主动性低,没有预习和复习的习惯,他们更希望在课堂上直接获取知识,对历史感兴趣的学生会提前阅读教材。

(二)教材分析

教材选用的是高等教育出版社出版的中俄英对照的《中国历史常识》。这本教材较适合国际学生使用,中国历史源远流长,信息量大且内容多,而这本教材通过选取每个朝代的经典人物和故事展开介绍,此外这本教材是多语种对照版本,增加了可读性,并且降低了难度。

(三)教学策略

为了让学生能够学有所用,教师以成语故事为本位进行教学,构成思维树,以向外散发扩展常识性历史知识作为重点。比如讲到春秋五霸时,引入勾践卧薪尝胆这个成语故事,再给学生讲越王勾践剑,同时通过纪录片给学生视觉和听觉的冲击,最终给学生留下了深刻的印象。学期末在问到学生对勾践的印象时,学生都会提到越王勾践千年不锈的宝剑,还有他卧薪尝胆的故事。中国历史课虽说是介绍中国的历史和文化,但也不能完全脱离现代生活和学生本国的生活与文化,所以在课上我会经常让学生讨论与他们国家历史的相同点和不同点,从而激发学生思考,增加学生学习的积极性。

课上会介绍留存至今的历史文物,通过对文物的了解可以将学生拉回到几千年前,对当时的社会有更直观的认识。如果有条件,带领学生去博物馆观看实物会更有意义。在讲到商朝时,给国际学生介绍了司母戊鼎和四羊方尊,通过纪录片的播放,让学生有了较深的记忆。

遗憾的是线上教学限制了很多教学方法的使用,如历史故事的还原,如果能让学生亲自表演出来,应会达到事半功倍的效果。

三、学生对教学的评价

为了了解学生对一学期历史课的效果评价,学期末教师通过问卷星给学生发放了调查问卷,根据评价为今后的教学改进提供方向。以下数据均来自学生的问卷。

(一)学生对中国历史课的满意程度

表1　你对这学期的中国简史课是否满意?

选项	小计	比例
很满意	13	100%
比较满意	0	0%
不太满意	0	0%
不满意	0	0%
本题有效填写人次	13	

在调查学生对这门课的满意度时,百分百的学生选择了很满意,令教师感到十分欣慰,受到了鼓舞,得到了肯定。

(二)历史课中学生感兴趣的内容

表2　历史课中你认为比较有趣的内容是什么?

选项	小计	比例
历史文物,如越王勾践剑	4	30.77%
成语故事	10	76.92%
历史人物	4	30.77%
有名的战争	5	38.46%
纪录片	0	0%
本题有效填写人次	13	

表3　历史课你学到了什么？印象较深的内容有什么？

选项	小计	比例
成语故事	11	84.62%
历史文物	3	23.08%
历史人物	5	38.46%
有名的战争	4	30.77%
纪录片	2	15.38%
本题有效填写人次	13	

通过以上两道题的数据可以看出学生对成语故事非常感兴趣，有10名学生认为历史课中的成语故事比较有趣，11名学生对成语故事的内容印象深刻。由于教师认为成语的实用性较强，也是学生学习汉语的难点，所以在授课过程中，教师会重点讲解与历史时期或者人物有关的成语。

（三）视频片段在教学中的作用

表4　历史课中老师放的视频片段对你理解历史内容有帮助吗？

选项	小计	比例
非常有帮助	12	92.31%
有一点帮助	1	7.69%
没有帮助	0	0%
本题有效填写人次	13	

近年来多模态教学模式引起了广泛的关注，实践证明，多模态教学模式有利于提升教学效果，所以历史课上教师会插入一些经典的纪录片片段，从而起到更好的教学效果。通过学生的反馈可以看出，视频对他们理解中国历史有很大的帮助。

（四）学生对历史课的建议

表5　请对历史课教学提出你的建议

序号	答案文本
1	学习的时间太短，如果历史课上三节课的话，我认为更好。
2	因为中国的历史既严肃又有意思，所以一个学期的时间学历史有点短。虽然历史的材料很多，但都容易理解。

续　表

序号	答 案 文 本
3	没有建议,对老师的上课方法很满意。
4	无
5	没有任何建议。
6	有点难,但很有兴趣。
7	没有什么建议。
8	无
9	无
10	尽管历史是一门非常复杂的学科,但老师解释得很好。我祝您健康、精力充沛、充满力量和耐心。没有建议。
11	没有什么建议。我非常满意。
12	谢谢老师。
13	学习更多历史文物,看更多视频。

通过学生的回答,了解到 32 课时对学生来说有点短,国际学生对中国历史很感兴趣,一个学期的教学内容不足以满足他们的学习需求。还有的学生希望看更多的视频资料,其实课下教师也给学生分享过视频链接,但在课余时间观看视频的国际学生较少,所以教师还是得选取一些短小精悍的视频在课上播放,从而满足学生的学习需求。

四、历史课的教学内容与模式探索

所谓教无定法,不同的教师教学风格、习惯各异,但都要根据学生的需求来进行教学设计,这样才能达到理想的效果。通过实践,笔者将结合自己在教学中的一些经验和心得,提出以下几点教学方法和策略。

(一) 历史课教学内容需要取舍

中国历史悠久,中华文化博大精深,值得国际学生去学习了解的方面有很多。而学习了解中国历史文化有一个过程,不可能通过一门课在规定的时间内讲得全面透彻。我们必须要考虑学生的汉语水平和接受能力,合理地选取教学内容,把握好教学的深度和广度,切不可不分主次、不分详略而面面俱到。以一些重点历史人物、成语典故、历史事件为中心发散,重点给学生讲"活"的文化、

"可触"的文化和"可适应不同层次"的文化。

（二）增加历史课学时

笔者在大学任教时历史课都是 2 课时/周，如果一个学期讲完中国历史，时间非常紧迫，学生也只能了解皮毛，所以建议增加历史课学时。如果不能增加学时，建议选取重点朝代、人物和历史故事等知识。

（三）多种教学方法融合

国际学生的历史课不同于中国学生的文化课，传统教学方法可能会降低学生学习的积极性，建议采用多种教学方法，如多模态教学法、体验式教学法、任务型教学法等方法融合使用。多模态教学法可以贯穿整个历史课程，体验式教学法可以实现语言教学和文化教学的融合，比如在讲到桃园三结义这个典故时，让学生以对话的形式表演出来。

（四）中外文化对比

第二语言文化教学的主要目标是培养国际学生的跨文化意识与国际视野，所以面向国际学生的历史课教学也应注重中外文化对比，从而培养学生的跨文化意识。教师可以组织学生讨论对某一历史事件的看法，讨论同一历史时期国外的发展动态，让学生查询相似的历史人物或历史事件，进行对比并找出相似点和不同点。

五、总结

历史课不仅是历史知识的传播，而且要注重语言和文化的结合，培养国际学生的跨文化意识。本文主要根据学生的教学评价对历史课提出几点教学建议，教师要根据学生的需求调整教学方法与教学内容，激发学生对中国历史的兴趣。

状况百出，选择坚强

毛云　苏州昆山市周市高级中学

本科毕业于西安工业大学国际中文教育专业，在校期间担任留学生事务中心助教，兼任对外汉语教师。硕士毕业于上海交通大学国际中文教育专业，研究生就读期间曾被国家汉办(现教育部中外语言交流合作中心)选派为新西兰奥克兰孔子学院志愿者。现任职于苏州昆山市周市高级中学，担任高中语文教师兼任心理教育教师。

一、暑期实习项目简介

2019 年夏，我主动报名参加了上海交通大学(简称"上海交大")人文学院的暑期实习项目，担任上海交大与 UCLA(加利福尼亚大学洛杉矶分校)中文夏令营(以下简称"UCLA 夏令营")的助教，以及学院王骏老师所开发的中文 MOOC 课程暑期体验团(以下简称"MOOC 夏令营")的中文老师。

UCLA 夏令营交流生年龄在 18—28 岁，大多数学生的汉语水平是零基础，个别华裔学生或只能看懂部分繁体汉字，口语较差，或只能进行简单日常交流，认识部分简体汉字，对中国了解较少。

MOOC 夏令营学生年龄在 19—46 岁，学生汉语水平参差不齐，有的学生已经自学了《你好，中文》第一、二册，有的学生完全零基础，有的学生曾学完汉语拼音和少数汉字，但基本已忘。学生对中国有一定的了解，来自课本和国外社交媒体。

两个夏令营时长均为两周。我们的课程安排为，上午进行初级汉语教学，所用教材为王骏、安娜老师编写的《你好，中文》第一册；下午体验中华传统文化，安排了太极拳、茶文化、中国历史、书法等课程；周末穿插上海周边地区或苏浙等地的短途旅行。夏令营的目的是为学生打开了解中国之门,展示今日中国之风貌。

获得实习机会后,我早早地开始熟悉教材和课件,提前与学院国际交流合作办公室负责人莫筱玲老师联系,明确学生的人数、姓名、专业和汉语水平,明确未来一个月的课程规划和活动安排。同时,我提前联系了太极拳老师、书法课老师、历史课老师、地陪和旅行社工作人员,希望夏令营的各项活动能够安全、顺利地开展。此外,在和学生交流之后,我提前和教职工食堂的后勤人员联系,将忌口菜剔除,并且根据每天吃饭时的反馈适时增添或剔除一些菜品。自以为计划周全而缜密,但人算不如天算,活动过程中依然状况百出,我变成了"救火队长",每天奔波在"灭火"的路上,让人焦头烂额,但也收获了成长、友谊与感动。

二、UCLA 夏令营

2019 年 6 月 23 日下午,我接到夏令营的学生后,考虑到大家一路舟车劳顿,比较辛苦,因此只向大家做了一个简单的自我介绍,便把他们安顿至下榻的酒店休息。第二天早晨我和学院负责汉语教学工作的潘情菲老师一起做了orientation(迎新会),接着潘老师便开始了教学。中午我们一起吃饭时,学生们都比较拘谨和腼腆。这些学生专业不同、年龄不同,虽是来自同一所学校,但彼此也不了解,我看到有的学生欲言又止,气氛比较尴尬。当时我突然想到,假笑男孩 Gavin 在中外社交平台上大火,被无数人制作成了表情包,但每张表情的中英文配图文字不同,可以和学生聊聊这个。在简单介绍了 Gavin 在中国的受欢迎程度之后,每个学生都充满兴趣,加入了竞猜中。气氛一下子被点燃,玩完之后大家的话匣子也打开了,聊得热火朝天,我的"破冰计划"也顺利完成!

上课还没三天,陆陆续续好几个学生跟我反映自己感冒了拉肚子,带他们买药之后询问是否需要请假休息,他们纷纷表示不请假,不想耽误课程,想多学点中文。团里的其他学生也很理解,并且互相帮助。学生们的学习热情深深打动了我,在下午的体验课上我见缝插针地教了他们一些网络流行语和简单日常用语,大家活学活用,发朋友圈也要秀一下。

本以为项目推进得很平稳,每天就这么按部就班,但问题来了。在某天下午太极拳课上,大家跟着一起热身,美国男生 R 突然倒地,双手紧紧捂住膝盖,表情特别痛苦。我立刻拨打 120 要求抓紧出车,同时让太极拳老师的两位弟子在淮海西路校门接应救护车,以防迷路。迅速向夏令营负责老师莫筱玲老师汇报情况,并且多角度拍照,方便后续向医生交代病情。等待救护车的过程中,学生们一直在安慰 R,而 R 疼得满头大汗,说话声音也小了许多。庆幸的是救护车 10 分钟就到了,考虑到我积累的医学类单词较少,我怕太多的专业术语翻译不准会影响医生诊断的准确性,因此我带了一名华裔学生与我一同陪 R 就诊。剩下的学生跟着太极拳老师继续上课。

到了第六人民医院骨科看急诊拍片,是膝关节错位。医生说这种错位有的是天生,有的是剧烈运动导致。再一询问,原来 R 没有运动习惯,之前在美国就犯过这样的病症,只不过当时自然复位了,便没再管。我回忆了刚才的太极拳课,只是简单地热身活动,都没跑步,运动量是比较小的。听完医生的话,我心里的大石头终于放下了,不过这也在我心里敲响了警钟,带团过程中还是小心谨慎为妙。打石膏买拐杖,把医生的叮嘱翻译成英文写在 R 的备忘录上,又跟所有人报平安。这之后,同团的另一名男生每天搀扶着 R 上下课,其他学生也在不遗余力地帮助着 R。

有一晚,我们乘船夜游黄浦江。江畔两侧,华灯璀璨,学生们一边赞叹美景,一边合影留念。这时一个犹太姑娘 A 悄悄走到我身边,问我对犹太人有什么印象。我说:"犹太人很聪明,热爱阅读,善于创新。小时候看过一部电视剧叫《上海风云》,讲的是第二次世界大战期间大量的犹太难民涌入上海,一个上海小伙和犹太姑娘凭借机智与勇敢躲避追杀,最终保护了非常多的难民,这部剧让我对犹太人有了最初的认识。而且外滩这里的沙逊大厦、前两天路过的上海展览中心都和犹太人有关。我们大后天下午的活动就是参观位于上海虹口的犹太难民纪念馆。"说完我指了指岸边的沙逊大厦。听完我的介绍,团里的犹太姑娘 A 对此非常感兴趣,早早地就把相机充满了电。

但就在参观犹太难民纪念馆的前一天,紧急情况又来了!下午 5 点多我接到一通电话,A 的脚踩进了一颗铁钉,得抓紧打破伤风,吓得我立马打车去找她们。见了面才知道,A 和团里的另两个同学对中国的相亲文化特别感兴趣,因此下课后去了人民广场的公园。但附近道路施工,A 穿的又是拖鞋,不小心踩到了一颗生锈的铁钉,五六厘米长。当时情况紧急,A 自己忍着痛就把铁钉拔出来了,用同学带的卫生巾简单包扎了一下就回宾馆了。第二天依然照常上课,直到下午流血变多,疼痛难忍才想着去医院包扎。我一边佩服 A 的勇敢和坚忍,一边又担心这会不会影响她明天的活动。没想到她手一摆,跟我说得抓紧好起来,明天还得去纪念馆呢。

然而打疫苗的过程中又出了岔子。铁钉生锈且伤口较深,必须得在 24 小时之内打破伤风。A 虽然曾在美国打过疫苗,但已超过保护时限,所以必须补打。出于对病情的判断,医生开了两针的剂量,但负责打针的护士拒绝施针,理由是从未打过这么大剂量的疫苗,无法承担后果,而医生坚持打两针的剂量。眼看着 24 小时快到了,疫苗还没打上,我担心万一出事不知怎么收场,小心又紧张地周旋在医生和护士长之间,全程手机录音,最后在医生的担保和 A 自己的选择下,还是打了两针。到这儿,我真是长呼一口气。第二天,A 在同学的搀扶下参观了犹太难民纪念馆,拔钉、打针都没哭的她有几处差点落泪,我拍了拍她的肩膀,以示安慰。

两周的时间很短,但情意悠长。道别的那天,很多学生都哭了。他们集体买了水蜜桃、蛋糕送给我,并且手写了一张大大的感谢卡,写满了对我的感谢,这一刻让我觉得这两周的辛苦付出没有白费。

三、MOOC 夏令营

送走 UCLA 夏令营紧接着就迎来了 MOOC 夏令营的学生。来自 4 大洲 11 个国家的 13 名学生通过遴选来到上海交通大学,参加《你好,中文》慕课线下体验夏令营。此次夏令营由国家汉办资助,是上海交通大学人文学院基于《你好,中文 1》慕课课程,尝试国际化线上线下结合的教学模式的成果。我作为中文老师,负责每天上午的汉语教学工作。

提前了解了学生们的中文水平之后,我决定带着大家复习完汉语拼音,再进入到第一课的学习,然而讲到自我介绍时却出问题了。班里的学生来自 11 个国家,所以我把每名学生的国家名拼音写在黑板的一侧,方便大家记住。坐在第一排的 E 来自俄罗斯,她比较喜欢提问,课上她问我:"老师,为什么中国人叫 America 美国,你们是觉得这个国家非常美丽吗? 为什么叫 Russia 俄罗斯,这有什么含义呢? 不好听也不好记。"我一下蒙了,但想了想平日所学,很快稳定下来,说道:"美国这个名字的由来和读音关系更大,全称是'美利坚合众国',也就是'the United States of America'。其中 A 发音较轻,后面的 merica 根据读音我们翻译成'美利坚',所以就是'美利坚合众国',简称'美国'。'俄罗斯'我猜应该也和读音有关,但具体的我不太清楚,需要课下查询之后告诉你。"E 听了撇撇嘴,似乎不太高兴的样子,我便又补充了一句:"中俄一直是好朋友,我相信这个名字里一定也包含着我们对你们的情谊。"我说完,E的脸上开始有了笑容。

两周的时间里,除去外出旅游,真正可以用来进行汉语教学的时间只有10个上午,我原计划是上到《你好,中文1》的第12课,但E和L却严重影响了教学进度。具体表现为:我在讲课时,大家都在认真听讲,只有E在玩手机。当我讲完这一页PPT,翻到下一页时,E却要求我返回到上一页,她要记笔记。我让她拍照留存,课下再补笔记,她说她不想下课记笔记。如此两三次,我能看到班里有的学生开始不耐烦了,默默对E翻白眼。下了课,我请E先留在教室里,想跟她谈谈学习习惯问题。我委婉地表达她的做法会影响大家的教学进度,希望她能在课上不玩手机,认真听课,跟不上速度的可以拍照记录,课下我愿意再给她解释。E笑眯眯地说她努力做到吧。

在讲到词语时,有些词语比较简单,比如"豆腐""麻将""聚会",我在PPT上放了图片,旁边标注汉字、汉语拼音,我会用媒介语英文简单地解释一下。全班学生除了E都能听懂。刚开始我以为是不是自己的英语口语有口音,让E听不懂。但我课下向班里的英语母语者学生求助,她表示完全能理解,发音很标准。后来我发现E需要让同是俄罗斯人的L用带有俄语口音的英语再发一遍音,她才能听懂。所以,我每讲一个单词,在讲台解释一遍,L给E再讲一遍。

E特别喜欢纠正别人的发音,她总把j、q和z、c的发音搞混。我们知道,j是舌面前不送气清塞擦音,而z是舌尖前不送气清塞擦音,二者的区别在于发音部位不同,所以我张大嘴巴,夸张发音,示范j和z的发音,方便第一排的她能看清。但她发不准。我又从网上找到发音部位图,一边指出发音部位的差异,一边夸张嘴形发音,她依然发音不准确。我想起E一直说自己英语好,便写出国际音标,她仍然读错音。因为怕耽误教学进度,我打算把她的问题放在课后处理,先继续上课。在随后的练习中,我让每名学生把这节课所学的几个词读一遍。A和K是一对来自美国的情侣,他俩的发音算得上是初学者中比较标准的,有一些发音不到位的问题,我认为需要课上课下双结合,需要时间多加练习,应该没有问题的。而且我担心在基础汉语学习阶段,太过严格地揪住错音不放,会让学生产生焦虑情绪,阻碍学习者的积极性,所以他俩读的时候我并没有纠正。突然,E打断了A和K,直接冲上讲台,一边让我听她的发音,一边非常奇怪地模仿A和K的发音,让我纠正他们俩不正确的发音。A和K被E说得满脸通红,十分尴尬。我让E先回到自己座位上,要求她不经过老师的允许不得擅自到讲台来。其次，我肯定了 A 和 K 的发音是相对标准的，课下还需要再练习，争取更标准。最后，我许诺课下帮助 E 重新学习 j、q 和 z、c 的发音，这场"纠音风波"才算过去。

L 的问题更多是集中在教材内容上。比如我在讲课时所使用的 PPT 是与教材配套的，其中"图书馆"一词的配图是国外图书馆的照片，L 便问我："老师，你们为什么用国外图书馆的图片，而不用自己国家图书馆的图片？你们对自己的图书馆这么没自信吗？"我随即回应道："首先，PPT 是多年前制作，那时并没有这种意识，去关注这是国内图书馆还是国外图书馆图片；其次，我们使用国外图书馆的图片更多是想给来自国外、学习汉语的你们一种亲切的熟悉感；最后，我们学校给你们发了学生卡，我们的图书馆就在校园内，它历史悠久、非常美丽，欢迎你们随时来参观实景。"

这 10 天里 L 类似问题有很多，比如讲到"帅"和"漂亮"时为什么要用 Brad Pitt 和 Audrey Hepburn 的图片，而不用你们国家的明星，是对你们国家明星不自信吗？我们的课文里"请""谢谢"这类词很少，中国人是不是平时不怎么有礼貌？

讲到"打"这个字时，我延伸了几个词，"打电话""打伞""打人""打工""打扫""打篮球"，L 问我为什么都用"打"，我解释"打"有多重含义，搭配较多，像英语中的"give""take"也是有很多搭配。L 随即用英语嘀咕了一句中国人用词真随意啊。我看了她一眼之后，她便开始用俄语和 E 大声讨论起来，我敲黑板敲了四五遍才停止。

带团去苏州游时，导游对我抱怨的最多的就是 E 和 L。在一个服务区下车休息时，约定 10:10 上车出发，其他人全到了，唯有 E、L 和另一个女生跑去买咖啡，打电话不接发消息都不回，全车人等了她们半小时，3 个人才回来。

四、案例分析

针对案例中出现的系列问题及解决方案，我准备从课堂秩序管理、语音教学、应急突发事件处理、文化教学的具体实践等四个方面谈谈自己的见解。

第一，在课堂秩序管理方面，我在担任 MOOC 夏令营中文教师的过程中做得不尽如人意。班里 13 名学生，汉语水平各不相同，有 3 名学生在入学前已经自学了《你好，中文 1》第一册，并且知识掌握得比较牢固，应该单独分为一班，上小班课，其余的学生一起从《你好，中文 1》开始学起。班里的 E 和 L 应该是比较典型的"刺儿头"学生,问题多,学习态度时好时坏,课堂上提问与教学无关的内容严重影响了全班学生的学习进度,有时用俄语争吵让我无法上课。而我时常因为解答 E 和 L 的提问或者维持课堂纪律而耽误了教学时间。虽然这只是一个为期两周的中文学习体验团,但作为老师,我应该在第一节课就把课堂规矩明确地告诉学生,并要求他们严格遵守。我以为学生年龄都在 30 岁左右了,应该不用刻意强调课堂纪律,终究是大意了。而且,学生的提问如果与教学内容无关,我委婉地提出课下解答仍然不依不饶时,可以选择冷处理,无视她的提问,继续进行后续的教学,并且及时向团队负责老师汇报,寻求解决办法。

第二,在语音教学方面,尤其是基础汉语教学阶段,教师应当对学生严格要求。正如赵元任所言:"这种工作啊,只要开始两三个礼拜就应该把所有的困难都给战胜。因为两三个礼拜要是不给它弄清楚啦,以后你再学到文法、再增加词汇的时候啊,你就把这些错的音就老用了,所以不能不在最初的时候把这个习惯弄好。"但是也不能因此而对学生揪住不放,这样也容易让学生产生焦虑情绪,所以把握好语音教学的"抓与放"至关重要。在教学时关注学习者个体差异的影响,如语言学能、个体差异等,也关注学习者语言背景差异的影响,所以我采取了"抓大放小"的策略,在保证发音部位、发音方法掌握正确的情况下,基本读对,发音不够饱满,略有瑕疵,可以鼓励学生课下多练,毕竟要给学生一定的时间,"发音完全接近母语水平需要一段时间的适应,这是由学习的内在机制控制的"(施向东、丰琨《对外汉语语音教学总体思路和大纲研究》)。

第三,在应急突发事件管理方面,很多新老师都会慌了阵脚,不知所措。比如,我在带 UCLA 夏令营的那两周里,去了医院急诊四五次,第一次坐救护车,第一次独自处理就诊时的医护冲突,心中也会慌乱。学生们也觉得生病太多,以至于后来大家笑着说"Someone gets sick today(今天有人生病了)"的笑话。我认为无论在课堂还是户外活动中,如果碰到紧急突发事件,带队老师首先应保持冷静,不能慌乱。其次,事急从权,优先保障学生的利益,灵活处理。同时,明确责任主体,做到事事有汇报、事事有回应、及时反馈、及时沟通。最后,细节决定成败。关于学生外出活动的问题,一定要考虑得周全且详备,必要时刻善用手机拍照、录音功能,有助于事情的解决。

第四,在文化教学的具体实践方面,我认为夏令营的活动安排既有助于学生了解古代传统中国,更能认识现代中国。既是寓教于"动",更是寓教于乐!比如中午一起就餐时,我们是在一间包厢里,围坐于一张大圆桌,这非常适合讲中国人的餐桌礼仪，比如座位顺序、餐具摆放、上菜顺序。在上菜之前可以教他们使用筷子，上菜后可以顺着菜品简单介绍煎、炸、煸、爆、焖、炖之间的区别。去豫园观光的时候，可以顺势引导学生们欣赏古代园林艺术之美，欣赏古人书法和绘画。在下海庙烧香拜佛品尝素面，了解古代中国人的精神信仰。同时，学院精心安排了太极拳课、书法课和中国历史文化课。太极老师王老师为学生们详细地讲解太极中的"用意不用力""中正安舒"。参加此次活动的学生多是第一次零距离接触太极，被太极老师刚柔并济、行云流水般的拳法深深吸引。展示过后，王老师邀请学生上台与他合作演示：无论学生如何用劲推他，王老师岿然不动，此即为太极中的顺势而为，化解对方的力量，以柔克刚的精髓所在。几次切磋后，学生们充分认识到太极的柔中带刚、气随意动，对太极更加充满敬意。在中国历史文化讲座上，人文学院李仕健老师从中国的朝代更迭、物质文化、精神文化等方面入手，使用PPT、音频、视频等多样化的手段，详细介绍了中国的发展变化。书法课上，学习书法20余年的叶老师首先向学生们介绍了中国书法艺术悠久的历史，以及书法在我国文化中的重要地位。接着，老师为学生们逐个纠正练习书法的执笔姿势和坐姿，老师不断强调练习书法的过程也是一种对自身的修行，并鼓励大家尝试从最基本的笔画练起，熟悉落笔的感觉。最后，书法老师教授学生在象征吉祥红火的红纸上写下汉字"福"，祝福学生在中国的学习一切顺利，幸福快乐。而在最后的展示中，学生们纷纷积极踊跃地走上台来，进行书法作品的比拼，班级中一片欢声笑语，大大加深了学生们对中国书法艺术的学习热情。

除了汉语，还要说什么？

薛家琪 上海交通大学人文学院

作者简介

台湾同胞,本科毕业于上海师范大学对外汉语专业,毕业后曾在上海一所国际学校担任小学中文老师一年,此后分别在上海两所高校担任对外汉语兼职教师两年,现在上海交通大学国际中文教育专业攻读硕士研究生专业学位。教授过的课型和对象包括语言交换生的综合课、汉语本科生的听说课以及非汉语专业留学生的读写课;教授过的教材包括《发展汉语(初级综合、听力)》《汉语教程(第一册)》《新目标汉语口语课本1》和《生活汉语(第一册)》。其间主要教授的是零基础和初级水平的留学生,因此在教学过程中也遇到了大部分对外汉语教师关注的"媒介语"的问题。

一、学生情况

上海某高校国际交流学院的语言交换生,其中有 8 名学生来自韩国,7 名来自日本,2 名来自美国,2 名来自巴西,1 名来自法国。学生的汉语水平多为零基础和初级阶段(HSK1—2 级),部分学生会说简单的生活用语(你好、谢谢……),听、说能力相对较强。和日韩学生相比,欧美学生在课堂上较为积极、活跃,敢于开口;日韩学生相对较少主动回答问题,学习、接受新知识的速度相对较快。本案例分析重点关注的是在初级阶段的综合课中,由来自不同国家、使用不同母语的学生所提出的关于课堂媒介语的使用想法。

二、课堂问题

本案例计划使用 14 周(一周 9 课时,一课时为 45 分钟)的时间完成《生活汉语(第一册)》一到十课的教学。由于该班学生来自不同国家,母语不都相同,加上学生多为大学生,因此在学期的初期,除了新课所涉及的生字词,课堂指令和知识点主要使用英语进行讲解,课堂中的练习形式为师生问答、随机两人一组操练、全班相互问答等。

教学地点在上海某高校的国际教育中心,使用教材为《生活汉语(第一册)》。开学第一、二周的教学内容为打招呼的基本用语(你好、您、称呼、认识、高兴)、介绍自己以及询问他人姓名、姓氏和国籍(请问、叫、什么、怎么、名字、哪国、人),并掌握"是"字句、"吗"字是非疑问句以及"怎么"与动词搭配的疑问形式。第三、第四周的教学内容为数字、电话、住址以及时间的询问和表达(住、哪儿、多少、号码、现在、几、点、星期)。

开课一周后,有一名韩国学生用一些简单的英语词组向我表达自己的英语不太好,导致在课堂中因为听不懂指令、不明白当下应该做什么,以致于自己的学习进度落后于身边其他的韩国同学。在得到该学生的反馈以后,我便开始减少了英语在教学语言中的使用,并尽量使用简单的英语单词或短语,同时大大降低了用英语讲解的速度。

又过了一周左右,一名日本学生在课后把自己的手机拿给了我,原来他用软件翻译了一段日文,大意是说自己的英语非常不好,但认得不少汉字,希望我在课堂讲解的时候可以加上汉字或是用简单的汉语解释一下。两名学生提出的问题引起了我的反思:虽然我会一些简单的日语和韩语,但是在课上同时使用日语、韩语和英语三门语言作为媒介语既浪费时间又不利于目的语的学习。究竟是不是自己在课堂上使用了过多的媒介语? 但作为零起点的混合班,教材中的生字词已经使欧美学生望而生畏,是否应该再补充其他词汇呢? 于是,在进一步减少英语作为媒介语使用的同时,我在第二次课的前十分钟利用图片加上日、韩、英三种语言的简短翻译给学生们讲解一些简单、常用的课堂指令,如"听、说、读、写、看;两个人一起;作业、休息、下课"等。此外,我还依照学生母语和汉语水平将班里的学生两两配对成为固定的学习伙伴,并采用精讲多练原则,让学生在操练时可以得到同伴的帮助。经过一段时间发现,原先学习速度落后、汉语水平较差的日、韩学生渐渐能跟上班里的其他同学,跟上教学进度。与此同时我们还发现班里部分以英语为母语的学生通过这样的结伴学习,在汉语学习方法上有了突破和进步。

在这样的教学模式和学习方法下又过了两周左右,有几名欧美学生结伴来向我反馈他们的共同感受:随着学习的字词量和知识点的难度的增加,他们学习汉语的压力和难度也随之增加,因此他们希望我在教授完一个新的知识点以后,在操练以前,可以再用英语简单地翻译一下。比如学习语法点"动词＋过"时,除了用英语翻译为"have done",口头翻译它的问句形式为"Have you...?"以及陈述句为"I have..."。此外在学习一些汉语中较为特殊的用法和表达时,如"形容词＋起来",欧美学生表示即使课本上有英语解释"to show that an action or state has started and is ongoing",他们也明白这里"起来"的意思,但由于我们曾经学过"起来"作为动词的用法和意思,再加上学生汉语水平的限制,导致他们通常很难在第一时间就明白例句的意思,因此他们希望我可以在汉语例句旁放上英文的注解,如"天气热起来了。—It's getting hot."或是可以即时口头翻译一下。

其实在他们向我反馈这个问题前,我就已经发现在课上两人一组操练的时候,欧美组学生的完成效率和正确率渐渐开始低于日韩组的学生。虽然大部分的日韩学生并不精通英语,但相较于欧美学生,他们对汉字已经有初步的认知。撒去了汉字这个"拦路虎",日韩学生接受并正确运用新知识点的速度比欧美学生要稍快一些。同时我还发现大部分的日韩学生在提早完成任务以后会用母语相互交流,甚至闲聊,虽然之前的二人小组的初衷是想让母语相同的学生互帮互助,但之后带来的影响却是弊大于利。考虑到学生学习进度的差异,再加上开学初部分落后的学生已逐渐跟上教学进度,班里的学生已经可以用一些简单的汉语完成任务并进行简单的交流,于是我将原先的两人日韩小组与两人欧美小组合并成前后桌的四人一组,并将课堂中的操练环节调整为两者结合,如较为简单的替换信息进行对话操练则两人一组,用时三到五分钟即可;若是任务较多、需要通过询问得到信息则为四人一组,两两交叉操练,用时五到八分钟。大概在开学以后三周左右,学生们基本上已经能够理解大部分常用的课堂指令,如"我们一起读、两个人说一说、问一问你的朋友"等。除了偶尔会需要用一些英语简单地解释一下语法规则,课堂中的媒介语"英语"已经大幅度地减少。与此同时我发现,随着汉语词汇量的积累和水平的提高,学生在四人小组操练的过程中直接使用母语询问和解释的频率也随之降低了。这不仅解决了关于课堂上媒介语使用量的问题,还帮助了班里学习能力较弱、进度较为落后的学生找到了合适的学习方法。

三、案例分析

(一) 原因分析

首先,在零基础汉语课堂中,英语常常成为很多教师的教学语言,加之学生的汉语水平有限,很难在开学伊始就完全使用汉语进行教学。因此,在初级阶段的汉语课堂中,英语作为"教学语言"的使用频率和使用量的掌握值得我们关注和思考。而随着学生词汇量提升、汉语水平逐渐提高,教师又应该如何把握、调整课堂"媒介语"的使用也值得我们接下来继续探讨。

其次,我当时任教的高校的留学生大部分来自日本和韩国,仅有三分之一的留学生来自欧美国家。因此,在基础汉语课堂使用英语作为课堂教学语言就出现了本案例中的问题:日韩学生觉得课堂"媒介语"使用过量、无法完全理解因而导致自己进度落后;而到了学期中后期,学习难度提升时,欧美学生又反映课堂"媒介语"过少导致他们接受新知识的时间和难度都随之增长。其中韩国学生可能对汉字有一些了解,再加上能听懂部分的英语解释,因此能猜测新知识点的大意。而日本学生的汉字基础稍强,第一周的学习还勉强能跟上,但由于其英语能力更差,加上第二周学习的内容和难度都有所增加,所以比韩国学生稍晚提出反馈。与日韩学生不同,欧美学生非常依赖"翻译法",因而在学习难度增加、课堂"媒介语"的使用减少时产生了不适感,带来了学习上的不安全感和挫败感。

最后,在汉语学习过程中,特别是对于零起点的学生而言,汉字、声调和个别声韵母的发音已经需要他们花费大量时间、精力去练习和识记。与此同时,教师若在课堂上完全不使用"媒介语"也不切实际,只会给学生学习汉语的路上放下更多的"拦路虎"。

(二) 解决方案

针对课堂"媒介语"的使用和选择,目前确实很难找到同时精通日语、韩语、英语三门以上语言的对外汉语教师,提高甄选要求或是对教师进行语言培训不仅成本高,也不切实际,而英语作为世界通用的官方语言,当前有七十多个国家以英语作为官方语言,因此以"英语"作为汉语课堂媒介语是最好的选择。

首先,"英语"作为媒介语在教学过程中的使用量和使用频率的问题,我们认为可以根据学生的英语程度和汉语水平的提高而调整。在学期初,一些简单的词汇、短句教师可以在讲解完用法和搭配的同时用英语直接翻译一下,如"你好—Hello","你叫什么名字? —What's your name?"。翻译的同时还应该注意英语和汉语的句子和单词意思上的对应差异,如"很高兴认识你"翻译为"Nice to meet you"的同时,要和学生讲解"认识"还有"know"这个意思和用法。比如,"我认识他—I know him;我认识这个字—I know this character"。我们认为前一到二十个课时教师使用英语的频率为三分之二左右,同时考虑到班里部分母语不是英语的学生,教师应尽量使用简单的英语词汇或短句,避免大量、长时间地使用英语翻译法,并尽可能清楚、慢速地用英语讲解。确保英语程度稍弱的学生能听懂的同时,也避免母语为英语的学生过度依赖"媒介语"。

其次,教师在讲授课本生字词的同时,可以在开学第一周就把常用、简单的课堂指令通过母语翻译并结合图片给学生解释。大约三到四周以后,随着学生汉语水平和词汇量的提升,加上教师开学初补充的常用语并在每一次课上不断重复、加深记忆,除了还可能需要用英语简单解释一下新学的知识点,学生已经可以直接听懂汉语课堂指令,因此我们认为此时教师使用课堂媒介语的频率可调整至三分之一。

再次,教师还可以利用学生已掌握的词汇解释、造句,并简化用语。如本案例中所使用的教材《生活汉语》第二课就学习了句式"怎么+动词",教师在之后的教学过程中便可以利用此句式提问,如"这个怎么读? ……怎么回答? 怎么卖"等等。又如,比起直接将"您好"翻译成"respectful way to say hello",不如给学生创造使用的语境。教师可以在PPT上展示图片:学生、朋友之间相互打招呼的时候,说"你好";旁边同步展示学生和老师打招呼的时候用"您好"。让学生了解两种招呼用语使用情境的不同,同时避免学生误解"你好"是不礼貌的说法。而到了学期中后期(大约五到七周后),结合本案例中欧美学生提出的问题,我们认为在学生的汉语词汇量能够开始遣词造句时,在不改变媒介语使用频率的情况下,将PPT上展示的例句精简化。先用简单的汉语并结合情境给学生解释后,若还有人不懂再用英语翻译。课后教师可以将上课使用过的例句加上翻译整理好并分发给学生,减少媒介语使用的同时还能帮助学生课后自主学习。

最后,针对不同母语的学生对"媒介语"使用量的不同需求,我们要有不同教学策略。若是一个国籍混合的班级,教师除了采用上述的方法调整英语的使用,还可以大致按照学生的国籍和汉语水平分配学习伙伴,并根据任务需求组成四人小组。若在教学条件、学生人数满足的前提下,我们认为可以开设母语或外语为英语的欧美留学生班。这样不仅可以解决课堂究竟应该使用哪种语言作为"媒介语"的问题,教师还能够针对欧美学生容易发生的偏误重点教学,特别是帮助非汉字文化圈的学生克服"汉字"这个难题。本案例中我们也发现，在小组操练、合作完成任务的环节中，欧美组所花费的时间和学习进度明显落后于日韩组的学生。虽然在混合四人小组中他们也能够互相交流、学习，但不少欧美学生仍表示跟上其他汉字圈学生的进度有很大挑战。因此单独开设欧美班不仅能够解决"媒介语"的问题，教师还能针对非汉字圈学生存在的问题专门教学。此外，我们认为在条件满足的前提下也可以单独开设日本、韩国班。目前市面上和高校所使用的汉语教材中的翻译大多为英语，若教师能够以日语或韩语课堂媒介语，并使用日语或韩语翻译的汉语课本授课，相信亦能为日韩学生在初级阶段的汉语学习带来不小的帮助。

（三）利弊评析

本教学案例的优势：①使用简单、慢速的英语作为初级汉语课堂的"媒介语"既能满足不同学生的要求，又无需提高对汉语教师的外语能力的要求。混合班也无需增加会特定语种的汉语教师。②通过结对子的方法不仅能够帮助教师提高教学质量和效率，教师还可以通过这样的学习小组同时帮助不同国家、不同程度的学生，并且学生在学习汉语的同时也能交到来自世界各地的朋友，交流学习汉语的方法和经验。③按国籍分班授课虽然对教师的语言能力有所要求，但是能够帮助学生更快地融入、适应汉语学习。教师也能够针对不同国籍容易产生的不同偏误调整教学方法和教学进度，可谓双赢。但是就算是单独开设欧美班，教师也应当把握好"媒介语"的使用量，否则学生容易过于依赖母语翻译，不利于汉语的学习。比如本案例中提到"你好"和"您好"的讲解。

本教学案例的弊端：①虽然课堂媒介语言的使用随着学生汉语水平的提高而调整，但却给班内汉语学习能力较弱的欧美学生带来了另外的负担。②减少"英语"作为课堂媒介语言就要求教师在课前准备大量的图片、简单的汉语例句及其英语翻译，以便在课上不靠翻译的同时清楚地给学生讲解新知识点，增加了教师的备课量。③目前大部分汉语教材的生词表中多使用英语翻译，再加上教师以英语作为媒介语，学生就更容易养成翻译的习惯，导致错误使用。比如，案例中的教材将"星期"简单地翻译为"week"，因此在我第一次教日期表达"星期一、星期二……"时，便有不少学生认为是"Week 1、Week 2"的意思，而提出了疑问。④若同一层级有欧美班以外的汉字圈的平行班，即使各班在保持相同教学进度和教学内容的条件下，欧美班学生的学习进度仍会落后于其他汉字圈的班级，该班学生的汉语水平也会不如其他平行班。

混合班留学生汉字教学

薛家琪　上海交通大学人文学院

作者简介

台湾同胞,本科毕业于上海师范大学对外汉语专业,毕业后曾在上海一所国际学校担任小学中文老师一年,此后分别在上海两所高校担任对外汉语兼职教师两年,现在上海交通大学国际中文教育专业攻读硕士研究生专业学位。教授过的课型和对象包括语言交换生的综合课、汉语本科生的听说课以及非汉语专业留学生的读写课;教授过的教材包括《发展汉语(初级综合、听力)》《汉语教程(第一册)》《新目标汉语口语课本1》和《生活汉语(第一册)》。其间主要教授的是零基础和初级水平的留学生,因此在教学过程中也遇到了大部分对外汉语教师关注的"汉字教学"的问题。

一、学生情况

上海某高校国际交流学院的语言交换生,其中有 7 名学生来自非汉字文化圈国家,15 名学生来自汉字文化圈国家。学生的汉语水平多为零基础和初级阶段(HSK1—2 级),部分日韩学生会说简单的生活用语,会认、写一些常用的汉字。和日韩学生相比,欧美学生在课堂上较为积极、活跃,敢于开口,但读写汉字的能力相对较弱,学习汉字的速度也较慢。本案例重点关注的是在初级阶段的综合课中,由来自非汉字文化圈的学生所提出的关于汉字课堂教学的问题。

二、课堂问题

本案例计划使用 16 周(一周 9 课时,一课时为 45 分钟)的时间完成《生活汉语(第一册)》一到十课的教学。由于课时有限,加上该班学生大多来自汉字文化圈国家,对汉字有一定了解。此项目不要求学生"书写"汉字,只需要会认读,作业通过键盘拼打完成,笔试则用拼音作答。因此,在课堂上教师不需要特别讲解汉字笔画笔顺,学生也无需书写汉字。

教学地点在上海某高校的国际教育中心,使用教材为《生活汉语(第一册)》。开学第一、二周的教学内容为打招呼的基本用语(你好、您、称呼、认识、高兴)、介绍自己以及询问他人姓名、姓氏和国籍(请问、叫、什么、怎么、名字、哪国、人),并掌握"是"字句、"吗"字是非疑问句以及"怎么"与动词搭配的疑问形式。第三、四周的教学内容为数字、电话、住址以及时间的询问和表达(住、哪儿、多少、号码、现在、几、点、星期)。

由于该项目要求学生只需要会认、读汉字,不需要会书写,因此课堂大部分时间主要是讲解生字词的意思和用法,大大提高了教学效率。但是在开课半个月后,有几名非汉字文化圈学生在课后结伴向我反馈,觉得课上讲解汉字的时间太少。相比其他日韩学生,他们没有任何汉字的基础,因此即便不需要书写,认读汉字对他们来说也十分吃力。收到学生的反馈以后我便马上与平行班的教师以及层级组长商量、讨论,最后决定在每课讲解生字词时尽可能同时讲解相关汉字的字源、结构,帮助学生识记。同时,根据学生不同的汉字基础重新安排座位,分为四人小组,布置不同难度的任务。

一个多月后,几名非汉字文化圈的学生带着不太理想的月考成绩来向我"求助"。他们反映随着学习的词汇量加大以及语法难度加深,学习汉字的难度也随之增加。其次,讲解汉字字源、结构虽然能够帮助他们识记汉字,但是学习笔画笔顺、书写汉字对他们来说更有助于记忆。特别是在第一次月考后发现成绩与他们付出的努力不成正比,相较开学时与班上其他汉字文化圈学生的差距更大了,让他们非常受挫。其实在他们向我反馈这个问题前,我就已经发现在课上小组操练的时候,汉字文化圈组学生的完成效率和正确率渐渐开始高于非汉字文化圈组的学生。这导致汉字文化圈组的学生在提早完成任务以后便无所事事甚至闲聊,虽然之前小组的初衷是想让汉字水平相当的学生互帮互助,但之后带来的影响却是弊大于利。于是我将原先的小组打乱,将汉字基础不同甚至汉语水平不同的学生分为一组,课堂上布置相同的任务,促进组内互助。之后我们发现,学生通过在四人小组操练的过程中相互学习识记汉字的方法,非汉字文化圈的学生不再觉得"追"不上,汉字文化圈的学生也不再觉得小组任务简单无趣。

三、案例分析

（一）原因分析

首先，在零基础汉语课堂中，汉字本身就需要花费教师以及学生大量精力。因此，在初级阶段的汉语课堂中，汉字在课堂上的教学时间以及学生书写汉字的时间占比值得我们关注和思考。因为汉字难写、难认从而将要求降至"认读"无疑为教师和学生都减轻不少负担，但撇开"书写"学习汉字同时也给没有汉字认知基础的非汉字文化圈学生带来困扰。

其次，我当时任教的高校的留学生大部分来自日本和韩国，该班仅有三分之一的学生来自非汉字文化圈国家。因此，在初级汉语课堂中减少汉字讲解时间、不要求学生书写则可能出现本案例中的问题：日韩学生有汉字认知的基础，即使课上没有专门讲解汉字笔画，他们也能自行学习，写汉字对他们来说甚至比写拼音更容易，因而在课堂上和考试中大部分日韩学生仍书写汉字。与日韩学生不同，即便不要求学生必须掌握如何书写汉字，但是对来自非汉字文化圈的学生来说不仅"识记"汉字困难，追上班上日韩同学的进度也更加不易。

最后，在汉语学习伊始，"汉字"对于零起点的学生而言，是非常重要、不可省略、简化的基础。虽然只需要会"认读"汉字相对而言减轻了学生不少负担，但教师应当利用更多时间、精力帮助零基础的，特别是来自非汉字文化圈的学生掌握识记、认读汉字的能力。

（二）解决方案

汉字无论对教师或学生而言都是一大难题，且因人而异。我认为可以通过翻转课堂辅助汉字教学，既能有效提高课堂效率，学生还可以提前预习，对汉字有初步的了解，以降低学生对汉字的畏难情绪的同时减少教师课堂讲解汉字的时间。即便都是来自非汉字文化圈的学生，学习汉字的能力也不尽相同。而通过课下学习资源的辅助，程度较差的学生可根据自身需求反复学习，还能够随时提出疑问并即时得到反馈。书写汉字不论对汉字文化圈还是非汉字文化圈的学生而言都既费时又费力，而初级阶段学习任务又重，通过微信等平台将汉字输出简易化，学生不再需要牢记每一笔每一画，只要能够识记，并拼打输出，无疑是对留学生学习汉字的一大助力。

1. 课前预习

首先,教师根据学生等级及需求设计教案并筹备预习资源。本课生词有"你好、叫、什么、名字、我、是、人、吗、不、哪、国、认识、很、高兴、也"。学生来自不同国家,且为零基础。因此,教师可以借助图片和动画进行教学。第一部分先从汉字基本的造字方法——象形字和指事字入手,如日、月、山、水、火、木、口等,让学生对汉字有基本的概念和了解;之后再加入会意字如"休"表示人靠在树木旁休息(三分钟)。第二部分教师可从常用简单的偏旁部首入手介绍简单的形声字,如"口"字旁多与疑问词相关:吗、吧、呢、哪等;或是用"基本字带字"原则,在介绍"马"的字源和发音后,教师可讲解马分别和女字旁、口字旁组合后的字义和发音之间的联系(三至四分钟)。第三部分教师整理本课所有生字的笔画笔顺动图,播放的同时教师可一边讲解汉字书写规则和汉字基本结构(独体字或合体字中的上下、左右、内外结构),要求学生在观看笔顺和讲解的同时用电脑或手机拼打该生字,完成后看着自己所打的字朗读两遍。虽然学生不需要掌握如何书写汉字,但通过重复汉字书写的笔顺以及对汉字结构的分析有助于非汉字文化圈的学生更加快速地熟悉并识记汉字。需要注意的是,预习资源为的是减轻学生学习汉字的压力,增加他们对汉字的了解和兴趣。因此课前预习内容不宜过长,视频时长应控制在十分钟内,结合动图和图片简单讲解即可。

视频等课前预习资源准备完成后,教师可根据资源内容设计 KWL 任务表①,在课前(至少两至三天)连同预习资源打包上传至课程微信公众号平台,通知并要求学生自行下载、自主学习。学生需要在完成预习后填写"已经掌握了的汉字"和"还没掌握需要更详细讲解的汉字"两栏,并在开始前通过公众号平台发送给教师。教师可通过微信了解学生预习情况,同时在课前根据学生预习情况的反馈制定或调整教学目标、内容。

2. 课堂教学

在上课的前一天,教师可将该预习资源中提及的汉字通过问卷星制作成测试题用微信群发给学生。收回并整理多数学生识记有困难、需要教师在课上更详细讲解的汉字,制作成字卡,在新课开始前通过小组(二至四人)形式进

---

① KWL 任务表是一种用于提高阅读理解和学习效果的工具,其中 K 代表"我知道什么"(What I know),W 代表"我想学什么"(What I want to learn),L 代表"通过本次学习,我学到了什么"(What I learnd)。

行竞赛。形式可以是两人一组,在教师读完一个汉字的时候看谁先找出对应汉字的字卡(将电子字卡通过微信群发给学生);也可以四人一组站成竖排,每组的第一个学生到讲台的电脑看汉字再回到队伍中告诉第二个学生并依次传话,每组的最后一个学生听到以后需要找出正确的汉字字卡。活动结束后,教师可组织学生回到小组的形式,让各小组整理刚刚竞赛中没掌握的汉字,并互相讨论,互相学习如何识记。小组讨论结束后,教师可依据每组不同的错题、难点总结,讲解其中汉字的结构、偏旁部首、字源和汉字音形义间的联系,让学生对该汉字有初步的了解后再向学生展示拼打该汉字的过程,并强调其与同音字或形似字的区别。帮助学生掌握识记汉字技巧的同时,再次加深记忆。

整个教学过程中,教师可在每个知识点讲解结束后在黑板上展示该汉字及其拼音和英文解释的同时,让学生在自己的电脑上打出该汉字并发在微信群(一),待所有学生都发送以后教师再将汉字隐藏只留拼音,学生依照拼音再次拼打汉字并发在微信群(二)。确认所有学生都完成且无误以后教师再将拼音隐藏,让学生第三遍拼打汉字并单独发给教师。教师也不需要一个个检查学生的书写,可以通过微信带着全班其他同学一起监控、纠正。这样识记汉字不仅减轻学生书写汉字的压力,还能节省书写汉字所占用的课堂时间。下课前五分钟左右,教师可组织学生打开自己的 KWL 任务表。每位学生先补充上自己当天学习且掌握了的汉字,每个人都完成后再以四人的小组形式轮流分享自己还没掌握的汉字,小组可以彼此分享自己识记这些汉字的方法,组内交流互助。

3. 课后复习

翻转课堂对外汉字教学模式除了运用微信和微课引导学生进行自主汉字预习,学生如何运用此模式进行汉字复习也至关重要。教师首先可以将新课生字整理成文档(字卡)和课件(笔画游戏)上传至微信公众号,让学生可以重复使用、观看,并根据自身情况和需求反复学习。完成自主复习后,教师可分别将有汉字和拼音及只有拼音的学习表发给学生,让学生课后先看着汉字打一遍,再看着拼音打第二遍,最后看着自己所打的汉字读一遍并微信发给教师。在第二次上课时让学生用电脑在新建文档中听打汉字后发给教师。复习的最后一步便是测试,教师在学生完成复习和作业以后,可通过 Quizlet 在线学习软件将该课的汉字测试发至微信群,让学生自主测试以后在群里分享、打卡。此环节不仅可以帮助教师了解学生课上和课后学习汉字的情况,教师还可以根据测试结果调整下一次课的内容和难度;同时学生也能在多样、有趣的形式中识记汉字,满足不同水平学生学习汉字需求。

学好汉语不容易

马绮凡　浙江海亮素质教育科技有限公司

作者简介　本科毕业于天津理工大学英语专业,本科期间曾去芬兰图尔库应用科技大学交换学习,并参与了当地大学举办的"语言交换"项目,有过短暂教授中文的经历。研究生就读于上海交通大学国际中文教育专业,任留学生汉语课程的助教,兼任对外汉语教师。毕业后就职于浙江海亮素质教育科技有限公司。

一、学生情况

来自法国的 D 先生,商务人士,会说法语、英语、意大利语、德语、西班牙语、俄语、一点点日语(通过日语学习认识了 100 多个汉字)。汉语水平是零基础,媒介语为英语,目前正在学习《新目标汉语口语课 1》,注重学习内容的实用性,希望掌握日常生活用语,以便和只会中文的司机和家政阿姨沟通,以及在生活中能够用中文进行交流。学习态度认真积极,课后会主动复习、听录音等,还会自己听中文学习类的广播。

学生的最大问题是声调,尤其是阴平和去声以及上声连读。此外,学生的母语中 h 是不发音的,学生经常会忘记发 h 的音。学生记忆词汇速度较慢,在不看拼音的情况下不能准确记忆生词。但是学生对汉字兴趣很高,喜爱书写生字,并且对汉字的笔顺和理据性很感兴趣。

二、案例描述

2022 年 11 月,我开始为 D 先生上汉语课,到现在已经快三个月了。每周上两次汉语课,每次为一个小时,在我之前的一位老师已经把拼音教会了,我只要从第一单元开始教就好。

　　所使用的教材为《新目标汉语口语课本 1》,教材特点是语法部分解释较少且比较简单,例句也非常少,并且教材中有大量的活动来操练语法点,但是对于一对一的教学来说不太合适,有些活动也比较生硬,不太会在日常生活中用到。所以在教学过程中需要灵活选取和调整教学的内容和顺序,把语法点的教学和活动结合起来。

　　我为他准备的课程通常是一个单元两课时,每课时一个小时,每三个单元上一节复习课。在第一个课时中,我会带着学生复习上个单元的生词并学习这个单元的新词、一部分语法、一些基本的导入问题。在第二个课时中,我会先复习本单元生词,通过提问来复习句了和语法,之后进行操练,并讲解课文,最后介绍一个中国文化常识。我留的作业通常是复习词汇和上课学到的那些句子,下节课会提问。

　　我的上课流程是,首先,带着学生学习新的词汇,我来领读,学生跟读,之后学生自己读一遍,我来纠音。在读完两遍之后正式进入到生词讲解部分。由于教材生词部分解释较为简单,只有拼音、词性、英文解释,并没有例句和用法,因此我在备课的时候会多给学生准备一些例句,告诉他如何应用。同时也会对词汇进行拓展。但是在拓展过程中发现一些问题,即有时候拓展得太多,对学生反倒是一种记忆单词的压力,后来我适当地对单词进行拓展,特别是学生感兴趣的内容。这样一方面减轻他的记单词压力,另一方面他自己提出来的想要拓展的生词都是他平时生活中可能会用到却不知道怎么说的,也有助于我去了解哪些地方是学生需要学以致用的。在讲解生词的过程中我也会在例句中融入一些本课的语法点,在讲解的时候重点强调一下,让学生先熟悉语法点,这样在后续读课文的过程中就能尽快理解句子。在跟读词汇时,学生有时候的发音并不是很标准,强调了几遍也没办法使他注意到声调的区别,这一点让我很头疼,不知道如何去纠正,也担心纠正过多影响他的积极性。我的学生每次读完一个单词都会看一下我的表情,所以在发音还算标准的情况下,我就尽量不再去纠正他的读音,会选择给他一个正面的回应,比如点头或者是语言肯定,或者竖一个大拇指,这样他觉得自己读得还不错,就越来越有信心。

　　我的学生也很喜欢自己用所学的生词和语法造句,他一旦学会了新的生词和语法,就会主动联系之前学过的知识或者语法词汇自己造句,这个时候我就会特别鼓励他,不管说得是否正确,都会先给他一个正面的回馈,然后再对他进行引导,让他保持自信,这样他下次还会去做,有助于对之前的知识进行复习。

在讲解完生词之后，通常会根据本单元的主题开始对学生进行提问，也算是一个引入。首先，确保他能听懂问题，如果听不懂的话适当用英语翻译一下，之后就鼓励学生自己用学过的词汇和语法造句回答问题。学生会很喜欢用中文分享他工作上和家庭中与问题相关的信息，这时候我会鼓励他多说一说。同时，我也会把他的家人和生活中发生的事情融入到平时的对话操练中，也加入一些我的分享，让内容更生动。在这个过程中学生又会学到一些新的词汇和表达方法，他也会认真做笔记，在之后上课的过程中也会主动去重复这一部分内容。

在问题环节结束之后，学生已经对本单元的词汇和语法有了清晰的认识，这个时候我会让他进行一些操练，包括看图说话、对话练习、造句、听力。尽量让学生多说，而且我发现他很喜欢用中文提问，好像在提问的时候有一种"反客为主"的感觉，他也会对我的答案很感兴趣，并且尽量用中文给出回应。所以我也经常让他来提问，既能锻炼口语，也可以锻炼听力。

学生的记忆力和举一反三的能力都很强，这可能是他以前学习语言的经历给他带来一些方法和技巧，已经讲过的知识，他可以做到触类旁通，如果遇到类似的，他也会大胆说出他的句子，通常情况下都是正确的，如果有问题，也是先肯定他给出句子的基本框架或者意思是对的，然后再对问题进行修正。虽然他说错了，但是他认为自己至少有对的部分，所以也越学越高兴。

在课文环节，我会请他把课文读一遍，并对他进行纠音。读的过程中，也要求学生用英语翻译给我听，确保他明白每个句子的意思。课文中的句子、语法和词汇通常在前面的讲解和操练中已经出现过了，所以对他来讲读懂文章不是什么难事，但有时候会有一两个复杂的句子，我再对句子的框架、生词的含义进行提示和讲解。

在把课文中知识性的部分讲解并操练完之后，我会介绍一下每个单元在课后提到的中国文化，有时候学生在课下自己看书的时候已经知道了，那么这时候就对文化做一些拓展。我通过 PPT 的方式，放上一些图片或视频让文化讲解更生动。学生也会向我询问他感兴趣的中国文化点，我也会主动了解他的文化，这部分就更像是一个文化交流，两个人都学到了新的知识。

在复习课上，通过 PPT，把每单元的重点词汇以及语法点列出来，帮助学生进行回忆，鼓励他造句，也会通过提问引出一些重点句型，帮助他复习。除此之外，听力练习也是必不可少的，材料来自课后习题，因为还是在初级阶段，所以我的语速很慢，遇到长难句，会合理拆解并且重复几遍，尽量让学生自己听懂而不是依赖我的提示,这样学生觉得他不仅会说中文,也能听懂很多中文了。但是我觉得如果对于一个完整的听力来说,这样的语速和读的方式不太好。但是目前的想法还是想放慢速度,让他听懂每一句,日后他的水平再提升一些就可以完整地做一篇文章的听力练习了。

学生在上课的过程中也会提出自己的想法,有时候他会告诉我想先学哪个部分,比如他开始就要求学习有关叙述时间安排和谈论饮食的部分,目的是能和自己司机说清楚几点要出行以及和家政阿姨说一些时间安排,去饭店吃饭的时候能和服务员说清楚自己的喜好和忌口。这些也是他生活中应用中文的地方,所以他需要先学会怎么说、怎么问。在上课的时候遇到他比较感兴趣的话题时,他也会询问如何表达。

另外,他对汉字的笔画顺序和理据性十分感兴趣,在我板书的时候,他会仔细观察汉字的笔画,然后对一些偏旁提出疑问。比如,俄罗斯的"俄"为什么有一个"我"这个国家的名字翻译和"我"有关吗?是不是有"氵"的都是和水有关系的?等等。我在解释这些问题的时候一开始有些手足无措,因为并不是每一个汉字的理据性我都熟悉,刚开始通常会下课查阅好资料后,第二节课再和他解释。但是,之后我发现如果学生再问类似的汉字理据性问题,可以直接上网把这个字查出来,也把这个字的演变过程也就是由甲骨文到楷书的发展历程展示给他,这样学生可以观察到汉字是如何演变的,我也能快速地了解到这个汉字的一些构造信息,这样就可以在本次课堂上解决汉字问题。学生也会利用这一点来区分汉字,比如他一开始分不清"吗"和"妈",后来在了解到口字旁和女字旁以后,他就通过记忆偏旁分辨出哪个汉字是语气词,哪个是母亲的意思。

目前,我认为学生最大的问题还是发音问题,但我也并没有找到有明显效果的办法去纠正,而且他自己的学习目标也并不包括参加 HSK 考试,追求汉语发音标准和读写流利。他的学习目的主要是了解这门语言和中国文化,调节工作之外的生活,以及会一些简单的中文,能够进行交流就可以。所以我也没有继续抓着发音和汉字认读的问题不放,但是我会尽量在课堂上多提醒和帮助他练习,同时注重复习。我想尽量把课堂营造得生动有趣一些,氛围轻松一些,把他的生活用语需求和家人编进例句和操练中,增加课堂与生活的联结,让他有一个很好的学习体验。

课堂环境中受场认知风格影响的
韩国留学生汉语学习

姚梦晔　上海市浦东新区三林镇中心小学

作者简介

上海交通大学国际中文教育专业硕士毕业。硕士就读期间曾赴澳大利亚，担任卧龙岗大学二年级中文选修课助教及伊拉瓦拉文法学校汉语助教。2014年硕士毕业以后，进入上海市浦东新区三林镇中心小学担任语文教师。2021学年起，担任学校中层管理岗位，负责管理语文学科教学、青年教师专业发展、语言文字、项目化学习等工作。曾获上海市园丁奖，浦东新区教育系统"三八红旗手""青年新秀优秀学员""小学语文学科工作坊优秀学员""见习教师优秀学员"等荣誉称号。执教小学语文《田家四季歌》获2021年教育部精品课；承担上海市空中课堂小学语文二年级课程并多次在市区级公开展示教学示范课；获浦东新区新苗杯教学评比一等奖；撰写的数篇论文和教学案例获上海市或浦东新区论文（案例）评比一、二等奖，十余篇教学论文发表于国家级或市区级刊物。

一、学生情况

本案例为笔者赴澳之前，在上海交通大学国际教育学院（2015年与人文学院合并）实习期间的教学实例。研究对象是2012年4月来上海交通大学就读汉语言本科预科班的5名韩国高中毕业生金同学、崔同学、李同学、罗同学、吴同学，其中金同学为女生，其余都是男生，汉语均为零基础水平，都是第一次来中国。为了取得在上海读大学的资格，他们必须在9月正式开学前通过HSK 3级，因此在预科班专门学习基础汉语及HSK辅导课程。根据本科生教学大纲，该课程由专职老师上课；每天都记录考勤情况，有定时的小测验或听写测验，并有正式的期中和期末考试。

该课程自 2012 年 4 月 18 日始,2012 年 8 月 24 日止,为期四个多月。前两个月开设综合、口语和听力三门课,上午由三位老师分别任教。周一至周三下午由笔者担任助教,目标是进行相关训练以巩固上午所学。后两个月为 HSK 辅导课,下午同样由笔者担任助教。

二、案例描述

(一) 学生认知风格分类

在开学初,笔者利用两次课间,给这五名韩国学生进行了两次认知风格镶嵌图形测试。通过两次测试,可以看出李同学与金同学两名学生能在较短时间内完成测试,用时较短,得分较高,可归于场独立。而罗同学总是觉得完成这项测试有困难,要花很多时间才能将全部简单图形在复杂图案中找出,用时较长,得分较低,可归于场依赖。其余两名学生崔同学、吴同学在两次测试中成绩处于中部,具有场综合型认知风格特征。

(二) 综合课课堂表现情况

由于综合课全面训练学生的汉语听说读写各方面技能,后期的 HSK 也主要以综合课的形式来上,以下就以综合课中学生的表现作为案例的主要部分。

综合课所用教材为《汉语教程(修订版)》(杨寄洲,北京语言文化大学出版社,2006),除了听说技能,更侧重于语法的讲练和汉字的书写。上课的气氛很轻松,任课老师为了让学生多说多写,给他们设计了很多练习,尽可能将练习说汉语与写汉字的机会留给学生。课上经常有师生互动(一问一答)、生生互动(对话练习、角色扮演)等活动。

以下是笔者观察五名学生在某一节综合课中的表现。

李同学:老师提问时,如果他确实会,就会马上举手回答。确认自己学会以后,他就会独自开始学习接下来的内容。当老师讲解完一段课文要求同学就此做会话练习时,他能说出下一段中尚未学到的词汇,他对此感到很高兴。

金同学:上课时,她一直低着头,在纸上画些什么,好像这节课与她无关。老师提问到她的时候,她会表现得很茫然,摇头并用韩语表示自己听不懂,并马上求助周围同学,基本上靠同学来翻译老师的问题,并帮助她回答问题。

崔同学:一有听不懂的地方他就会马上举手提问,时不时打断老师,询问老师诸如"我可以说'我喜欢和朋友玩一起'吗?"等问题。当老师需要学生自愿来黑板上听写时,他总是第一个举手,如果全写对了,得到老师的表扬之后会表现得特别自豪；当老师让几名学生合作来表演对话时，他又低下头表示自己不愿意参加。

吴同学：上课时他特别安静，下课时非常活泼，表现判若两人。当老师点名让他回答问题时，他有时直接说自己不会，有时会用英语来跟老师交流，有时还会向同桌求助，让同桌教他回答。

罗同学：上课时他基本不抬头，也跟老师没有任何眼神交流。老师指名让他回答问题时，直接摇头表示自己不会，但偶尔也会用电子词典查一查，再回答老师的问题。老师鼓励学生做分组会话练习时，他总是不愿主动找别的同学练习。

可以看出，这几名学生汉语水平参差不齐，受不同认知风格影响的学习表现不一。

（三）学习效果

学期结束，这五名学生三门课的总评成绩情况如表1所示：

表1　学生各科期末总评成绩表

认知风格类型	学生	各科总评成绩*			
		口语课	综合课	听力课	总分
场独立型	李同学	79	67	85	231
	金同学	64	53	47	164
场综合型	崔同学	78	69	58	205
	吴同学	64	41	60	165
场依赖型	罗同学	69	56	47	172

＊总评成绩＝期中（20％）＋期末（50％）＋平时测验（30％）＝100分。

由表1我们可以得出五名学生三门课总评成绩的总分排名：李同学＞崔同学＞罗同学＞吴同学＞金同学，这足以反映五名学生在该班学习了四个多月汉语的效果。具体分析如下。

李同学：口语课总评成绩是79分，老师对他的评价很高，发音标准，听说交际基本可以，但是由于缺课太多，发音基础薄弱，二声和三声发音不准，有时甚至混淆。综合课的总评成绩是67分，老师说他学习态度很好，因为前半学期请假缺课很多，复学以后很努力地在补，但是有不懂的地方却很少提问，喜欢靠自己学习。听力老师对他的评价是："上课很认真听讲，听不懂的句子课后自己会再听再练。通过查字典预习,给生词注音。"李同学虽然缺课多,书面成绩看起来不太好,但是从老师的评价方面来看,他是可以取得优秀的学习成绩的。

金同学:口语课总评成绩是 64 分,勉强及格。口语老师说:"只要她认识的字,都能发出标准的读音。"但是由于不认识的字太多,平时又过多地依赖同学的帮助,口语考试的时候只能靠自己,失去了同学的帮助很多都听不懂也表达不出,因此得分不高。综合课的成绩是 53 分,没有达到及格线。综合课老师觉得她的基础太差,上课时经常不听,也很少做笔记,不会的就问同学,或者等着周围同学告诉她。很多语法点上课时讲了很多遍,做了很多练习,考试的时候还是不会。听力的总评成绩是 47 分,听力老师说:"上课放录音时她自己在本子上画,不听录音内容,一提问到她就立即求助别的同学,听写的时候也是,能问别人的就不自己做。"可见她的三门课的学习效果都较差。

崔同学:口语课总评成绩是 78 分,口语老师认为他的发音不够准确,经过多次纠正还是分不清 f 和 h、z、c、s 和 zh、ch、sh,有时也会混淆 c 和 k 的发音,声调也含混不清。综合课他的总评成绩是 69 分,老师对他的评价是:"前半学期很认真,不懂就问,后半学期自己觉得跟不上,就放弃学习了。"所以他的期中成绩达到 86 分,而期末成绩却只有 54 分。听力课他的总评成绩是 58 分,听力老师认为他听不懂就问,但不会自己去总结反思,所以这次不懂,下次听到还是不懂,恶性循环,他后来就放弃听力了,期末考试考了 45.5 分。可以看出,崔同学的综合和听力课最后取得的学习效果并不好,在及格线上下,只有口语课成绩相对较好。

吴同学:口语课和听力课总评成绩勉强及格,分别是 64 分和 60 分,但听力课的期末成绩只有 47 分。说明他的听说水平差不多合格,口语水平比听力水平稍高一些。口语老师觉得他很外向,很爱说话,上课的时候提问他一般都能回答;听力老师觉得他太容易放弃,由于后半学期听力课本的内容越来越难,他索性就不来上课,甚至上课的时候睡觉,做听力练习时他根本听不懂也不愿意多练。综合课老师给他的总评分数是 41 分,因为他期中和期末考试分别考了 21 分和 46 分。老师觉得这位同学基础很差,语法点讲了多次也不会,汉字基本不认识也不会写。上课时一有问题就求助别的同学,不愿意自己动脑筋思考。可以看出,吴同学只有口语水平还可以,听力和综合课的学习成绩都不好,尤其是汉字读写方面存在很大问题。

罗同学:口语课总评成绩是他的三门课中最好的,69 分,其余两门都不及格——综合课 56 分,听力课 47 分。口语老师觉得他发音不准,同时学习态度不够好,经常旷课,也不爱发言,让他回答问题有时会用英语。综合课老师觉得他没有认真地跟着上课的节奏来学习,而是看一些自认为有用的语法书,跟上课内容完全脱节。有时他会拿自己另买的语法书向老师提问,老师发现这根本不是他的水平可以看懂的,对他毫无帮助,劝他一步一个脚印,先学会课本上比较简单的,再去学习更深层次的语法,但他依然我行我素不听劝告。听力课老师发现他只能听懂单个的词,而且必须放慢语速去听,如果组成长句或者小篇章,他就听不懂了。但他听不懂就放弃,课后不去作任何反思,错的地方也没有及时订正,所以到期末听力测试时,他完全听不懂,答案全是猜的。而且他的汉字书写水平很差,听写的时候只能写出零星几个词语,其余都用拼音代替。可以看出罗同学的各门课的学习成绩都较差,学习效果不好。

三、案例分析

(一)课堂中学生学习行为对比及分析

同处于场独立类型的李同学和金同学的学习行为有很多相似处:都不愿依靠教师的帮助;都不愿参与课堂互动练习;都想要或喜欢自己学习;李同学只在需要时向老师提问,一般都坚持自己学习,金同学从来不主动跟老师接触——这些行为基本都符合场独立者的表现。这里需要说明的是,金同学之所以很依赖同学的帮助,是因为她上课时根本不听讲,也跟不上老师,所以一旦提问到她,为了不丢脸,她只好求助于周围同学,而有时一个人坐着的时候,周围没有同学可以帮助她,她就会直接用韩语表示自己不会;让她单独来讲台前表演对话或上黑板听写,她就干脆不上来。

罗同学的认知风格测试结果显示他归于场依赖认知风格,他在同学中比较离群,基本不与班上同学过多交流,但他却希望得到老师更多的单独辅导。他拿着自己的语法书,为的就是能让老师多多帮助他,跟老师一起学习课堂上别人没学过的知识,这会让他充满成就感。他的特点是缺乏独立思考,在课堂中或很容易受同学的态度所影响,或完全依赖教师,但又不善于独立地去做课后复习、反思。可以看出,罗的学习行为基本符合场依赖者的表现。

崔同学和吴同学所做的认知风格测试,得分处于中部,为场综合型。崔同学很喜欢在课堂上和老师做练习,但由于不自信、怕丢脸而却步了,最终放弃了课上练习的机会;更倾向于自己独立学习;喜欢得到老师对他个人的肯定,竞争意识很强；更喜欢跟汉语水平较好的同学做会话练习，希望从他们那里得到帮助。吴同学既需要电子词典，也需要同学的帮助，但是不愿意和教师过多接触，在上课时不会受到他人影响。两人的学习行为兼具场独立型和场依赖型的特点，属于场综合型，而吴受场依赖性影响更多，崔受场独立性的影响更多。

我们发现，这五名学生身上表现出的不同的学习行为，与他们所做的镶嵌图形测试成绩所反映的认知风格基本对应。在课堂环境中，学生个体差异（性格、经历、学习动机等）是肯定存在的，他们还有来自学业方面的压力，以及受到周围同学的影响。因此，即使是镶嵌图形测试成绩显示属于同一认知风格类型的学生，他们的学习行为也是多种多样、有各自特点的。

（二）课堂中不同认知风格学生学习效果对比及分析

期末总评成绩结果显示，同样是场独立者，李同学三门课都比金同学取得了更好的成绩，这是因为他发挥出了场独立者的特性：虽然他由于缺课，汉语基础薄弱，但他并没有放弃，也不觉得比别人差会让自己丢脸；他很强调自己独立思考，不会被周围同学及环境所影响，有很明确的内在参照点；经常复习新学到的语法点，并做好预习工作。但他这种自我孤立的学习状态也使他得不到应有的操练汉语口语的机会。我们推断，假如给李同学同样多的时间，他可能会取得比当时更好的汉语成绩，尽管他已经有两门课在五名学生中领先。

而金同学无论是口语、综合还是听力课的成绩都是五人中的倒数第一或第二。虽然她的认知风格测试结果显示是场独立型，但由于她的基础实在太差，又不喜欢跟着老师学习，也不需要老师的帮助，主观上也并不努力，所以她并未受到场独立性带来的正面影响。

罗同学的听力成绩是五人中最差的，因为他没有自己的内在参照点。而听力课是最能体现出学生在课后有无反思、总结及多次练习，即体现有无自己的内在参照点的，因此罗同学没有取得好成绩。

具有场综合性认知风格的崔同学和吴同学，情况较复杂。

崔同学在场独立性的影响下，他的成绩并未落于最后，三门课都能达到平衡，尤其综合课还得到了五人中的第一名。但同时他也受到场依赖性的影响——由于过度重视老师对他的看法，以为老师因为他听不懂而会不喜欢他，所以后来自己主观上放弃了学习。

吴同学的综合课排在五人中的倒数第一，主要由于他一有不懂的问题就会问边上的同学，不愿意独立思考和反思，受场依赖性影响更多。但他的口语成绩比另两门课都好,这也得益于场依赖风格的影响,外向的交际能力能帮助他获得更多的汉语输入的机会。

根据学生的认知风格类型,我们把场认知风格作为横坐标轴,由独立性趋向场依赖性;把学生所取得的三科总评成绩总分排名作为纵坐标轴,第一名得到 5 分,最后一名得到 1 分,以此类推,由此得到图 1:

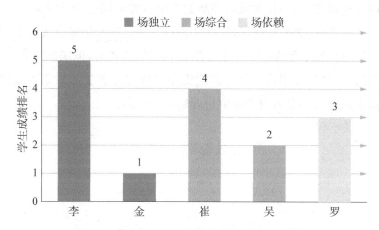

图 1 学生认知风格倾向与成绩排名的关系

由图 1 我们可以发现:

(1)场认知风格倾向与学生成绩不能完全成正比,即并非场独立性越强,学习成绩就越好,金同学就是个例子;并非场依赖性越强,学习成绩就越差,罗同学就是个例子。

(2)场综合型学生中,受到场独立性影响更多的比受到场依赖性影响更多的学生成绩更好,例如,崔同学比吴同学成绩更好。

我们认为,在课堂中受到不同认知风格的影响,会使学生得到不同的学习效果,因此可以初步得出以下结论:

(1)受到场独立性影响更多的汉语二语学习者,能够或可能在课堂上取得更优异的成绩。

(2)受到场依赖性影响更多的场综合者,可能在课堂中很难取得较好的成绩。

(3)认知风格测试结果是场独立型,但实际并未受到其正面影响的汉语二语学习者,在课堂中并不能取得好成绩。

(4)受到场依赖性影响,并不能直接导致学习成绩变差。

（三）总结

我们研究了课堂中受到不同场认知风格所影响的学习者的不同的学习行为表现和成效，发现受课堂教学环境影响，场认知风格对汉语习得的影响方式及所产生的效果不同：

（1）在课堂中，学生呈现多样性的认知风格，而且学习行为与其认知风格测试成绩大致相符，同一认知风格类型的学生有着不同的学习行为。

（2）在课堂中，学生受到不同认知风格的影响，学习效果也大不相同：受到场独立认知风格影响更多的学习者能取得相对好的成绩，但场依赖者并非就是成绩最差的；受到场依赖认知风格影响更多的场综合者学习效果不太理想；场独立者如果主观上不努力也不能取得好的学习效果。

汉语口语教学和测试的改进

李真臻　上海市清流中学

作者简介

本科毕业于华侨大学对外汉语专业,在校期间担任华侨大学华文学院青年志愿者协会会长,多次荣获校奖学金。硕士毕业于上海交通大学国际中文教育专业,就读研究生期间,曾参加哥伦比亚大学——上海交通大学暑期商务汉语培训夏令营担任汉语老师,2013 年 9 月至 2014 年 6 月在上海交通大学国际教育学院担任兼职汉语老师,同时参与编写《交通汉语 800 句》。2014 年硕士毕业以后,入职上海市清流中学,从事初中语文教学工作,2017 年获得"上海市语文教学之星"称号。2021 年被评为"上海市浦东新区青年新秀""上海市浦东新区骨干教师",发表多篇论文,多次在教学比赛中获奖。参与编写的《语文文本解读举隅》于2023 年出版。

一、调查分析

汉语口语学习对于来华学习汉语的第二语言学习者而言至关重要,作为对外汉语老师,我们有必要在口语课堂教学和测试方面提高汉语口语教学效率和测试针对性。

在本案例中,笔者根据自己关于中高级汉语学习者课堂内外口语交际意愿的调查结果和在上海交通大学担任汉语老师的实际教学经验,提出针对目的语环境下的中高级汉语口语教学和测试改进建议。

笔者从上海交通大学中高级汉语学习者的口语课堂内外交际意愿的调查入手,以问卷调查为主要形式,辅以课堂记录和个别采访,采用 SPSS21.0 软件对调查数据进行统计分析,了解已具有一定汉语水平的中高级汉语学习者在口语课堂内外使用汉语进行交际的意愿程度。

根据调查结果,笔者发现影响学习者课堂内外汉语口语交际意愿的因素众多,但还是以学习者内在因素为主,比如二语自信、性格类型、动机类型,甚至包括焦虑等各个方面。但是在目的语环境下学习二语,不排除群体因素、教师支持、社会环境等其他方面的影响。此外,笔者还发现学习者课堂内与课堂外的汉语口语交际意愿有着密切的关系,这是否也意味着,我们在课堂内得到改进,或者在课堂外与学生做更多的交流能够帮助提高他们课堂内外的双重交际意愿?此外,通过交际意愿和汉语自信的调查分析,我们可以得知,学习者的二语自信是影响学习者课堂内外汉语口语交际意愿的一个非常重要的因素,但是另一方面,汉语自信和学习者学习时间长短又存在相关关系,而学习者学习时间长短并不对自身课堂内外口语交际意愿本身产生非常显著的影响。

二、改进建议

(一) 根据学生实际情况,对教材的难易程度进行再分层

笔者发现,初级阶段口语课本相对比较简单,学习者在汉语学习初期尝到了不少"甜头",因此学习汉语的自信程度也随之增加,而到了中高级阶段,学习者在汉语学习中会遇到"瓶颈",但是,在传统的留学生口语课堂上,对外汉语教师不可能照顾到每个人的水平,而过难的教材则更会影响学习者心理,造成他们学习兴趣下降,自信心减弱。

在口语交际课堂上,还需要针对中高级汉语学习者的实际口语情况进行内容的再分层,因为并不是所有的中高级汉语学习者都能接受其教材的全部内容。因此,在学习之前,我们需要对学习者的具体学习程度进行内容细化,学期中,我们可以根据期中考试内容进行程度调整,比如,在笔者之前的口语课堂上,我会先进行一对一对话,以大致确认不同学生的汉语口语实际水平,那么在后期的任务分配中,不同程度的学生分配的任务不同,有较高口语水平的学生可以领取难度更大的任务(包括词汇积累量更大,但任务要求更宽松),中等层次的学生任务稍许简单(任务单会更加详细,如规定使用相关句式),基础层面的学生先从词汇积累开始,任务单内容会更加细化,包括每天几个词语以及句式表达。最后再根据学习情况进行程度调整,我们通过这样的方式以呵护学习者的二语学习自信,而这样有针对性的任务分配也会让学生的口语学习更有效率。

（二）明确考核标准，重视发音准确度和流利度

笔者发现，目前学校期中、期末口语测试时，试卷有不同的题型，每种题型有相应的分值，整个试卷采用百分制。分数评定基本上有两类：一种是教师按学生每个题目的回答情况打分，最后计算总分；另一种是教师根据学生的表现给一个总的印象分，这种情况好处是能够提高打分效率，方便评分，但是坏处是给予学生的信息反馈很少，学生不知道自己哪方面有问题、哪方面需要改进。然而，通过调查数据，笔者发现学生们其实非常重视自己的发音准确度。因此，笔者建议可以做出以下调整：

第一，明细口语测试考核标准，告知考生具体的考核得分。这样不仅有利于提高汉语学习者的口语交际意愿，更有利于帮助学生"知其所以然"，有针对性地提高自己。从学生语音、词汇、语法、内容、流利性、连贯性、得体性、完整性、整体交际效果等几个方面进行口语测试，评分阶层分为优、良、一般、及格和不及格最后辅以总评。

第二，重视口语考试发音准确度和流利度的测评。通过调查显示，口语测试中学生最重视的就是自己的发音准确度和流利程度，因此，在设计试卷时应着重这两个方面的考核和题型设置。

（三）完善测试评价结果，给予学习者积极反馈

汉语口语测试的根本目的是帮助学生检测所学从而更加从容自信地运用到实际的生活中，因此，口语测试不仅仅是评一个分数，分数只是一个参考，更重要的是给予学生们口语技能改进的方向。笔者发现，更多的汉语学习者，更希望在自己的口语弱势方面收获更多改进的方向，帮助自己说得更好。所以，在给予测试评价结果时，我们需要适当弱化结果，给予他们更多的改进方法和建议。

另一方面，笔者认为，还应该重视口语学习过程化评价。实际上，无论是期中还是期末测评，只能通过一个结果来检验学生学习口语的情况。每名学生的实际情况不同，学习起点也不同，只通过结果评价学生的口语学习情况其实是比较单一的，因此，笔者建议应该有更多过程性的评价。比如，把学生在口语课堂操练的参与度和积极度纳入评价结果之中，既可以积极促进学生的日常操练，配合老师完成任务，又能有助于增强学生的课堂参与感，提高他们的二语自信。再如，在过程性评价中，我们可以推选"每月话题王""对话之星"，引导学生自己创设口语话题，鼓励学生积极参与日常对话，让口语课堂更有意思。

值得一提的是，在具体的评价中，我们应该重视口语发音流利度和准确度，但不能细抓。因为口语交际主要发生在一个真切的语境里，在真实的语境中，我们有更多外在辅助手段帮助传递语义，我们不希望过分地纠音影响学生的口语开口意愿，削弱他们的二语自信。我们更希望，一次测评的结果能够给予学生正面积极的导向，鼓励他们更愿意说汉语，且有意愿说得更好。

（四）重视口语考试的交际性和真实性

在目前类似的中高级口语测试中，重点测试发音准确度方面的题型一般是成段朗读，因为中高级学生一般不会在单个发音中出现错误，普遍的发音错误一般是语流之中的部分声调的错误。成段朗读固然是不错的题型，也能考查学生对课文的掌握程度，但是缺乏一定的交际性和真实性，且考试题型单一，有的朗读材料也并不合适。例如，有的口语测试题会出现"小白兔，白又白，两只耳朵竖起来"这样的儿歌题型，个人认为，这样比较幼稚的口语测试题可能并不适合已经成年的汉语学习者。另外，成段朗读题型只能测试到某几个口语测试点（发音准确度），如果都是这样的题型，未必对学生的口语学习有太大帮助。

笔者从调查中得知，在汉语学习中，中高级汉语学习者其实已经具备非常强的汉语交际意愿，有强烈的交际动机。基于上述情况，我们在考虑考核标准的同时，需要筛选贴近当代中国实际生活的测试内容引导学生进行朗读。另一方面，我们可以对题型进行多元化探索，如可以设置语境创设题，让口语考试模式多元化，营造一个融真实性互动性于一体的口语测试模式。

（五）重视课堂口语操练的话语逻辑和形式设计的多样化

在口语教学课堂上，往往是学习几组词语和几个句式，而这些词语和句式来自某篇课文或者对话，许多老师为了图方便，按照课文出现顺序随文教学或者是按照书后词语顺序进行教学。这样的设计其实割裂了话语本身的逻辑链条，让口语课堂变得生硬且低效。

笔者建议，在实际的口语操练中，老师应该做一个"有心人"，在备课设计中，有意识让一些词语和句式的教学操练能够有逻辑地联系起来，形成"有意义的话语体系"，从而引导学生进行有意义的对话操练，这样可能事半功倍。比如，我们要操练"特色"和"A 吸引 B"，可以这么设计（过渡语是老师的引导用语）：

特色

过渡:说到上海,你们知道上海有什么特色小吃吗?(PPT)

告诉我,你们的城市有什么特色小吃呢?

过渡:你说的看上去真吸引人,有时间我要去尝尝。

A 吸引 B

(1)上海吸引你吗?你对上海的什么感兴趣?(上海的吃的吸引我。上海的建筑吸引我)

(2)你们喜欢中国吗?除了上海,还有哪些城市吸引你去旅游?

(3)如果你要去中国找工作,什么样的公司会吸引你加入呢?(工资高的公司会吸引我,环境好的公司会吸引我)

过渡:如果你要去公司面试,你会怎么吸引上司的注意?你会向他展示什么(能力、语言优势)(我会展示自己的……吸引……)

在我看来,你们可以好好展示自己的汉语水平,吸引上司的注意。

在上述案例中,我们发现老师的提问顺序是根据话题有逻辑地串联起来的,在操练"特色"这个词语时,老师从"你们知道上海有什么特色小吃"问起,进而引导学生谈论"自己所在城市的特色小吃";在前面上海的话题下又引入"上海哪些方面吸引你"这个问题,进而从上海谈到中国、谈到在中国旅游、谈到在中国找工作等等,所有的操练话题是有逻辑且层层深入展开,既让学生们能够熟悉操练词语和句式,又贴近生活实际。

此外,笔者在实际教学中还发现,来自同一国家或者同一语系的汉语学习者在课堂群体操练的过程中,有时会使用自己的母语或者其他能够有益于群体之间更加理解的语言而规避汉语操练,针对这一情况,教师还要心细、有创意,有意识地拆分"队形",建议采用"混搭"的形式,不定期地改换固定的群体操练"队形",这样既可以让学习者的汉语得到操练,又可以让他们认识新朋友,从而间接提高自己的课堂外汉语口语交际意愿,提高他们的汉语口语水平。其中,选队友的方式可以多元一点,如"抽签""当场邀请",甚至我们在讨论中也可以设置一些生活情境,让对外汉语口语交际课堂更加灵动。

以上是笔者对汉语口语教学的一些思考和心得,希望能为国际中文教学提供一点启示和帮助。

高校留学生教学案例点评

李柏令　上海交通大学人文学院

作者简介

上海交通大学人文学院教授。曾任日本阪南大学中文客员教授、新西兰教育部国家汉语顾问。长期从事中文国际教育教学与研究,主要讲授"第二语言习得""社会语言学""语言学理论"等研究生课程,"语言学概论""论文写作""综合汉语"等本科生课程,以及所有层级和技能教学的长短期汉语进修生课程。主要研究方向为中文国际教育、语言学及应用语言学、第二语言习得、汉语言文字学等。主持完成国家社科基金一般项目和省部级研究课题若干项。出版专著7部、主编中文教材1册、主编论文集1部、导读原版引进英文专著4部,在专业期刊和国际学术会议上发表论文约70篇。

上海交通大学人文学院汉硕研究生针对国内高校外国留学生的中文教学实践案例虽仅选7篇,但话题涵盖面较广。其中,既有语言教学问题,也有历史教学问题,如《中亚国际学生中国历史课教学》(谢冰);既有课堂教学问题,也有教育管理问题,如《状况百出,选择坚强》(毛云);既有教学内容问题,也有课堂媒介语选择问题,如《除了汉语,还要说什么?》(薛家琪);既有汉语教学问题,也有汉字教学问题,如《混合班留学生汉字教学》(薛家琪);既有教学班教学问题,也有一对一教学问题,如《学好汉语不容易》(马绮凡);既有教学法问题,也有二语习得问题,如《课堂环境中受场认知风格影响的韩国留学生汉语学习》(姚梦晔);既有分级教学班教学问题,也有教学班内部分层教学问题,如《汉语口语教学和测试的改进》(李真臻)。

以上这些问题都来自中文教学一线,是每一个汉语教师经常遇到而需要及时解决的问题,也正好从不同侧面、不同层次、不同领域为我们勾勒出了国内针对来华留学生的国际中文教育教学的大致轮廓。这些问题也为初出茅庐的国际中文教育新手教师提供了理论联系实际的大好机会,而这些案例的作者在面临相关疑难问题时,以"初生牛犊不怕虎"的精神,迎难而上,在实战中发现问题、分析问题、解决问题,展现了作为一名汉硕研究生和新手汉语教师的良好素质。通过案例的描述可以看到,这些作者既有初遇问题时的那种困惑和无助感,也有解决问题后的那种自得和成就感,更有经过认真反思后的那种豁然和自信感,而这正是一名国际中文教师成长的必由之路,也是这一崇高职业最大的乐趣之一。

以下笔者逐篇予以点评。

一、谢冰的《中亚国际学生中国历史课教学》

该案例呈现了作者任教中亚国家汉语言文化专业本科留学生中国历史课的情况以及教学反馈分析和教学建议。案例显示,由于新冠疫情的影响,作者的课只得在线上进行。但作者克服重重困难,采用多种适合线上教学的教学方法和手段,尽量引起并保持学生的学习兴趣,最终取得了教学的成功,并得到学生的高度认同。

中国简史是国内汉语言文化专业(对外)本科的专业课之一,也是我国培养海外"知华友华"人士事业的重要一环。鉴于中国历史源远流长,如何在有限的课时内为学生呈现中国 5 000 年文明史的常识和概况,对教师来说也是一种挑战。在案例中,作者基于自身的教学实践,提出了教学内容的取舍、多种教学方法的融合、中外文化的对比等建议,都值得业界同人在教学实践中进行尝试和反思。

另外,从中外交流史的角度来进行来华留学生的中国历史教育,可能也是一个较为有效的路径。从案例中的教学对象来看,学生来自中亚地区的几个"斯坦国"以及蒙古,而这些国家大都位于古代丝绸之路沿线,历史上也曾与中国有过政治、经济和文化上的深度交融。例如,唐代诗人李白所属家族曾常年在唐朝西域的安西都护府所在地碎叶城(今吉尔吉斯斯坦托克马克城附近)经商,直到李白之父李客时才返回内地的绵州昌隆县(今四川江油市),甚至还有关于李白出生地争议的"碎叶说"。因此,教师如果能从中国与这些国家的传统交往入手,结合"一带一路"倡议展开有针对性的教学,将更有利于唤起这些学生对中国历史的亲切感,从而加深对中国历史的理解。

二、毛云的《状况百出,选择坚强》

该案例呈现了作者在连续担任两个暑期汉语项目的教学和管理工作期间应对各种突发状况的过程以及相关思考。作者遇到的问题比较广泛,涉及课堂管理、突发事件处理、语音教学、文化教学实践等。这样一些问题,对一个有经验的汉语教师来说,处理起来尚且有着一定的难度,而对初出茅庐的作者来说,更是一种严峻的考验。不过,面对接踵而至的突发状况和棘手问题,作者没有选择畏缩、退却,而是选择了坚强应对,展现了作为一名汉硕研究生和新手汉语教师良好的综合素养和职业道德,最终收获了学生的好评和友谊。

短期汉语项目是中文教育机构开展中外语言文化交流的重要平台之一,通常采用夏令营的形式。与长期项目班相比,短期项目班一般具有体验性,设计的时长较短,而安排的内容却又丰富得多,除了汉语和文化课程,还有大量的外出参观、长短途旅游等。在汉语教学方面,短期项目的学生往往具有不同母语背景的混合性和汉语水平参差不齐的差异性,而且现实条件通常也不允许细分为若干小班。因此,在课时较少的汉语学习条件下,如何为学生提供一门高度浓缩且能满足他们不同需求的汉语课,使他们各有所获并且每个人都感到不虚此行,这对汉语教师无疑是一种挑战。

同时,在学生的管理方面,短期项目也容易出现学生的各种意外状况集中爆发的现象,包括生病、受伤、遗失财物、交友不慎、受骗上当,以及学生之间的矛盾、跨文化冲突等。不过,如果我们从宏观的视角来看待来华留学生教育,这些所谓"意外状况"其实算不得"意外",而是外国留学生初来乍到时或多或少都会遇到的。以生活上的意外状况为例,由于环境的剧烈变化所导致的水土不服,学生很容易罹患感冒、腹泻等疾病。再加上学生面对享誉世界的中华美食之诱惑,难免贪嘴,结果是大快朵颐之余,肠胃也跟着受累。例如,经常有日本学生反映,他们刚来中国时,非常爱吃火锅,却往往一吃火锅就拉肚子,而且拉完了还是想吃,直到锤炼出一只"中国胃"。当然,如果是长期班的学生,他们有更充裕的时间来慢慢适应,所以出现不良状况的概率就相对小一些。而短期项目的不同之处在于,一方面是安排的活动多而密集,另一方面是学生有一种类似于参团旅游的心理,即希望在短时间内尽可能获得更多的体验,以便"值回票价",如此密集而多样的活动自然会大大提高出现突发状况的概率。以该案例中的那位犹太女生为例,她因为事先听说了关于上海人民公园相亲角的传说并产生了浓厚的兴趣,早就想去亲眼看一看,于是一等到有了自由活动时间,就急不可耐地结伴赶去那里进行现场考察,结果一不小心踩到了公园附近一个道路施工工地上的一根生锈的铁钉,从而引发了之后的打疫苗风波。究其原因,一是可能该女生的这次考察安排得过于匆忙,二是可能对当地道路环境的安全性过于轻信。设想一下,如果该女生是在长期班就读,恐怕不至于发生这样的事故。

因此,鉴于短期项目容易集中出现突发状况的特点,相关汉语教师和带队教师应具有不同于长期班教学的意识,并做好应对突发状况的预案。从该案例的描述来看,教师事先的思想准备是不足的,作者也对此做了深刻的反思。我们认为,当学生频频出现突发状况时,教师能够"选择坚强"固然值得称道,但最好的办法还是防患于未然。具体而言,就是要高度重视开班伊始的orientation,即入学教育。该案例中,作者反思了项目进行过程中部分学生的课堂纪律和团队纪律问题,认为其根源在于入学时忽视了给学生"立规矩",但没有提到是否为学生进行了人身财产安全方面的教育,也没有对这个问题进行必要的反思。从短期项目的实践来看,其组织者通常会为学生做一些安全方面的提醒,但往往流于泛泛而谈,表现为简单提醒学生"要注意安全"之类,却不够具体。其实,最有效的安全教育是基于例证的教育,即将此前发生过的具体事例一一列举给学生听,使学生能够从他人活生生的"血的教训"中真正得到警醒,并通过举一反三的思考来领悟确保安全的具体途径和方法。在具体操作层面,承办项目的教育机构可以将本单位曾经发生的事例以及从资料收集中获得的事例整理成一个动态增长的"负面清单",一有新的事例就立即添加进去,然后每当一个新的短期项目开班时就给学生讲一遍,也许有望少出状况甚至不出状况,以确保项目的顺利进行。

三、薛家琪的《除了汉语,还要说什么?》

该案例呈现了作者任教混合班初级汉语综合课期间的课堂媒介语使用情况以及对课堂媒介语问题的思考。据案例介绍,该班包括韩国学生 8 人、日本学生 7 人、欧美学生 5 人,是一个较为典型的由不同母语背景学生组成的混合班。该案例显示,开课以后,先后有韩国学生、日本学生、欧美学生等三批学生向作者提出关于是否用英语作为课堂媒介语的反馈意见,而作者也及时据此调整教学策略,尽可能满足不同母语背景学生的需求,取得了较好的教学效果。

之后,作者也对课堂媒介语的选择和使用量问题进行了较为深入的教学反思,并在原因分析的基础上提出了具有可操作性的解决方案。

事实上,该案例作者遇到的关于如何使用课堂媒介语的问题,也是每一位任教零起点初级汉语课的教师都会面对的一个棘手问题。这是因为,混合班教学是二语课堂教学不同于外语课堂教学的一个典型特征,由此必然会产生课堂媒介语的使用问题。其实,即使是在外语课堂上,同样存在课堂媒介语问题。按理说,外语课堂的师生之间母语背景相同,教师可以用双方共同的母语来教授外语。不过,基于"直接法""听说法"等语言教学法理念,学生被要求在进入课堂时将自己的母语"留在门外",也就是在整个教学过程中禁止使用母语而一律使用目的语。这也意味着,教师不再需要纠结于选用哪种课堂媒介语,因为课堂媒介语只有一种,也就是"教什么就用什么"。如果说,这样的教学法对于外语课堂确实具有必要性和可行性,那么对于混合班的二语课堂来说,更有其必要性和可行性。由此可见,在混合班的汉语课堂上,汉语才是最理想的课堂媒介语。

当然,在实际操作层面,教师在确立汉语作为唯一课堂媒介语的过程中,也有必要采取循序渐进的步骤,使学生能够有一个逐渐适应的过程,而不是从一开始就满口汉语,直接将所有学生都"整懵"。例如,教师可以从最初的双语模式(先说一遍汉语,再说一遍英语),过渡到语码转换模式(以汉语为框架,夹杂英语成分),再过渡到基本只用汉语模式(偶尔根据需要用一点英语)。无论是哪种模式,都应突出汉语的主导地位,英语和其他任何外语都只能作为辅助。而且,这一原则需从第一堂课开始就加以贯彻,以便从源头上打消欧美生对英语的依赖心理,也可以避免日韩生对英语的抵触心理。同时,考虑到初始阶段学生听汉语存在较大障碍,并且也不是所有人都听得懂英语,教师需要充分利用各种非语言手段来加以弥补。而具体的做法可以参考该案例作者所提出的方案,其中一些方法还是很有创意的。最重要的是,教师在教学过程中一定要随时关注学生的听课状态;一旦发现学生没听懂,就应及时调整教学内容和教学方法。作为汉语教师,能够做到"闻过则改"固然值得肯定,但更应该把"过"消灭在学生提意见之前。

据案例介绍,开课一周后,就有韩国学生向作者反映听不懂英语指令,那么可以想见,在这一周的每一堂课上,作者可能始终是用英语来发出课堂指令并进行讲解。这虽然有助于欧美学生的理解,却对日韩学生大为不利,对他们来说，老师与其满口英语，还不如满口汉语。我们在长期的汉语教学实践中发现，日韩学生往往十分反感汉语老师在课堂上满口英语，而其原因并不仅仅是因为听不懂。曾有韩国学生说："我们是来学汉语的，不是来学英语的。"尽管他们还听不懂老师说的汉语，但至少还能练练听力，感受一下汉语的氛围，可老师却让他们从头到尾听英语，这是什么意思？而且，在教师与欧美学生能够比较顺畅地展开互动交流的同时，日韩学生却在一旁干瞪眼，从而还会产生被教师冷落、歧视的感觉：难道不懂英语的人就不配学汉语吗？就拿该案例来说，全班20人中，日韩生多达15人，欧美学生仅有5人。结果是仅占全班四分之一的少数派欧美生听懂了，而占到四分之三的多数派日韩学生却听得云里雾里，这让他们情何以堪？如果我们对这一周的课做一个教学质量评估，其结果无疑是"不合格"。

该案例中另一个有意思的现象是，韩国学生是首先站出来提意见的，而日本学生则是晚了一周才站出来。对此作者分析认为，这是双方的英语水平差异所致。其实，如果我们换一个角度，从日韩两国学生的民族性格来看问题，也许可以得到更合理的解释。一般认为，韩国人比较外向，而日本人则是公认的内向性格。这就决定了往往是韩国学生最先出来提意见，尤其是在人数占优的情况下。而日本学生则比较顾及老师的颜面，所以往往倾向于忍耐，尽量不向老师提意见；一旦他们也站出来了，很可能已是"忍无可忍"。事实上，民族性格也是二语习得的影响因素之一，这方面的研究也有不少，建议新手汉语教师对此也应有所了解。

四、薛家琪的《混合班留学生汉字教学》

该案例呈现了作者任教混合班初级汉语综合课期间的汉字教学情况以及对混合班汉字教学问题的思考。据案例介绍，该班包括日韩学生15人、欧美学生7人，是一个较为典型的由不同汉字文化背景学生组成的混合班。案例显示，开课以后，欧美学生先后两次向作者反馈课堂上讲解汉字的时间太少，使他们难以跟上教学进度。作者则在得到反馈后及时与其他平行班教师和层级组长进行研讨，并调整教学策略，取得了较好的教学效果。之后，作者也对混合班的汉字教学问题进行了较为深入的教学反思，并在原因分析基础上提出了具有可操作性的解决方案。

汉语教师都清楚，汉字教学向来是国际中文教学的一个老大难问题。曾有人做过一项基于欧美人视角的调查,发现汉语是世界上最难学的语言之一。而汉语之难,主要难在汉字。因此,在掌握汉语发音和语法的同时还要掌握汉字,对欧美学生来说确实是一项极大的挑战。相比之下,对日本和韩国的学习者而言,汉字问题基本上可以忽略不计,教师一般不需要专门花时间去教他们学习汉字。而对欧美学生来说,汉字却往往是他们绕不过去的一个坎儿。这就意味着,欧美学生与日韩学生在汉字方面并不是处在同一条起跑线上。当然,汉字难学、难教并不等于不能学、不能教;只要有时间、有方法,汉字终究还是可以学好、教好的。因此,有条件的中文教育机构通常会在初级汉语阶段实行分班教学,即分为欧美班和日韩班,效果还是不错的。然而,一旦客观条件只允许进行混合班教学,那么汉字教学之难就超出了汉字本身,而是成为如何在这两类学生之间取得平衡的问题了。

可喜的是,该案例提出的解决方案,包括采用翻转课堂的教学模式,充分发挥网络资源和微信、Quizlet 等平台的作用,注重欧美生的汉字预习和复习,并在班内实施分层教学,是一种"因材施教"的好方法,值得进一步研究和推广。

五、马绮凡的《学好汉语不容易》

该案例呈现了作者为一位法国商务人士进行一对一汉语口语教学的实践经历和对相关问题的思考。从案例中展示的内容来看,作者的教学设计贯穿了"以学生为中心"的教学理念,对学生的学情分析和教材分析也比较到位,能够随时根据学生的特点和需求灵活调整教学内容和教学方法。事实上,一对一教学最大的优点就是便于教师实施"因材施教"的教学原则,而作者在教学过程中也比较充分地贯彻了这一原则。

当然,作者也留下了一个自觉难以解决的棘手问题,即学生的发音尤其是声调难以纠正。这也是所有面向欧美学生的汉语教师都会遇到的问题。而解决这个问题,需要找到其症结所在。我们知道,学生的汉语声调掌握不好,其后果就是所谓"洋腔洋调"。用语言迁移理论来解释,这是由于绝大多数欧美学生的母语中没有声调所导致的负迁移现象。换言之,"洋腔洋调"就是没有声调的汉语中介语。就案例中那位法国学生而言,能够兼通法语、英语、意大利语、德语、西班牙语、俄语以及少量日语,也算是个"语言达人"了,但这些语言在语言类型上都不属于声调语言。因此,当他第一次面对像汉语这样的声调语言,所面临的挑战无疑是巨大的。

学生的母语没有声调,导致的后果就是对声调没有任何感觉,以至于无论教师如何予以纠错,也往往不得要领。如果我们注意观察,会发现一些东南亚国家的留学生一般不会出现如同欧美学生那种典型的"洋腔洋调",这是因为越南语、老挝语、泰语、缅甸语等都属于声调语言。由于这些学生的母语有声调,因而他们早就内化了对于声调的认知,拥有对声调的感觉。至于其母语的声调种类、调型等与汉语有所不同,也只要经过一些调整就很快可以掌握的。这就类似中国人自己学习普通话,方言区的人可能带有地方口音,但无论是"江浙普通话""福建普通话",还是"广东普通话",都不会出现"洋腔洋调";而一些少数民族同胞,如维吾尔族、蒙古族等,说普通话时就免不了带有"洋腔洋调"了。

由此可见,对于母语为非声调语言的学生,帮助他们认知并确立对声调的语感至关重要。而在具体的教学方法上,简单的纠错、领读等手段往往无济于事,更重要的是引导学生掌握声调的发音原理。要做到这一点,首先考验的是汉语教师自身的汉语语音学理论功底,以及将相关理论应用于教学实践的能力。遗憾的是,从本案例中,我们没有看到这方面的信息。例如,作者注意到学生的声调问题集中于阴平、去声以及上声连读,但没有提供具体表现的信息。一般来说,欧美学生容易将阴平读成降调,去声的降调没有降到底,或者读成升调等。那么,面对这些问题,作者除了简单的纠错,是否借助五度标记法为学生讲解过阴平、去声、上声变调的调型、调值等特征,有没有通过比较法把这些声调的差异分析、演示清楚,我们不得而知。

从案例的描述来看,作者确实很希望把学生的声调问题解决好,但苦于没有良策,于是就以学生"不追求发音标准"为由而倾向于放弃努力。对于这个问题,我们应从两方面来看。一方面,声调是汉语语音的声、韵、调三大要素之一,也是汉语的主要特色之一。学生的声调掌握得不好,轻则一口"洋腔洋调",重则妨碍语言交流,甚至闹出"睡觉多少钱一晚"(水饺多少钱一碗)之类笑话。因此,作为一名汉语教师,绝不能对学生的"洋腔洋调"放任不管。尤其是任教初级汉语的教师,必须对学生的语音问题从头抓起,以免学生养成不良的发音习惯而越来越难以纠正。我们在中文教学实践中,经常能发现不少中高级阶段的汉语学生仍然满口"洋腔洋调",其根源并不在于声调难教,而是在于其初级阶段的教师没有严肃看待并设法解决他们的声调问题,以至于留下后患。另一方面,对于学生的需求,我们也要基于以教师为主导的原则进行具体分析,尤其是要分析学生的学习心理。以该法国学生为例,作为一个成功掌握诸多非声调语言的"语言达人",很有可能对汉语声调的重要性认识不足,误以为不掌握声调照样可以学会汉语。如果教师有意无意地放任他的声调问题,就会成为一种来自权威的暗示,从而强化他的这种心理。相反,如果教师在教学中重视这个问题,就能够促使他改变现有的心态。从该生的个性和语言学习经历来看,他应该是一个乐于学习各种语言,也乐于用学到的语言去尝试与母语者交流的人。一旦他用发音标准的汉语去向中国人"显摆",势必会收获诸如"哇,你的汉语跟中国人一样啊!"之类的赞叹,这样的反馈将对他产生激励效应,即二语习得的"结果性动机",从而更加重视声调的学习。另外,从时间成本来看,或许有人会说,像该生这样每周只有两个小时学习时间,又希望急用先学、立竿见影的情况下,似乎不宜在语音的准确性上花费过多时间。可是,如果我们考虑到,既然每次课上都要纠正学生的发音,每次所费时间虽不多,但累积起来也将不是一个小数,那么给他来个"长痛不如短痛",从一开始就把问题解决掉,或许也是值得的。由此可见,只要教师能够做到方法得当,加上该生在二语习得中所表现的积极态度和语言学能,那么在短时间内解决该生的声调问题还是很有可能的,否则就太可惜了。

六、姚梦晔的《课堂环境中受场认知风格影响的韩国留学生汉语学习》

该案例呈现了作者任教汉语言本科韩国学生预科班的基础汉语综合课和HSK辅导课期间,对该班5名学生在课堂集体学习环境下场认知风格的影响进行观察和分析的情况。根据场认知风格测试,该5名学生分别属于场独立型、场依赖型和综合型,而课堂观察也显示,他们在课堂上的学习行为表现,基本上与各自所属的场认知类型相吻合。另一方面,从学习成效来看,具有相同场认知风格的学生未必具有相同或相近的学习成绩,而是还有其他影响因素也起到了一定的作用。以场认知风格为核心的认知风格研究是二语习得研究的重要领域之一,而"第二语言习得导论"是汉硕课程体系中的一门专业基础课。作者能够主动将所掌握的二语习得相关理论应用于教学实践,展现了作为一名汉硕研究生良好的理论功底以及理论联系实际的意识和能力。

一般认为,场认知风格对二语学习者的学习行为表现和学习成效具有一定的影响。因此,预知学生的场认知风格类型,对于教师观察学生的学习行为表现并从理论层面予以解释,从而更有针对性地实施因材施教具有重要意义。当然,随着研究的深入,场认知风格及其行为表现的复杂性也越来越为人所知,场认知类型不再像最初那样被认为与学习成效具有简单的对应关系,也不再被认为是"哪种类型更好"的简单问题,而是需要"具体问题具体分析",而该案例在这方面做了很好的尝试。尽管该案例只是一项小样本的观察实验,其实验方法和所得结论也有一定的瑕疵,但对该领域的研究仍具有添砖加瓦之功。期待更多新手汉语教师积极加入同类研究,将学到的二语习得相关理论应用于自身的教学实践。

七、李真臻的《汉语口语教学和测试的改进》

该案例呈现了作者针对中高级汉语课堂教学及测试的改进方案。作者通过问卷调查、课堂记录和个别访谈等手段,了解学生的汉语交际意愿,并根据班内学生的不同水平,对教材内容进行再分层,并给不同水平的学生分配相应层次的学习任务,以维持学生的学习兴趣和自信心。与此同时,对课程的操练和测试的内容和方式也进行了相应的改革。这是一个针对大班教学课堂进行"因材施教"的有益尝试,为如何在汉语教学中贯彻这一理念提供了值得参考的样本。

自古以来,因材施教就是一种为人们所津津乐道的教学方法和教学原则。早在2500年前,孔子就为我们留下了若干因材施教的经典案例。然而,随着教育的普及化,大班教学成为教学组织形式的一种常态。那么,教师在面对动辄十几人、几十人甚至上百人的大班课堂,如何将因材施教这一理念落到实处,常感到难以着手,即所谓"说来容易做来难"。就语言教学而言,为了尽量确保教学质量,教学班的规模通常小于其他学科,但仍然存在难以因材施教的棘手问题。按照理想的状态,语言教学班的规模应当越小越好,但问题是,规模越小,成本越高,这种高成本是普及性的语言教育所承受不起的。例如,在语言学能研究中,人们发现,虽然几乎所有的教师都承认学生之间存在差异,而语言学能测试可以为他们的因材施教提供一种依据,但是,这种依据很难应用于实际的教学中,因为教学大纲和教学材料都假定学生是相同的。那么,如果教育机构真的根据学生的差异来分班,将会细分出无数个小班,而这无疑是过于"奢侈"的。在此条件下,语言教师为了完成教学大纲所规定的教学任务,不得不把不同的学生当作相同的学生来展开教学。因此,该案例提出的在大班教学条件下的再分层教学,或许就是解决这一问题的一条途径。

参考文献

[1] ELLIS R.第二语言习得概论[M].上海:上海教育出版社,1999.

[2] 盖苏珊,塞林克.第二语言习得[M].3版,赵杨,译.北京:北京大学出版社,2011.

[3] 李柏令.第二语言习得通论[M].上海:上海交通大学出版社,2013.

[4] 单宝顺,齐沪扬.对外汉字教学中的几个理论问题[J].汉语教学学刊,2021(02):
      102-111.

[5] 吴琼.媒介语在初级汉语二语教学中作用的实证研究[J].语言教学与研究,2018(06):
      48-57.

[6] 王添淼.基于认知风格理论的对外汉语教学策略[J].汉语学习,2009(02):91-97.

[7] 陈宏.基于认知规律的汉语声调教学新认识[J].大津大学学报(社会科学版),2020,22
      (04):91-97.

[8] 王巍.汉语二语声调纠错与教学研究[D].华东师范大学博士学位论文,2020.

[9] 李蔷.国际中文教育初任教师和经验教师教学行为比较研究[D].东北师范大学博士学
      位论文,2023.

[10] 胡文华.国际学生中国概况课的定位、目标和教学模式[J].华南师范大学学报(社会科
      学版),2022(01):72-82.

国际学校教学案例

国际学校家校沟通

程尹　重庆耀中国际学校

作者简介　　上海交通大学国际中文教育专业硕士毕业。硕士期间曾赴新西兰奥克兰大学孔子学院工作,进入奥克兰一所本地高中任教一年。2014 年硕士毕业以后,进入重庆耀中国际学校中学部担任中文教师至今,主要负责 IGCSE 和 IB - DP 课程下中文作为第二语言和中文母语的教学。

教师在教学过程中难免要与家长打交道。对于中文这一在国际学校不太被重视的学科来说,家长对学生中文学习的态度会直接影响学生在校的学习效果。而国际学校家长来自各个国家,因此做好在跨文化交际下良好的家校沟通至关重要。不同群体、不同国籍的家长对孩子的教育期待不一样。因此,在与家长进行沟通时,需要结合家长的国籍以及类型等有针对性地进行有效沟通。在工作中,笔者会根据不同群体和类型的家长,提出相应的沟通解决方案。

一、家长构成

国际学校家长构成多样,主要有以下三种。

(一) 跨国公司外派员工家长

这一群体的家长在本国属于中产阶级,大都是高级工程师或者企业高管,本身素质较高,也很看重孩子的教育。但是在这一群体中,还需细分地区和国籍,例如,美国家长对孩子的要求着重在孩子的进步与否,是否融入学校的群体,是否有整体素质的提升等上面;而韩国家长比较看重孩子的分数,还很重视孩子"青春期"的敏感问题等。

以我曾经接触过的一个美国家长为例。孩子的中文学习不算努力,经常会偷懒不做作业,在汉字书写方面还需要加强学习,但在上课时,态度比较积极,会积极回答问题。通过家长见面会与家长沟通时,先了解了家长对孩子的期待:家长理解孩子学习汉字的困难,并且表示将中文作为一种语言工具,在将来能用来进行口语交际就已经足够了。在了解了家长的需求后,我对孩子的其他方面进行了客观的评价,同时对孩子在课堂上表现出的积极学习态度进行了夸赞。作为典型的中式"打击教育"下成长起来的我们会很容易陷入一个误区,就是老师帮孩子指出错误,是为孩子在将来不再犯错而考虑,是为孩子好。但是作为家长,不管来自哪国,不管什么背景,就算知道自己的孩子有问题,都希望从老师这里得到关于孩子的正面评价,哪怕是关于孩子的一点点进步。所以,与家长沟通时要站在家长的角度,站在为人父母的角度去考虑问题,去发现每个孩子身上的闪光点,让家长知道老师对自己孩子的肯定,让家长能从老师身上看到孩子成长成才的希望,哪怕是一点微光。这一次的家长见面会进行得很顺利,也得到了家长对孩子学习中文的持续支持。

在这个家庭即将离开中国回美国时,这位家长与所有的任课老师都约见了一面。在这最后一次的沟通中,我真诚地跟家长指出在课堂上观察到孩子近来自信心缺失的问题,希望家长要多鼓励孩子,回国以后也能继续学习中文。当时家长一下就哭了,她感谢我一直以来对孩子的鼓励与肯定,告诉我孩子因为数学成绩不好,被数学老师打击了自信心。她自己曾经就是一个老师,认为对于孩子来说,一时间的成绩好坏并不能说明什么,保持孩子对学习的兴趣与积极性才是最重要的,所以她并不认可依据成绩的好坏而对孩子进行片面的评价。

最后,这位家长给我们学校校长写了一封邮件,并在邮件里表达了对中文老师的敬业以及与家长有效沟通方面的认可。正是因为我了解这位家长的需求与期待,一直都非常鼓励孩子的中文学习,所以才在这一方面得到了这位家长的认可。

而对于韩国家长来说,光鼓励孩子是远远不够的,因为他们国内也有高考的压力,学生需要好的成绩进入一所好大学。所以,在面对大部分的韩国家长时,沟通时需要做的是直接告知家长你目前做了哪些事,以及在未来可以从哪些方面帮助孩子提高分数,例如,主动问取孩子中文家教的联系方式,并与家教保持联系,让家长看到多方一起帮助孩子提高成绩。

(二)大使馆或领事馆工作人员家长

大使馆和领事馆工作人员这一群体就读于学校的学生基数较小,就读的孩子不太多，在此次案例中并不能作为典型性代表，因此在本案例中就不作为特殊案例进行阐述。

（三）持外国护照孩子的中国家长

这类家长分两类，一类家长是由于已经在国外发展拿到绿卡，但是近年来中国经济迅猛发展，很多回流发展的家长。这类孩子生长在国外，普遍听说没问题，但是不会认读和写汉字，是所谓的"香蕉人"，在学校接受的是中文作为非母语的第二语课程。还有一类家长是单纯为了能让孩子接受到国际教育而给生长在中国的孩子办理了他国的护照或绿卡，这类孩子在学校接受的中文课程是母语课程。

第一类家长，他们虽然在一定程度上受到了外国教育的影响，却还是很看重孩子的分数。但这类家庭的孩子对中文学习却并不积极，原因有几点：①身份认同混乱，内心缺乏对中国的认同，认为自己是持护照国家的公民；②认为自己的中文基础尚可，能听会说就可以了，并不认可汉字书写很重要，只会说不会读更不会写；③认为将来不会留在中国上大学或发展，因此中文并不实用。因此，这类家长对孩子分数的看重与孩子对中文学习的不重视形成了一对矛盾，老师在处理这类家校沟通时会费心不少。

我曾经教过一个 11 年级从美国转学过来即将要参加 IGCSE 考试的"香蕉人"学生，虽会用中文进行口语交流，但是拼音和汉字基础为零。而 IGCSE 考试的中文科目听、说、读、写四个方面都会考查，通过与家长沟通，我了解了家长的诉求，那就是在短期内一定要提高该生的分数。我在表示认同的同时也积极寻求了家长的帮助，因为靠每天在校一节课 50 分钟的学习时间是远远不够的。让家长知道老师并不只是在表面上应付，而是会真正制订计划和付出行动去帮助他们的孩子。例如，针对孩子拼音零基础和薄弱的汉字基础，可以将拼音学习材料与考试大纲中的一些重点词汇以周为单位发给家长，同时希望家长在家或者请家教提供支持。这样既能减轻教师自己在校的授课压力，也能让家长感受到老师提供的支持。当然，这是针对非常配合的家长提出的方案，具体的方式还需根据不同家长的不同需求而定。

第二类家长，在国内工作，有的甚至都没有出过国，但是比较认可国际教育，所以将孩子送进国际学校。这类家长中不少人都认为国际教育等同于精英教育，认为高昂的学费＋高大上的教学硬件设施＋小班教学＝精英教育，因此认为孩子只要送进一个好的学校，肯定会成长为德智体美均衡发展的优秀孩子。这类家长对孩子的教育成果期待最高,对学校和老师的诉求也很高。与这类家长沟通难度是最大的,可以参照以下提出的沟通流程进行,上文中所提到的其他群体家长的沟通也可借鉴此流程。

二、家校沟通流程

在国际学校,与学生沟通更难还是与家长沟通更难?答案肯定是:家长。在工作中,我们遇见的家长形形色色,沟通时需要老师们在遇见问题时随机应变,需要老师们不断积累经验。

(一)事先准备

在沟通开始前,做好以下准备,能更好地提升沟通效果:①观察学生日常表现,可借学生表现初步判断出家长特征,孩子行为的反馈是家庭的反映,孩子会投射出家长的影子,从孩子身上可以看到家长对孩子的家庭教育属于何种风格。②询问其他同事,向与该家长打过交道的其他同事询问家长相关信息,但是要注意这里的询问只能作为多方了解信息的一种渠道,并不能成为评价家长的一种标签。

(二)面谈破冰

与家长沟通见面时,一般以寒暄开始。让气氛通过寒暄先热起来,让双方都有缓解尴尬的时机。从天气、吃饭等话题开始,再从诉说孩子的优点、进步等正面反馈开始,这比从直接诉说孩子的问题开始让人更易接受。

(三)积极倾听(判断家长类型)

如果是第一次与家长见面,这一步至关重要。通过积极倾听,我们可以初步判断家长类型,再根据家长类型进行积极沟通。

家长类型主要分为以下五种类型:

(1)主动沟通型:根据实际情况提供帮助即可。

(2)被动配合型:要特别注意倾听需求,这类家长的需求往往是不同的。

(3)溺爱型:与这一类家长沟通时要注意反馈问题一定要委婉。

(4)放任不管型:要向这一类家长表明自己一定会全力以赴提供帮助。

(5)问题型:这类家长一般很挑剔,意识不到自己存在的问题。

(四)反馈问题

(1)学习问题:如不好的学习习惯、学习成绩问题等。

(2)心理问题:如焦虑、抑郁、强迫症、多动症等心理问题。

（3）行为问题：如干扰课堂上课秩序、上课注意力涣散等问题。

（4）特殊问题：如校园霸凌、攀比等特殊问题。

（五）积极倾听（满足家长的倾听需求）

在帮助家长找到问题以后，我们这时候还需要积极倾听。这里的倾听与前面的倾听不一样，这一步的倾听是用我们的同理心去倾听家长的焦虑，也让家长更信任我们。

（六）提供建议

（1）学习问题：发挥专业特长，针对学生的学习问题，给出专业意见即可。

（2）心理问题：心理问题一般需要学校专业的心理老师进行跟进。但是作为一线的教师，也需要积极配合。例如，如果学生是多动症患者，教师要给家长指出学校给予学生的特殊化支持，让家长知道你在积极支持学生。

（3）行为问题：孩子的行为是家庭的反映，所以我们可以提供一些在家庭中可实施的建议。后期注意一对一定期反馈学生情况，制作一些可视化量表来反馈学生的行为也会让你的沟通事半功倍。

（4）特殊问题：如针对校园霸凌，一定要向家长表明态度，即零容忍，并且表明会积极帮助孩子进行心理建设，帮助孩子走出困境，帮助孩子找回快乐。

以上就是笔者工作以来在家校沟通方面得出的一些经验与心得，不一定成熟，希望能与同行讨论，并能为即将在国际学校从事汉语国际教学工作的同学提供借鉴。

国际学校中基于阅读工作坊的汉语教学

赵冰清　上海美国学校

作者简介

本科毕业于上海交通大学汉语言文学（中外交流方向）专业，硕士毕业于上海交通大学国际中文教育专业。硕士就读期间曾参加国家汉办（现教育部中外语言交流合作中心）组织的汉语教师志愿者项目赴新西兰的奥克兰大学孔子学院工作，任教于当地的三所小学。2016 年毕业后进入上海美国学校从事汉语教学工作。

中文科目同美术、音乐、体育三科一起在本校被归为副课，区别于主课老师任教的英文读写、社会科学、数学等科目。学校为推广跨学科的交流融合，鼓励中文老师借鉴英文读写课的教学模式，本案例就是采用英文读写课教学模式进行教学设计的一次尝试。

本案例教授对象为母语非中文的三年级小学生，汉语综合水平处于本校小学中文项目水平分级的中级。大部分学生能够完成日常会话，阅读带图片的简单故事或绘本，书写完整的单句或结构简单的复句。个别学生读写能力较平均水平更弱，个别学生读写能力较平均水平更强。

一、跨学科的融合

为帮助学生建立起知识技能跨学科的有机联系，中文老师与主课老师之间开展了语言课教学模式的合作交流，帮助学生将英文读写的技能迁移至中文读写的学习中，把在主课和副课中学习到的知识技能融会贯通。

二、阅读工作坊和写作工作坊

主课老师在教授英文读写时主要采用的模式为：阅读工作坊（Reader's

Workshop)和写作工作坊(Writer's Workshop)。这个模式有一个终极目标就是让学生习得终身受用的阅读技能和写作技能,学生通过这个教学模式在课堂里获得大量运用不同技能解决阅读或写作困难的经验,以便他们在课堂外、实际生活中能够熟练运用这些技能解决实际问题。阅读工作坊和写作工作坊的每节课都由一节 10 分钟左右的迷你课(minilesson)开始,迷你课结束后剩余的大量的时间都是给学生独立练习,同时老师有针对性地指导个别学生或一组学生。迷你课虽然只有短短 10 分钟左右,但节奏非常紧凑,由四个环节组成:

(1) Connection:在这个环节中,老师需要让学生清楚这节课会和他们的学习和生活发生怎么样的关联,然后引入这节课的学习目标。

(2) Teaching:这个环节中,老师通过亲自示范、指导学生练习、问答等等方式,将达到学习目标的策略方法清晰地展示给学生。

(3) Active Engagement:这个环节中,学生快速地尝试一下老师刚才教授的策略方法。

(4) Link:这个环节是迷你课的收尾。在这个环节中,老师需要重新明确今天的学习目标,并将其与学生正在进行的阅读或写作联系起来。然后,没有疑问的学生开始独立练习,还有疑问的学生由老师做进一步指导。

每节课的学习目标要用学生能理解(最好能引起兴趣)的语言去表述,碰上比较复杂的概念,老师则需要通过一些策略保证每个学生都能够理解目标,比如可视化说明、英文解释、手势动作等。这样每个学生才清楚这节课他/她要做到什么,从而提高学生的主观能动性,同时也能降低课堂管理的难度。

每个学习目标都只聚焦一个知识点或技能,比如低年级的"能够点读,不漏字""能够区别句号、感叹号、问号",高年级的"能够分析说明文的结构""能够分析作者的观点对读者产生的影响""能够对人物的心理活动进行描写"等等。

整节课围绕一个核心目标,不节外生枝,提供学生不同的材料、方法和模拟场景,保证学生得到充足且有效的练习。理想成果就是学生离开课堂后在他/她的阅读和写作生涯里会选择和使用有效的技巧和方法去解决实际的读写问题。

三、教学设计过程

下面我就以三年级中级班为例来详细描述一下采用阅读工作坊进行教学设计的过程。

第一,我们分析学生的情况。学生能够完成日常会话,大部分人能够阅读带图片的简单故事或绘本,书写完整的单句或结构简单的复句,也就是说他们在输入(听、阅读)或输出(说、写作)时都可以使用单个句子或多个句子。那么使用结构清晰完整的段落(多个有联系的句子)进行听说读写则是他们从中级班进阶到高级班应当掌握的能力。

第二,根据教学大纲,再结合学生的情况,我选定了一个大目标,即能够独立复述故事大意。这个大目标可以帮助学生在有材料辅助(故事)的情况下练习用完整的段落进行会话写作。接下来,我把这个大目标拆分成几个小目标,分配到每节课。这些学习目标分别是:

(1)能识别故事的人物、环境和情节。在实际教学中,为了扫除学生理解学习目标时的障碍,"识别"一词我以"找到"替代,"人物"一词附上了人和动物并列的图片,"环境"一词我以"时间"和"地点"替代并附上时钟和定位图钉的图片,"情节"一词我以"事情"替代,因为"找到""事情"都是他们学过的词,另外图片也能辅助学生理解"人物""时间""地点"这些概念。这个目标在课堂中表述为"能找到故事的人物、时间、地点、事情"。

(2)能识别故事的开头、中间和结尾。为了让学生理解开头、中间和结尾的概念,我以火车的车头、车身、车尾作为类比,制作了车头、车身、车尾的教具,车头和车尾部分有意制作得短些,车身制作得长些,以表示故事的中间部分通常内容最丰富。

(3)能概括故事的开头、中间和结尾。概括其实是学生不容易掌握的技能,要求学生概括时,他们往往会把内容不经自我的加工重复一遍。前两个目标是对概念的理解,也就是理解一个故事的基本组成元素,这个目标则是技能的培养,有了对概念的理解,我们就可以进一步给学生提供策略来培养其技能。对于这个水平的学生来说,我给他们提供的策略其实很简单,就是找到开头、中间和结尾各个部分的人物、环境、情节这些关键信息,忽略其他次要信息,把这些关键信息以正确的语序组合起来就可以了。

(4)能够独立复述故事大意。在完成了以上三个目标后,学生就离完成大目标更近了一步。当学生能够概括故事的各个部分后,他们要学习如何将这些经过概括的部分组织成结构清晰的段落。于是,我给学生提供的策略就是用关联词将零散的句子组织起来:"一开始……后来……最后……"。通过练习,他们不仅能够以清晰的结构复述简单故事,还能习得这些新接触的关联词。这个目标中的"独立""复述""大意"都是学生理解上存在障碍的词,所以在课堂的表述改为"能用自己的话说说故事在说什么"。

第三,定好目标之后就要开始选择适合学生的阅读材料。在这个过程中要充分考虑到学生之间的差异,做好差异化教学的准备。迷你课也就是教学示范环节我选择的是学生已经很熟悉的文本,每个学生都对书中的字词句没有理解上的障碍,所以不会花费时间在理解故事上,而是把重点放在学会新技能上。我提供给学生独立练习的阅读材料则因人而异:所有学生都要阅读的是事先读过的文本及与其难度相当但学生没读过的文本;给水平较好的学生提供略有难度的文本;给识字量较少的学生提供音频书。每个学生得到的练习要求也有所不同,大部分学生需要在一节课里用学到的方法阅读四到五本书,水平较差的学生阅读三本书;读写能力较强的学生在阅读中要做书面记录,较弱的学生则用数字或图画来记录。

第四,准备一些辅助教学的教具。我主要制作了学习目标中出现的一些概念的图文并茂的磁贴卡片,之所以制作成磁贴是为了可以在教学中一步一步地将不同概念展示出来,同时还可以根据实际教学状况变换这些概念的出场顺序,还可以让学生一起参与操作这些卡片。另外,我还制作了锚图(Anchor Chart),锚图是固定展示在教室里的海报形式的教具。将每节课的精华内容制作成锚图固定展示在教室里,可以帮助学生在日后的学习中迅速回顾学过的知识技能,起到快速参考的作用。

第五,准备学生自我评估用的检查清单,以及老师评估用的记录表。每节课都需要让学生得到自我评估自我反思的机会和练习,培养学生独立解决问题的意识和能力。老师评估用的记录表则是帮助老师实时地记录学生的进度、学生的困难和疑惑,以作为日后备课和学生考核的参考。

四、学生反馈

完成这次阅读工作坊的教学尝试后,学生给予了许多积极的反馈,有的说:"原来读中文书和读英文书是一样的,中文的故事也有人物、环境、情节这些要素。"有的说:"原来我也可以讲一个完整的故事啊,我的中文进步了。"也有的提出了自己的疑惑:"有的故事没有告诉我时间,它还是一个故事吗?""故事可以只有开头和结尾,没有中间吗?"这些疑惑成为了之后的课堂里讨论研究的内容。

值得一提的是,在完成了本次的阅读工作坊教学后,我立即开展了相应的写作工作坊,学生们马上有意识地将故事的各个要素组织起来,用上了学会的关联词,写出了结构完整的故事。

五、启示

(1) 中文老师要经常和其他学科的老师交流经验、相互借鉴,甚至合作教学,让知识技能在不同学科场景中不断复现,这样学生得到的学习体验会更立体,学习效果会更好。

(2) 中文老师要积极寻求校方的支持。学校在这次教师合作上给予了很大的支持,提供给了老师观摩时间和培训资源,甚至还"牺牲"了一些教学时间。

(3) 在教学设计过程中要时刻心系学生,牢记终极目标,每个环节都要充分考虑到每一位学生的能力和特点,以及学生是否能通过这节课的所学所得在未来的阅读和写作生涯中解决实际的问题。

以上就是笔者一次教学设计尝试的记录和感想,希望与各位同仁交流讨论,并为即将从事汉语教学工作的同学提供一些经验和思路。

海外国际学校中文教学

葛婷婷　南通惠立学校

作者简介

上海交通大学国际中文教育专业硕士毕业。有近十年 IB MYP 和 DP 中文教学经验。曾任教于新西兰当地小学、中国 IB 国际学校以及泰国曼谷知名国际学校。目前任教于南通惠立学校，担任中文教师及中文课程协调员。Lynn Erickson "概念为本的课程与教学"认证培训师。曾担任培训课程"概念探究教学实训"讲师。合著出版图书《巧用探究法教语言》。

由于 IB 国际学校中学项目强调以概念探究为导向来设计课程，教师在设计单元探究时会遇到各种各样的问题，比如怎样挑选合适的教学材料、使用哪些教学策略、如何设计真实有效的教学活动等。另外，学校里的中文活动非常多，教师除了上课，还需负责组织各类中文活动，如何将教学内容与活动结合也是一个值得探讨的问题。

一、学生情况

泰国 IB 国际学校学生，90％为泰国人。学生在幼儿园和小学阶段接受中英双语沉浸式教学，即学生每天会有一半时间在中文授课的环境下学习，另外半天则是用英文。绝大部分学生在小学毕业时达到 HSK3 级，中学毕业时达到 HSK5 级，部分学生达到 HSK6 级（旧版）。进入中学后，大部分学生被分到 MYP 中、高级语言水平或语言与文学水平进行学习，少量学生被分到 MYP 初级语言水平学习，这些初级语言水平学生的特点是听说能力普遍高于读写能力，能听懂教师说的每一句话，但是读写有困难。学生的家庭背景多为早年从中国移民到泰国的华人家庭，因此家长非常重视孩子的中文学习，希望他们不要忘记自己的根在中国。另外一部分学生的家族企业与中国往来密切，因此学好中文能够帮助其将来继承家业。

二、案例描述

(一) 没有固定教材? 需要自己编写课文?

在国际学校教中文,没有固定的教材,课程安排灵活,给教师选择教学内容的自由度较高。就本校而言,中学中文部有专门的资料室,里面陈列了市面上几乎所有与中学生中文学习相关的教材、拓展阅读书目以及教师参考资料等等。理论上教师可以根据单元教学内容去资料室挑选所需要的主要课文和拓展阅读篇目,或者直接以某本教材作为整年的教学用书。但每个学校的课程安排不同,操作方式也不同。本校要求教师根据单元计划,结合学生的语言水平、兴趣以及最新时事内容自行编写教学材料,包括主要文本和辅助文本。

以笔者所教的 MYP 语言与习得中级水平为例,我们备课小组一共 5 位教师,在单元教学前,我们会开会共同讨论单元的探究大方向和详细计划,包括单元重大概念、相关概念、概念性理解、探究说明等,以此厘清单元探究大方向,然后决定单元评估方式以及单元项目,接着再设计单元教学内容和学生的学习体验等。确定了主要教学计划后,我们 5 位教师会分工进行单元教学材料的编写,写完后会由其余 4 位教师提出意见再进行修改,打磨后的每一篇课文在把握难度、生词量及语法方面都能较好地符合学生实际语言水平,也能够引起学生兴趣,帮助学生理解单元概念以达到单元探究目的。说实话,这个过程是需要花费大量时间和精力的,笔者做了三年自编教材的工作,现在写一篇符合要求的课文已经比第一年快多了,也能够一下子抓到点子。市面上好的教学材料现在越来越多,但是能够找到一篇完全符合当下班级学生情况以及贴合单元探究内容的不多,教师需在材料准备上灵活应对。

(二) 别人的课堂为什么那么有趣?

国际学校在其课程设计中强调教师运用不同教学策略以促进学生对知识与技能的理解。经常被提到的教学策略包括项目式学习(PBL)、差异化教学(Differentiation)、追求理解的教学设计(UbD)、可视化思维(Visible Thinking)等。这些词汇相信大家都不陌生,但是要在教学中实施和运用需要教师的不断摸索与反思。

以项目式学习为例,记得笔者初到泰国的第一年,常常被其他班级教师组织的活动所震撼。比如,初级语言水平阶段学生举办的"国际日"活动,活动上学生准备了各国的展位,并准备好各国美食,有的还是现场烹饪,展板上则呈现了他们对各个国家以及其饮食文化的理解。这是初级语言水平某一个单元的项目,学生将课上所学知识和技能反映在了他们与现场观众的互动上、内容丰富的展板上、美味的食物中。再如,高级语言水平学生进行的一场环保创意设计投标大赛也给笔者留下深刻的印象。单元内容与环保和创意相关,在投标大赛上,教师充当某环保公司老板、技术顾问、投标大赛评委等人,学生则以小组的形式用中文介绍他们的环保创意作品和理念,并配上记录小组工作全过程的小视频,在最后的问答环节,学生在无准备的情况下自如回答教师们的问题,台下坐着同一年级不同语言水平的学生,待每个小组都展示完后,学生将对他们最感兴趣的环保作品进行投票,学生票数将与教师组票数相加来决定哪一组获胜。这项活动的呈现让笔者好奇教师是如何引导学生在 8 到 9 周时间内完成单元探究并将探究成果展现出来的。笔者的第一年就是在看别人和自己慢慢尝试中度过的。

(三) 活动多的课堂一定是好的吗?

在探究教学中,如何安排教学活动、丰富学生的学习体验尤为重要。笔者在教学中发现,丰富的活动固然可以帮助学生提高各方面能力,但并不一定能够帮助学生实现知识和技能的迁移。许多学生只是完成教师给的任务但不了解为什么要做这些活动以及如何在生活中去运用。因此笔者认为设计学习体验应该根据探究目的,循序渐进有逻辑地安排教学活动,同时考虑学生的个体化差异,随时进行调整,以适应每个学生的学习需求。

以笔者曾经上过的一堂 MYP 中级语言水平导入课为例,这节课的探究重点是:①弱势群体通过哪些渠道发声? ②这些发声渠道的优点和缺点是什么?笔者首先将学生按照兴趣和语言水平分组,接着把准备好的材料分发到每个小组,这些材料的话题内容涉及老年人弱势群体、留守儿童、残疾人、LGBTQ 群体、MeToo(我也是)群体。材料的形式符合多模态的文本要求,如视频、报刊文章、新闻、漫画等。第一步:学生自主阅读或观看教师给的材料,在看的过程中可以提问或查词典;第二步:针对材料的内容完成可视化思维活动"See-Think-Wonder",即"你看到什么? 你有哪些想法? 你有问题吗?";第三步:讨论问题"弱势群体通过哪些渠道发声?",并将讨论结果以"Think-Pair-Share"的形式分享;第四步:探讨不同发声渠道的优缺点,主要用反思表格的形式写下自己的看法。这堂导入课的实践需要大约 90 分钟的时间来完成,本校一节课为

55 分钟,大概会用 1 到 2 节课的时间来帮助学生初步了解交流的方式对实现交流目的的影响,为下一步探究做准备。

(四) 你是全能型中文教师吗?

国际学校中文教师的职责仅仅是教中文吗? 当然不是。除了教学,还有一系列学校方方面面的工作职责等待着我们。以笔者所在的学校为例,我们每年会举办一系列与中文教学有关的活动,包括中秋节歌会、中文演讲比赛、写作大赛、春节庙会、汉字英雄大赛等等,每一项活动都由一位中文教师统筹,其余中文教师分工负责活动中的具体事项。每一场活动从策划、节目排练、演员挑选到技术、后勤支持、服装、舞台布置等都由中文教师负责联系安排。笔者曾经负责过节目 PPT 制作、活动视频剪辑、主持人培训、舞狮表演排练、千手观音舞蹈排练、化妆师等工作。记得在准备舞狮节目时,笔者每晚在家听着鼓点拿着抱枕数拍子练习动作,白天抓上负责舞狮表演的四个男生练习走位,调整动作,因为舞狮是第一个暖场节目,要让狮子尽可能看起来俏皮可爱。忙完舞狮还得把负责敲锣打鼓的学生抓来对一遍拍子,多打少打都会影响狮子的动作和节奏。所有这些技能笔者都是上网现学现卖,教师的很多才艺可能都是工作以后被挖掘出来的吧。

三、案例分析

(一) 教学材料只是一种辅助

与以往根据主题、内容、教材来设计编排单元教学内容不同,IB 中学项目强调以可迁移的"概念"来驱动教学。学生通过学习一系列的知识和技能来掌握一种可迁移的"概念性理解"。所有的教学活动、教学策略、教材选择、评估都要以帮助学生掌握"概念性理解"并实现"迁移"为目标。这里的"迁移"指的是将这种理解运用到其他真实的情境中去。这样的方式与传统的以主题或内容为导向来设计课程的区别是我们将学生的理解从知识和技能的层面提升到了高阶思维能力的层面。

培养学生高阶思维能力不是一蹴而就的,需要经过教师巧妙地设计,引导学生一步一步实现概念的迁移。笔者在前文中提到教师自己编写课文,其实这也是教师巧妙设计单元的一个重要环节,一篇合适的课文可以帮助学生更好地理解主题,掌握词汇、语法、句式结构、文体等以达到对概念的理解。学生最终还是需要运用所学知识和听说读写技能去解决现实世界的问题。这里,教师可能会问,自己编写教材的意义有多大?笔者只能说需要根据各个学校的实际情况来判断,但有一点是肯定的,教材内容只是一种辅助,是可以灵活变化的,教师可以将同一个概念性理解放进不同的情境中去探讨,丰富学生的学习体验。

对于概念驱动教学的实施笔者也还在尝试和摸索的过程中,需要花一些时间去总结和反思。

(二)教学策略的一套"组合拳"

针对前文提到的"人家的"课堂,笔者通过实践与反思得出了一些心得。首先,项目式学习需要教师对整个单元探究计划很熟悉,包括单元探究目标、内容、学习体验、评估等。在单元设计初始阶段教师应根据单元探究计划确定单元的大项目,即学生学完了整个单元需要有一个作品来呈现他们对这个单元的理解。其次,教师应将单元大项目细分成几个阶段融入学生的学习体验中,通过学习体验达成项目阶段性小目标。教师可以针对阶段性小目标设计评估任务来考查学生的学习情况,为单元最后的大项目做准备。教师在引导学生完成项目的过程中应考虑学生的个体差异,在教学内容、教学过程、评估方式等方面运用差异化教学策略及时调整教学。追求理解的教学设计在前文中已经有所体现,教师应先确定教学目标与评估任务,知道自己想要达到怎样的目的,才能更好地设计符合要求的学习体验。使用可视化思维活动旨在帮助学生将思维形象化,一方面有助于学生自己梳理想法,另一方面也有助于教师了解学生的想法,从而帮助他们实现探究目标。教学策略有很多,不管运用哪些策略,都应根据学生的实际情况及时调整,以上的这套"组合拳"是笔者在教学实践中常用的有效策略。

(三)做有意义的活动

针对前文提到的课堂活动,笔者的体会是教师要设计有意义的活动,而不是活动越多越好。每一节课教师应确定一个具体目标,如果两个活动做完可以达到这个目标,就无需做三个活动,教学时间有限,不要把时间浪费在无意义的活动上。比如,这节课的目标是理解某个概念,而教师花了半节课时间在复习生词、玩生词游戏,课堂气氛是活跃了,学生也很开心,但最后课堂目标没有完成,时间也浪费了。

此外,学习体验的设计关系到学生是否可以通过这些活动达成对应的探究目标,小活动对应小目标,最终实现大目标。活动与活动之间要有连续性,活动一要为活动二做准备。教学活动不需要每个都让学生很兴奋,见好就收,动静结合为宜。如果一节课刚好可以训练到学生的听说读写四项技能是很不错的，但是如果只训练了其中两项也没关系，下一节课可以补上。由于笔者所在的学校每天都有中文课，时间是 55 分钟，所以笔者有比较多的机会让学生在课堂上运用各项技能，课后的活动很少，多半是阅读和复习。

（四）全能型教师没有"分身术"

前文中提到了很多教学之外的中文活动，笔者的真实感受是做活动很累但很快乐。一方面可以挖掘自己更多潜能，另一方面中文活动也有助于学生将课堂所学运用到真实的情境中，对中国文化的理解更深刻。但实际操作中会遇到很多问题，比如，如何平衡活动与教学的问题。有时候教师会抱怨课都来不及上，还要拉学生出去排练舞蹈？为了大合唱，六年级的学生选歌都选了半节课才确定曲目，第二天又说要改？十年级的男生一上课就来问："老师，我们今天要排练舞狮吗？"我在心里暗自高兴想着今天这么积极要排练啊，但实际情况是他们班今天有听写，他们不想上课。

当活动打乱了原本有序的教学计划时，教师该如何应对？

将活动与单元教学内容结合是一个好办法。比如，春节庙会时，单元内容都与春节庙会文化有关，学生的项目设计都是为庙会的展位做准备，边学边做，最后在庙会上呈现项目作品。再如，对于春节晚会上的大合唱曲目以及舞蹈表演，笔者将歌曲和舞蹈的背景故事融入歌舞表演艺术单元，学生在学习单元内容过程中构建对中国歌舞艺术的理解，之后对表演也更加投入了。在教学时间有限，但又不得不完成学校中文活动的情况下，教师与其抱怨自己没有"分身术"，不如好好想想如何将活动和课程融合得更好。

四、总结

IB 课程为其学习者设定了十项培养目标，即积极探究、知识渊博、勤于思考、善于交流、坚持原则、胸襟开阔、懂得关爱、勇于尝试、全面发展、及时反思。这是对学生的要求，作为他们的老师，笔者也时不时会思考自己是否达到了这些目标，并在教学设计、课堂管理、与家长沟通、活动策划、同事间的协作中不断反思和提升自己。以上是笔者在国际学校教学中的一些感想，希望可以给学弟学妹们将来进入国际学校教学提供一些借鉴。

韩国高中留学生个性对汉语学习的影响

杨金玲　华东师范大学第二附属中学国际部（紫竹校区）

作者简介　　本科毕业于山东大学汉语言文学专业，研究生毕业于上海交通大学国际中文教育专业，读研期间于 2016 年参加国家汉办（现教育部中外语言交流合作中心）的汉语教师志愿者项目赴澳大利亚任教，2017 年 3 月毕业后于华东师范大学第二附属中学国际部（紫竹校区）担任汉语教师、语文教师、国际生班班主任和初中融合班班主任至今。

在教学过程中，笔者注意到留学生的个性会对汉语作为第二语言的学习产生影响。针对韩国在华高中留学生，笔者从外倾型、内倾型和反叛型三大个性分类进行案例分析。

本案例的研究对象为上海某高中国际部韩国留学生朴同学、郑同学、洪同学和金同学，朴同学来华学习时间为一学期，在韩国学习汉语时长为四年，汉语水平高，目前已达到 HSK6 级 250 分；郑同学自九年级来华学习，当时汉语水平为 HSK4 级左右，高一时通过了 HSK6 级；洪同学自初中来华学习，已学习三年，汉语水平是 HSK5 级 196 分；金同学自九年级来华学习，目前就读高二，学习汉语时长为三年，目前汉语水平是 HSK5 级 201 分。

一、学生个性分类

(一) 外倾性

朴同学无论在课堂上还是课外活动中反应都较快，能主动观察，对于交际和事件具有情绪反应；有想象力，对于扩充的知识点能够很好吸收，善于提问，思维发散，非常有自信。

在课堂上，朴同学会紧跟教师的节奏，在掌握教师讲解的知识点之外，会主动提问,比如教师讲解"特色"后,朴同学会询问"特色"和"特点"的区别。

在课外,朴同学会主动参加学校活动,增加和中国学生的接触机会,如在春游时,朴同学会离开韩国留学生的小群体,参加到中国学生的活动组,主动观察小组任务的动向,能够记录并叙述小组成果,增加自己使用汉语交流的机会,提升口语和听力水平。

朴同学在汉语作为二外的交际能力方面更胜一筹,他具有语言反应快、爱说话、爱交际的特征,这有利于交际性语言的习得,而且他来华留学前的汉语水平已经取得较高水平,这有助于他有自信心去大胆交流和改正错误。

郑同学也是一位外向性代表,但个性更倾向于张扬,开朗活泼,思维更加发散,他的课堂表现是有一个发展过程的。最开始在课堂上会有"哗众取宠"的表现,虽然那时候的汉语水平并不高,但是会抢答,不在意对错,甚至会在课堂上有些叽叽喳喳,影响课堂秩序。但一个学期后,他在课堂上的表现有转变,虽然还会有和教学内容不是很相关的小问题或开小玩笑,但更多时候的发问是和知识点有比较密切的关联。转变后的时期是他汉语水平突飞猛进的阶段,不畏惧出错就会主动争取很多的练习机会,而且他会给出很明显的动作表达自己的状态,比如,领悟到知识点后会有点头动作或发出"哦"的回应,不太理解时会做思考状,这些会给教师很明确的反馈,教师在课堂上能明显感觉到他在思考和吸收。

(二)内倾型

这种个性体现在自初中时期就来华留学的洪同学身上,洪同学从初中跟随年长两岁的姐姐来上海读书,家长不在身边陪伴。而且在韩国文化中家长对待家中长子或长女一般是很严苛的,对待次子或次女是宽容甚至宠溺的。身为次女的洪同学对于家长和姐姐有着强烈的依赖心理,并且伴随着青春期的到来,自我意识增强,当她独自面对外界的压力——学习压力、交际压力、新环境压力等,超过她承受范围或者是仅仅让她感觉有压力时,她的自我保护意识增强,她更易选择封闭自己的策略。

洪同学进入高中后明显在意自己的穿着打扮,与此同时,在汉语学习上的特征是更不愿意在其他同学面前犯错,为了保护个人形象在课堂内外开始采取回避和退缩的行为。

洪同学身上有明显的沉默是金的特点。比如,在课堂上面对教师的提问,她的思考时间相比其他同学会稍长,回答问题的声音很小,语气中透露着不确定,虽然教师经常给予鼓励,她也不会主动回答问题或提出疑问。

(三)反叛型

金同学生长在一个精英型家庭中,父母都是很优秀的成功人士,对于身为独生女的金同学期待和要求很高,金同学平时学习态度看起来很认真,但是日常作业情况和课堂表现情况不理想,有不配合教师的倾向,月考、期中考试和期末考试时的成绩往往都不理想。面对父母的高期待,金同学表面是顺从的,但实际行为是反叛和不配合的,其自身对于父母的高要求是抗拒的,然而因自身力量不足和内心软弱,没有采取明显的激烈的反抗行为,其学习效果则是一种直观的呈现。

与一般的反叛型学生相比,金同学的反叛方法更隐蔽。比如,平时作业如果没有完成,她的理由不会是"不想做""不会做",而是不小心把试题丢了,没有听清作业要求,没有看到群里的信息(网课期间)等借口。在平时表现中,对待教师是谦逊的,未完成学科任务时认错态度也很诚恳,但是就作业完成情况和测试结果来看,她有着较强的反抗情绪。

再加上口语水平欠佳,金同学作为一名高二的学生,她的成熟思想和不熟练的汉语水平间存在差距,在课堂内外会产生不能完整表达自己且不能完全理解对方话语的情况,这样在日常交际中就会有挫败感,打击她的交流积极性,反叛的想法和话语不能在跨文化、跨语言的语境中合适地表达出来,久而久之就形成了"隐蔽的反叛"。

二、学习效果

表1 朴同学的学习成绩

	口语课	听力课	综合课
2020—2021 学年第二学期月考 1	80	80	82
2020—2021 学年第二学期期中	90	92	89
2020—2021 学年第二学期月考 2	94	95	92
2020—2021 学年第二学期期末	93	95	93

由表1可知,朴同学自入学起的成绩起点就很高,经过一学期四个月的学习,在口语课、听力课和综合课上都保持着平稳进步的势头,且听说读写均保持在很高水平,平衡发展。

因朴同学只入学一个学期,仅就一学期的两次月考、期中考试和期末考试成绩分析。以下三名同学就两学年的四次期末考试成绩分析:

表 2 郑同学的学习成绩

	口语课	听力课	综合课
2019—2020 学年第一学期期末	50	55	61
2019—2020 学年第二学期期末	84	82	80
2020—2021 学年第一学期期末	85	85	86
2020—2021 学年第二学期期末	89	90	89

由表 2 可知,郑同学在初期并没有很好的汉语基础,口语课、听力课和综合课都不及格,但随后因为其张扬活泼的个性特点,思维发散,在汉语学习上进步很快,这和他不惧怕出错,勇敢地使用汉语交流有很大关系。

表 3 洪同学的学习成绩

	口语课	听力课	综合课
2019—2020 学年第一学期期末	48	55	52
2019—2020 学年第二学期期末	51	60	60
2020—2021 学年第一学期期末	55	66	69
2020—2021 学年第二学期期末	60	75	72

由表 3 可知,洪同学在初期同样也没有很好的汉语基础,相比较郑同学,整体水平都更低,纵观两学年的学习成绩,口语课、听力课和综合课的进步幅度都不大,她的内倾型性格使得她很在意他人的评价,害怕出错,这样使用汉语的机会减少很多,从而导致了汉语水平进步较慢。

表 4 金同学的学习成绩

	口语课	听力课	综合课
2019—2020 学年第一学期期末	49	50	51
2019—2020 学年第二学期期末	50	57	57
2020—2021 学年第一学期期末	54	65	60
2020—2021 学年第二学期期末	62	72	71

由表 4 可知,金同学在初期汉语基础薄弱,特别是口语水平较差,纵观两学年的学习成绩,口语课、听力课和综合课的进步幅度不算大,这和她自身反叛型的个性有很大的联系,抗拒课堂练习、平时作业甚至考试,造成不能很好地巩固学习过的知识,减少输入,自身又排斥书面上和话语上的输出,损失了很多学习机会。

三、因材施教

(1) 针对外倾型的学生采取支持的态度,适度提高难度,避免其骄傲自满。

对于朴同学类的学生,自身汉语水平高,很容易在课堂上或人际交流中收获成就感,但过于自信不利于进取意识的延续,容易导致放松或冒进。过于自信的学生如果受挫,很可能一蹶不振,反而会严重影响学习兴趣和积极性。

对于郑同学类的学生,在学习过程中的挫败感和羞耻感较低,这有利于二语习得过程中敢于试错,口语能力会相对进步较快,从而带动综合水平的提升。但在水平高于其他同学的情况下,会有所向披靡的错觉,这需要教师因材施教,适当给予难度稍高的学习资料和任务,避免这类学生自满。

朴同学和郑同学在学习汉语中展现出了持续的学习热情和求知欲,教师的适度鼓励使他们能够一直保持自信,较高难度的学习资料也能够让他们觉得有所挑战,从而向更高的目标努力。

(2) 面对内倾型的学生,要引导其正确归因,变"向外求"为"向内求",逐渐减弱自我屏障,敢于开口说。

洪同学类的学生个性内向,不善交际和言谈,且自我保护意识很强,但自我保护意识的渗透性是可以随着自我调整和对环境的认知而产生变化的。教师可以在课堂上适量地增加互动机会,增加小组合作任务,消除学生对他人和环境的排斥和敌意,更加愿意融入集体。教师还可以创造培养其独立意识和担当意识的机会,如在课堂上指定其作为小组代表;也可将任务细化到个体,学生自己负责特定任务。

洪同学在教师的引导下,在最近的一学期中,逐渐地课堂上敢于提问和发言,得到了更多的练习机会,进步比较大。

(3) 对于有反叛个性的学生,可采取抚慰和鼓励的方法,了解学生反叛的原因,帮助其减少外界干扰,增加自我抗压能力。

金同学类学生反叛的原因是家人的过高要求和期待,教师在家校沟通中,可以适度介入，让家长了解孩子的学习特点和水平，调整对孩子汉语学习水平的预期。对于日常作业情况，教师可以多进行心理疏导，帮助其消除反叛心理，正视问题，明白自身学习的意义，不能因反叛心理浪费学习时间；在课堂教学活动中，教师应多使用鼓励和认可类话语，肯定他们的进步，让其自身自觉配合；在人际交流中，让学生理解因汉语本身的特点造成的学习困难是常见现象，增加他们对交际失败的容忍度，理性看待他人的评价，更加关注自身的进步。

金同学在最近的一个学期中，与之前相比有了较大的进步，这是其反叛心理减弱、趋向配合教学活动的表现。

马来西亚斯里伯乐国际学校
汉语教师实习经历

陈丽凤　马来西亚斯里伯乐国际学校

作者简介

马来西亚籍,本科毕业于马来西亚拉曼大学中文系,毕业以后从事汉语教育工作约4年。毕业以后的第五年决定离职考研,于上海交通大学国际中文教育专业攻读硕士研究生专业学位。研二期间在马来西亚斯里伯乐国际学校开展专业实践,以汉语教师的身份督导中小学生;并学以致用,通过实践机会了解各类汉语考试项目,帮助考生提高汉语水平,同时辅导剑桥IGCSE汉语为二语的考生应对考试。

在马来西亚,华文教育发展广泛,几乎在不同源流的学校,如政府建立的国民型学校、国际学校、私塾乃至学前教育,都有华文/中文的影子。由于华人是马来西亚第二大民族,因此国家致力于推广中文教育。笔者进行专业实践的地点是一所双语国际学校。这两种语言分别是英语和汉语,校内多数学生是华裔。虽说如此,这些华裔学生的汉语水平却各不相同。这是因为笔者实习的国际学校今年成立才满四年,因此很多刚转学不久的学生都有着不同的教育背景。有些学生的汉语水平属于中高级,也有些学生的汉语水平属于初级,甚至有部分学生未曾接触过汉语。学校着重培养学生的汉语水平,因此在每位学生入学后,就会根据他们的汉语水平能力,将他们分别归类到不同班级进行针对性教学。

我教授的班级分别是汉语为二语(中学生)和初级汉语(小学生)的学生。学生在班上的汉语水平能力,以个别班级来说跨度不大,但是小学生普遍存在的问题如拼音、笔画、部首等,都有待提升。

很多马来西亚华裔依旧保留着祖辈传承下来的传统文化,因此华裔学生对中国文化颇有了解,但非华裔学生则需要汉语老师在课堂上多分享有关中国文化的历史和趣事来激起他们学习汉语的兴趣。

学校实行小班制,每班约 10—20 位汉语水平能力相当的中小学生。为了配合不同年级和不同汉语水平的学生,教学设计上需花费更多时间做准备。

一、案例描述

虽然在学校实习的日子不长,但这份经历确实令人难以忘怀。上至校长,下至学生,还有一起上班的同事(教师)们,以及热心助人的守卫等,每个人都时刻对我这个年轻"妹妹"投以温暖的笑容,并时时在校内充满活力。

(一) 二度实习挑战多

去斯里伯乐学校实习之前,我曾在本科期间担任过中学老师。后来也相继从事对外汉语教师和小学教师的工作,只是没有过多地接触中学生。本以为来这边之后的工作理应驾轻就熟,结果发现挑战多多!

我实习的地点是一所双语结合的国际学校,也是一所注重于 21 世纪教学的学校。在学校工作近四个月,我接触了不同种族的学生,也学会了操作学校设定的学习系统(Microsoft)。通过 Microsoft 学习系统,学生和教师的互动与学习不仅仅限于纸质书本和面对面对话,学生更能够通过平板电脑看视频、做作业,以及在课堂上做网上测验,当场提交。这样的教学法更能激起学生的兴趣,也能让学生与其他科目,如电脑课、美术课、音乐课等相结合,发挥创意,活跃课堂气氛。

1. 基础弱

学校里的学生们基本上是华裔,非华裔占约百分之十。虽然大部分是华裔学生,但他们的教育背景各不相同。有些学生从未学过汉语,有些学生曾就读于华文小学,因此有扎实的汉语基础。由于这所国际学校注重双语能力的培训,除了初级汉语,学校也提供中高级汉语,强调加强学生的汉语水平。学校在开课前会将每一班的学生都以他们的汉语水平分班,再安排不同教师教导。基础弱的学生在这种学习环境中获得了很大的提升。

2. 兴趣低

校内大部分学生是华裔,但是学校实行双语制,有些学生难免会顾此失彼,把多数时间花在锻炼自身的英语能力,还有数理科,而忽略了汉语的重要性。他们感觉中文很难,尤其是非华裔学生。除了在校内,他们几乎不会在课堂外使用汉语。在学校,所有学生都必须学习汉语。这造成了有些学生产生了逆反心理。家长越让学,学生偏偏越不想学,有些学生甚至对中文失去兴趣。

3. 教材难

由于校长是英国人,其教学理念就是要让这里的学生接受正规的英式教育。除了语言能力,也注重科技与个性化教育的结合。虽然学生的教材来自中国,但是,由于学生们的语言环境是英语,所以纯中文教材以及纯中文授课对他们来说难度极高,更不易激发他们的学习兴趣及学习成就感。此外,由于学校采取分班制,教材也根据学生年龄各不相同,因此教师在设计教案中往往耗时更长。

4. 差距大

马来西亚由不同民族组成,因此校内不同种族的学生被安排在一起学习。相较其他科目,学生和教师的比例为15∶1,师资力量较为缺乏。因此,就会出现一位教师要跨好几个年龄层和学习水平进行授课的情况。所以教师还要根据不同班级学生的情况、不同的班风班纪不断转换自己的教学模式。

5. 纪律差

由于我的性格开朗,态度开明,在有些学生面前显得威信不高。这种性格可以是优点也可以是弱点。在校内,我受年龄小的学生欢迎,但对于中学生来说却是一种挑战。有些学生会在课堂上伺机聊天,做与汉语无关的作业,也有些学生会迟交作业,甚至不交。这种情况让我在开始教书的前几周备感疲惫。后来,经过与其他汉语老师的沟通发现,这里的学生,尤其是非华裔生对汉语不感兴趣,唯有在课堂内多设计互动活动,如汉语游戏、Quiz、手工等才能吸引学生的注意力,提高学习兴趣。

(二)想方设法解难题

1. 三人行必有我师焉

教师这门职业并不是一人独大或是一人撑天的工作。通过专业实践,我深深体会到当教师的艰辛。借助这次机会,不仅让我了解了国际学校的教育情况,也让我从那些经验丰富的教师身上学习到了很多教学经验——我把从其他教师那里学习到的歌谣、玩游戏、词卡串课文和手工等运用到自己的课堂上。学生们的回响热烈,都会主动要求老师多设计趣味性活动,帮助他们学习。

2. 多样活动提兴趣

马来西亚的学校属于多源流学校,除了华文小学和华文独立中学,所有类型的学校皆以马来语/英语为校内主要媒介语。加上 STEM 教育的崛起,很多学校都将重心放在提高学生的数理科成绩,也鲜少组织文化活动。但是这所学校为了提高学生学习汉语的积极性,允许教师在特定的中华传统节日里组织学生在校内进行各类活动,如中秋节做月饼、冬至搓汤圆、春节写春联活动等。很多学生正是在这样的活动中逐渐培养起来了对汉语的兴趣和爱好。

3. 有备无失

在实习以前,我并未接触过学校使用的教材。针对教材难度大、学生基础弱以及学生汉语水平参差不齐等问题,我唯有见招拆招。经过两个星期的适应,我逐渐了解了这所学校的汉语教学模式,以及每个所教班级的大致概况。总的来说,每个班级的学生在学习方面还算积极。虽然有些学生对汉语不怎么感兴趣,但他们都在意学习成绩。因此,我把这个"问题"转化成鼓励他们的方式,并利用研究生阶段学习的知识,如视听法、电脑辅助法、任务教学法等,将其融入课堂内。只要上课前做好充分的备课工作,尽量将内容以有趣和互动的方式展开,就能完成分层教学的目标。

4. 主动沟通建桥梁

通过实习发现,唯有诚信才能赢得学生的尊重。定时沟通与及时沟通是建立诚信的桥梁。有些学生在学习上遇到难题却不敢发问,这时候教师就得主动询问学生学习近况,与学生建立良好的师生关系。这样能让学生感受到教师的真诚,也能更了解学生的学习模式,进而设计针对性教案。

二、案例分析

针对上述案例中出现的系列问题、处理方案及建议,我将从教学与文化两方面来谈。

在教学方面,斯里伯乐国际学校的主要媒介语是英语,因此很多学生对于学习汉语这门课程更像是身不由己,而不是发自内心地想主动学习。学校对 STEM 教育尤为看重,因此学生会把重心放在 STEM 课程上,而忽略了汉语的重要性。

通过实习以后,我发现很多学生对汉语提不起兴趣有两个原因:一是课堂乏闷;二是与教师关系不佳。由于学校安排的汉语课时短,因此有些时候会为了遵循教纲,而忽略了学生对学习的兴趣。此外,我也发现教学时,如果通过多加关注等方式,让学生体会到教师对自己的期待和进步,就可以有事半功倍的效果。

　　除了传统的教学法，我认为也可以适当地加入线上教学、媒体式和电脑式教学。这样不仅能提高学生的兴趣，也能促进课后的学习，有利于提升学习效率。让学生知道教学目标和教学内容尤为重要。当学生了解了需要学习的内容或是需要做的活动，他们也会显得更主动和积极。

　　在文化方面，学校由不同种族组成，而所有学生都必须在校内学习汉语。非华裔对中华文化了解不深，有些也未曾接触汉语，也有些华裔学生的汉语受到了方言的影响而造成他们在书写方面常常碰壁。这样的教学环境对我来说是一种挑战。除了将所学知识学以致用，还得顾虑到教学实践方面，要时刻注意自己的言行举止。尽量不触及敏感性话题和会引起误会的宗教性活动。教师在去往异国他乡进行教学时一定要对当地的教学环境、条件进行充分的了解，才能有效地传达文化信息，提高学生对学习汉语的兴趣。

　　即使在海外，我也希望学生在学习汉语的路上能意识到，世上无难事，只怕有心人。学习汉语不仅限于中国人/华人，它是交际性语言、联合国正式语言，也是世界上最多人口使用的语言，因此学会汉语绝对是有百利而无一弊的。学生的年龄不管多大，教师都有使命教导好每个学生。所谓有教无类，我相信只要与学生多沟通、多了解，就能找到适合的教学模式，让学生在学习时能一步一脚印地活到老、学到老！

马来西亚独中教师二三事

李思嗳　马来西亚吉隆坡尊孔独立中学

作者简介

马来西亚籍,本科毕业于上海交通大学汉语言系对外汉语教学方向,大学毕业后曾任对外汉语教师,学生年龄从 5 岁到 40 岁不等,来自韩国、伊朗、新加坡、日本等多个国家。硕士毕业于上海交通大学原国际教育学院(2015 年并入人文学院),2015—2018 年任职于马来西亚吉隆坡尊孔独立中学,担任高一、高二华文教师。

已离开杏坛四年的我,有幸收到大学恩师的邀请,分享自己身为教育工作者时的经历。我很想详细地记录自己过往的教学经历,但记忆就像飘过的云,它点缀过我的天空,我却记不清它的模样。于是,我写下了这篇《马来西亚独中教师二三事》,其中有我当独中教师的记忆片段,更多的是关于马来西亚华文教育的介绍。

一、独中六十不能少

还记得那年,我在大学小卖部跟老板寒暄,提起我留学生的身份时,旁人惊讶地脱口而出:"你不是中国人?"我笑笑回答:"我是马来西亚人。"

衷心感谢我独中的出身,让我拥有较为深厚的中文底蕴。华文独立中学(简称"独中")是马来西亚华人先辈奋斗保留下来的、以华语为主要教学媒介语的教育体系。

马来西亚是由多元种族组成的国家,人口占比最高的三大种族分别为马来人、华人与印度人。在马来西亚的国家教育体系里,小学教育分为国民小学、国民型华文小学以及国民型淡米尔文小学,分别以自己的母语为教学媒介语。

到了中学阶段,华文中学在 1951 年至 1961 年间的教育政策下,面临一个艰难的选择：一是接受改制成为国民型华文中学（不再以华语作为主要教学媒介语），方能获得政府津贴；二是得不到政府分文津贴，成为独立中学。为了维护华文教育，部分华文中学坚决不改制，成为以华语作为主要教学媒介语的独立中学，自此只能自力更生，经费上得不到政府津贴，学历上也不被政府承认。

超过半世纪的时光，独中虽历经风雨，但仍然坚韧不拔。目前马来西亚共有 60＋2＋1 所独中（根据 1996 年教育法令，只允许有 60 所独中，因此 2 所为分校，1 所以私立中学的类别注册），在维护华语教育的道路上，继续勇往直前。

二、中学课本挺深奥

在我担任高一与高二华文老师的三年里，花了不少时间进行备课，只怕一个不小心准备不充分而被学生问倒。我们有负责拟定独中统一课程与编辑统一课本的统一课程编辑委员会。课程既要符合本国国情，也要保留与发扬华族文化，因此独中的高中华文课本里既有中国文言文、唐宋诗词，也有马来西亚作家的作品。

说个学生不知道的秘密吧，我上课使用的课本其实也布满了密密麻麻的笔记呢！高二上册单元一就是诸子散文，收录了《论语·论仁》《孟子·鱼我所欲也》《荀子·劝学》。单元二有四篇说明文，分别是谈家桢的《奇妙的克隆》、梅国民的《峇峇漫谈》、吕叔湘的《语言的演变》、大卫·布朗的《甲型 H1N1 病毒：我的前世今生》。单元三则要学魏晋诗歌，有陶渊明的《归园田居》和《饮酒》、曹操的《短歌行》、曹丕的《燕歌行》、曹植的《情诗》。第四单元的内容是古代白话小说，有施耐庵的《林教头风雪山神庙》、曹雪芹的《林黛玉进贾府》、罗贯中的《群英会蒋干中计》、刘鹗的《明湖居听书》。单元五则分别是林觉民的《与妻诀别书》、王安石的《答司马谏议书》、杨子的《十八岁和其他》以及朱光潜的《谈读书》，共五篇书信。

除了课文内容，学生也需要了解语文知识，通过课文了解古代汉语知识，如词类活用、省略、倒装。课本里也附上了中国文化常识，如姓名称谓、科举制度、礼仪习俗。从课本的单元安排与课文选择，我深深感受到独中保留中华文化的用心。作为大中华圈以外的中文教育，这程度可说是具有一定深度了。

三、教师生活慢慢熬

我到现在还能记得第一次进教室，看见 50 多个人高马大的高中生时，那忐忐的心情。我坦承,自己年龄资历不高,气场也不强,要镇住场子难度大。

我接到的教学安排是4个班级,一个班级一周6节课。为了能把控好教学进度,学科部门根据一个学期内的上课天数拟定了"教学计划"暨"教学进度"表。教学所涉及的方面如单元说明、课文教学、中国文化常识、作文与应用文教学、阅读报告导读、华文作业簿的讨论、评估以及默写,教学计划表里都列了预定完成节数。完成教学后,再填上完成日期,并针对课文的教学目标来填上教学记录/检讨。

所谓"师傅领进门,修行在个人",教学进度表帮了我不少忙,课堂设计围绕教学目标来进行,课后再进行检讨。对我来说,如何引起学生的学习兴趣很有挑战性,在课文导入方面需要花不少心思。一开始,我只会公式化地根据教师手册的内容进行教学,在班上播放PPT讲解课文,课堂比较沉闷;后来为了引起学生对课文的兴趣,我开始请教同事,同时自己思考一些课堂活动。

为了能让学生保持专注,以及"拯救"学生的瞌睡,我常常会让学生进行课文朗读接龙。教学进度时间充裕的话,对于不专心没接上的学生,我会有一些"小惩罚",如唱歌、跳舞、课文抄写等,让学生选择。在比较深奥的文言文方面,我们会有学习单辅助学生理解课文。有时候我会在进入课文前派发给学生,让他们可以课前准备;有时当天派发,上完一个段落后再一起填写学习单答案,加强学生对每段课文重点内容的印象;又或者上完整篇课文后让学生在家完成,再一起讨论,重点复习课文知识点。一些比较长或故事性强的课文,我会分段让学生分组以戏剧的方式呈现,比如《孔雀东南飞》、莫泊桑的《项链》。

在三年的教师生涯里,我从一个只会理论的木讷菜鸟老师,到慢慢摸索各种课堂教学呈现,只希望课堂能更多样化一些,引起更多学生对学习中文的兴趣。

四、师资培训重视好

独中的运作是由马来西亚华校董事联合会总会(简称"董总")和马来西亚华校教师会总会(简称"教总")一起负责,合称"董教总"。董教总致力于维护与发展马来西亚华文教育,对于独中老师的师资培训也相当重视。

对于非师范体系毕业或不具备教育专业学历的独中老师,董教总开启了教育专业课程,让未经师资专业培训的在职老师可以通过两年时间研修课程,考核合格将获得教育专业文凭。"在职独中师资培训课程"于1994年正式启动,一直到 2020 年已成功培训 1898 位具教专资历的老师。

与此同时，短期的培训也少不了。对于教龄 0—2 年的新任教师，董总教育局也会开办"华文独中新手教师培训课程"，开放给新手教师参加为期 3 天的课程。课程中邀请了专业的讲师进行课堂理论讲授、教学设计实作和案例讲解。

我有幸在任职期间参加了"雪隆区华文独中华文教师教学观摩会"。在 6 个小时的课程里，可以看到经验丰富的教师呈现他们的教学，也可以与其他独中的华文教师一起交流心得，获益良多。

董教总在开拓教师培训资源与举办教师培训课程方面真是不遗余力，致力于实现教师专业化，让教师的专业素养以及班级管理技能都得到很好的提升。

五、真诚用心少不了

在我为期不长的教学生涯里，因为经验不足，只能用真诚的心弥补。

知识浩瀚，我有时会被学生突如其来的问题问倒。我会把问题记下来，寻找答案后再回复学生，尽量做到有问必答。班上 50 多个学生，要做到因材施教具有一定难度，但我也不想忽略华文科偏弱的学生。还记得，有一位学生的作文常常文不对题，内容薄弱，就算在课堂上进行了作文教学也依然如此。在有限的时间里，我能想到的办法是拟定更详细的作文大纲给他，帮助他厘清条理，完成写作。

我真的很感激学生对我的包容。让我感受到善意最深的一堂课，是高二的一篇说明文。我如今已记不太清课文内容，只记得涉及一些科学知识，是我备课了也没办法解释好的科学知识；而我教的班是理科班，可想而知当时我心理压力有多大。到了进入课文的那天，我很坦白地告诉学生，有的科学知识内容我恐怕没办法很好地解释；我得到的答复是：没关系，老师尽力就好。

如今想起，依然眼泛泪光。我想这就是所谓的真心换真心吧。就算多年后，学生们忘了我，他们释放给我的善意也会温暖我一辈子。

六、好好守护住华教

要不是先辈们负重前行，披荆斩棘，为后代清出了一条中文之路，我今天恐怕没办法说一口流利的华语，写一篇通畅的文章。

谈到马来西亚的华文教育，不能不提林连玉先生。林连玉先生 1901 年出生于福建永春，曾以破纪录的成绩在集美学校毕业并受挽留任教。1927 年初因时局动乱,学校关闭,林连玉先生来到了南洋。

林连玉先生原为一位普通教师,在经历了第二次世界大战后,以教育工作者的身份投入社会改革活动。大战结束后的华校满目疮痍,林连玉先生受聘主持尊孔学校的复校工作。为了修复校舍,林连玉先生变卖了他在沦陷期间辛苦养大的猪,把变卖得来所有的钱都投进尊孔的建设。

1949 年,林连玉先生推动了吉隆坡华校教师会的成立,并于 1951 年推动成立了教总,1953 年 12 月 19 日出任教总主席。林连玉先生在任八年,是马来西亚华文教育乃至华裔公民权益的代言人。

我爱我的国家马来西亚,也爱我的民族文化。林连玉先生曾说:"我们的文化,就是我们民族的灵魂,我们的教育机关,就是我们民族的文化堡垒。"华文教育这座文化堡垒,需要马来西亚华人的守护!

老实说,独中教师的薪资并不丰厚,让老师们坚守岗位更多的是热爱华文教育的心。我也在此文中埋下了一些小心思,以文中的六个标题组成一首藏头诗,送给独中教师们:

独中六十不能少
中学课本挺深奥
教师生活慢慢熬
师资培训重视好
真诚用心少不了
好好守护住华教

国际学校教学案例点评

胡建军　上海交通大学人文学院

作者简介

　　上海交通大学硕士研究生导师，人文学院汉语国际教育中心副教授。2002年毕业于华东师范大学中文系现当代文学专业，获文学博士学位。从事国际教育20年，国外教学经验丰富。2008年4—6月在马来西亚孔子学院任教；2008—2009年，美国佐治亚理工学院现代语言学院访问学者；2012—2017年美国加州大学洛杉矶分校访问学者，其间受聘在亚洲语言文化系中文部任教；在上海交通大学长期承担研究生课程、汉语言本科课程等10余门，主持校级精品课程"中国现代文学"，校通识核心课程"演讲与口才"，多次获"教学新秀""优秀教师奖"等教学奖项；主编文学类教材4部，主编汉语系列教材1部，出版专著2部，发表论文近20篇。

　　眼前的几份教学案例，都是在国际学校任教的年轻教师撰写的，几年前他们还是上海交通大学汉语国际教育专业的硕士研究生，有的还上过我的课，受过我的一些指导，如今他们都已经在实践中成长为能力较强的国际汉语教师。看到他们取得的教研成果，感受到他们的创新进取精神，我由衷为他们感到高兴。

　　从这几份教学案例来看，我们可以发现他们的作者都有以下一些共同特点：

　　（1）他们都受过汉语国际教育的专业训练，除了能胜任多种教学任务，具有较高的汉语作为第二语言/外语教学技能，还具有较强的跨文化交际能力和良好的文化传播技能，更重要的是他们热爱汉语国际教育事业，有极强的事业心和工作热情，教案中洋溢着这种热情，这是他们未来职业成功的关键。

　　（2）他们都在国外中小学教学实践中积累了相当的经验，能够很快适应国外教育环境和所在国际学校的具体要求。这一点对我们在学的本专业研究生非常具有启发性。我一直坚持认为,汉语国际教育专业的学生应该主动研究国外中小学教育发展现状,了解国外基础教育改革的最新理论与成果,积极研究国际中文教育如何借鉴国外先进教育理念与方法。教学中应该重视最大限度地拓展国际视野,熟悉国外教育特点及先进教育理念,应该努力培养自身对国际教育研究的兴趣和能力,提高教学理论能力,为今后从事国际汉语教学打下坚实基础。

(3) 他们都善于学习也善于运用。这几位老师既善于学习所在学校和教师已有的教学经验,又善于学习先进教学理念和教学方法,并在运用中不断改进提高,因此他们成长很快,能在很短时间就胜任了自己的教学工作,令人钦佩。

(4) 他们还有一个更可贵的品质,就是善于观察、善于反思、善于创新。这几份教学案例就是他们观察、反思、创新的记录,展示了较强的教学研究能力和反思能力。我们展示这些案例的价值就在于此。

这几份国际学校教学案例,内容各异,特色不同,分别涉及与家长沟通、跨学科融合教学、教学设计与反思、学生观察与分析、教师实习、新手教师成长等问题。我们分别讨论这几份案例,分析总结它们的特点,希望为读者提供一些阅读要点和判断参考。

一、程尹的《国际学校家校沟通》

程尹的《国际学校家校沟通》非常有特色,也非常成功。作者提出了国际学校教育教学中一个重要的课题。教育作为一个社会的系统工程,培育人才需要更多外部力量的支持和协作。聆听学生和家长的需求并吸引他们参与教育过程是学校和教师"育人"工作的必要实践。教师不但需要通过家长会沟通、与家长单独沟通、家访、学生和家长咨询小组等形式,了解家长和孩子的需要与建议,而且需要提供各种机会,让家长和学生更多参与教育过程。我在对美国的中小学实地调研中也发现,家长是美国中小学教育管理中重要的参与方,"家长会"常常参与学校重大事项的讨论和决策,特别是对有关学校财务和日常管理有重要的发言权,学校也非常尊重"家长会",定期与"家长会"保持沟通,重大事项必经"家长会"同意。在美国一所公立小学,我亲眼看到"家长会"为学校组织义卖募捐,在学校操场周一晨会时举行为优秀教师颁发奖金的仪式。

在研究中我们发现不只是美国,欧美大多数国家都非常重视家长在孩子教育中发挥的重要作用,学校与家长的联系沟通形式多样又保持很高的频率,很多家长成为学校的志愿者,活跃在校园中,校园里经常可见"家长志愿者"的身影。这些"家长志愿者"在迎接孩子、准备早餐、课堂助教方面发挥支持作用,学校也对家长的志愿活动非常欢迎,校园对家长是开放和欢迎的,此外在对学校的教育评估中,家长满意度调查和评价是其中重要的评价指标。如何与学生家长沟通,发挥家长在中小学教育中的重要辅助作用是国外中小学教育中的重要课题。

案例中作者提出:"不同群体、不同国籍的家长对孩子的教育期待不一样。因此,在与家长进行沟通时,需要结合家长的国籍以及类型等有针对性地进行有效沟通。""根据不同群体和类型的家长,提出相应的沟通解决方案。""家长对学生中文学习的态度会直接影响学生在校的学习效果。"我对这三个观点都非常认同。当前国际上对于家长参与学校教育的先进做法呈现出更加深入的特点,其中突出的亮点是:"从家长配合学校的单向关系走向家校间的双向合作关系。""从关注家长参与行为走向关注家长参与的心理因素。"案例中作者提出学校与家长实现有效沟通的前提是对家长背景的了解,了解得越充分,沟通有效度越高。这种了解就体现了作者对家长参与的心理动机的关注与强调,包括对家长国籍、文化程度、职业、对孩子教育重视程度、对孩子成长的关注点等。由于作者的沟通是建立在对家长的全面充分了解基础之上的,因此沟通有效,对自己的教学管理顺利展开,对孩子学业进步就非常有利。作者与跨国公司外派员工家长的沟通就是一个成功案例。由于教师对家长对孩子的期待了解得清楚,对家长教育方式有充分的理解,因此在与家长沟通和对孩子的教育中都采取了正确的方式,特别是对孩子采取的"发现闪光点"、对孩子在课堂上表现出的积极学习态度进行"夸赞""正面评价""培养自信心"等做法,不但得到了家长的肯定也实现了教育的有效性,孩子的进步和家长的肯定都印证了这种做法的有效性,说明作者具有较强的跨文化交际能力、沟通能力。作者对韩国家长和持外国护照孩子的中国家长的分析也很到位,提出的针对性沟通方案也是可行的。

作者在案例最后提出的家校沟通流程:①事先准备;②面谈破冰;③积极倾听(判断家长类型);④反馈问题;⑤积极倾听;⑥提供建议等,对于教师在海外和国际学校教学具有极强的实践意义和推广价值。不过,毋庸讳言,这份教案也存在一些不足,如缺少对"家长参与"研究方面的学术研究成果的运用,对家长构成的分类方面还不够准确,对大使馆或领事馆工作人员家长的分析不足,分类排列顺序不够合理,等等。

二、赵冰清的《国际学校中基于阅读工作坊的汉语教学》

赵冰清的《国际学校中基于阅读工作坊的汉语教学》记录的是一个阅读教学与写作教学的创新尝试。这是一个具有创新特点的教学设计,主要内容是针对跨学科融合教学,在中文教学中借鉴并试验英文读写课的教学模式。在这里,阅读工作坊和写作工作坊的做法对国际中文教学很有启发性,对我们而言这是一种体现探究学习、培养发现精神和学习兴趣以及培养学生把掌握的知识和技能运用到更广阔领域的教学模式,正如作者在案例中指出的:"这个模式有一个终极目标就是让学生习得终生受用的阅读技能和写作技能,学生通过这个教学模式在课堂里获得大量运用不同技能解决阅读或写作困难的经验,以便他们在课堂外、实际生活中能够熟练运用这些技能解决实际问题。"在这种教学模式中,由 Connection、Teaching、Active Engagement、Link 四个环节组成的教学链条,很好地落实了它的教学目标,教师课堂上所提供给学生的不同材料、方法和模拟场景,能充分保证学生得到充足且有效的指导和练习,最终可以帮助学生在离开课堂后,在其未来的阅读和写作生涯里会选择和使用有效的技巧和方法去解决实际问题。当前国际上影响较大的阅读教学模式大致有四种:帕林萨(Palincsar)和布朗(Brown)的互惠教学模式;普雷斯利(Pressley)的互动策略教学模式;格思里(Guthrie)的概念导向阅读教学模式;麦克纳马拉(McNamara)的主动阅读与思考的交互策略训练模式。这个案例所呈现的教学模式更多体现了格思里(Guthrie)的概念导向阅读教学模式。这种模式围绕一个主题展开,主题引起学生的阅读兴趣,教师在阅读前和阅读期间激发学生的背景知识;教师讲解认知策略,指导学生注重自主学习和互动学习,之后进行表现性评价。在这样的课堂上,学生有较多机会与同伴、教师分享问题或讨论阅读心得,从而改善他们的自我效能与内在动机,最终提高阅读理解能力。

这个案例的另一个可贵之处是作者强调了差异性教学和依据学情所做的针对性教学设计,差异性教学关注学生的多样性,"推动所有学生的学习",最大限度体现教育的包容性,是国际学校教学中重要的教学原则。教师正确的差异教学观及相应教学理念在课堂中的落地,体现了教师具有的较高职业素养,值得读者学习。这个案例的不足是标题没有突出教学设计这个核心内容，也没有突出融合教学、差异教学等特色。

三、葛婷婷的《海外国际学校中文教学》

葛婷婷的《海外国际学校中文教学》主要内容是泰国国际学校的中文 IB 教学设计，这个案例的突出特点是作者强烈的反思意识、较好的适应能力和积极的进取精神。从某种意义上来说，教师的成长与发展就是一个不断反思的过程。作者在案例中的反思是建立在教学观察之上的，这种观察由表入里、由浅及深。观察之一是"没有固定教材？需要自己编写课文？"这是每一个在国际学校任教的教师面对的第一个疑问和挑战，这是表面的观察。观察之二是"别人的课堂为什么那么有趣？"这里作者提到了几种在国际学校常用的教学方法：项目式学习、差异化教学、追求理解的教学设计、可视化思维等，同时认识到这些实用的教学方法在教学中实施和运用需要教师的不断摸索与反思。这里提出的教学方法实践问题对每一位从事国际汉语教学的教师都很重要。在这个观察中令人印象深刻的是案例中记载了一个运用项目式学习而组织的教学活动——"高级语言水平学生进行的一场环保创意设计投标大赛"。整个内容与环保和创意相关，模拟真实的投标大赛，学生"以小组的形式用中文介绍他们的环保创意作品和理念，并配上记录小组工作全过程的小视频"，加上问答和投票环节。这里呈现的是一个较为典型的主题式汉语教学活动。那么为什么这样的课堂有趣呢？作者没有进一步分析。从理论上看，主题式汉语教学强调目的语的学习要脱离单一层面的知识学习，要和特定主题和语言内容结合在一起，将特定主题与汉语教学结合，重视语言在实际生活中的应用，主张语言教学情境化、生活化。因此，在这种主题式汉语教学过程中，教学内容更容易被学习者理解并接受。同时，教学内容的掌握又赋予了学生在相应主题中自由开展特定活动的能力，两者之间存在着相互促进的关系。

值得注意的是国际学校教学中会更多运用到跨学科主题学习，也更倡导学习内容源于社会生活情境。这类"现象教学"和"项目探究式"教学代表了一种新的教学理念，是未来中文国际推广事业中创新教学方法的可借鉴资源，我相信这类教学活动对读者都有很强的吸引力和启发性。作者的教学观察之三是"活动多的课堂一定是好的吗？"作者发现，"丰富的活动固然可以帮助学生提高各方面能力，但并不一定能够帮助学生实现知识和技能的迁移。许多学生只是完成老师给的任务但不了解为什么要做这些活动以及如何在生活中去运用"。作者的这个观察本身就带有反思性质,随后提出的"设计学习体验应该根据探究目的,循序渐进有逻辑地安排教学活动,同时考虑学生的个体化差异,随时进行调整,以适应每个学生的学习需求"的对策,也是非常重要和可贵的。在案例的反思部分,作者提出的"教学材料只是一种辅助""教学策略的一套'组合拳'";"做有意义的活动""全能型教师没有'分身术'"几点也都是我所认同的。这个案例的不足是内容涉及较多,不够集中,如果集中于"IB中文教学活动设计"来组织材料,主题就更突出了。

四、杨金玲的《韩国高中留学生个性对汉语学习的影响》

杨金玲的《韩国高中留学生个性对汉语学习的影响》把关注点放在学习者个性对汉语学习的影响方面,作者注意到留学生的个性会对汉语作为第二语言的学习产生影响。这里提出的问题是社会情感教育的问题,也是国际学校汉语教师经常遇到的问题,具有普遍性,同时也是汉语作为第二语言教学研究的问题之一。社会、情感和认知能力的持续和谐发展是"整全人"教育的核心。其中,"社会和人际交往能力"旨在帮助学生实现良好的社会人际沟通,善于解决冲突,善于表达,善于团队协作;"情感能力"重在帮助学生认识和管理自我情绪,理解他人的情绪和观点,积极应对挫折和压力等,对于学生的学业进步影响巨大。作者自觉运用社会情感教育理念,开展个案教育实践,有特别重要的意义。案例以韩国在华高中留学生作为研究对象,进而把学生按照个性差异和个性特征分做外倾型、内倾型和反叛型三大类型,分别进行了详细的案例分析。这个案例也体现出作者较强的观察分析能力和反思意识,作者在详细分析的基础上提出的"因材施教"原则具有较高的实用价值,尤其是对"内倾型"学生和"反叛型"学生采取的教育方法非常具有推广意义,这也是国际汉语教师学生管理与教育的难点问题。面对内倾型的学生,作者提出了"变'向外求'为'向内求',逐渐减弱自我屏障,敢于开口说"的策略。作者认为这类学生"个性内向,不善交际和言谈,自我保护意识强,但自我保护的渗透性是可以随着自我调整和对环境的认知而产生变化的",具体的针对措施是"增加互动机会,增加小组合作任务,消除学生对他人和环境的排斥和敌意",帮助其"融入集体""培养独立意识和担当意识",从案例实施中可见这些做法是行之有效的。对于"反叛型"学生,作者采取"抚慰和鼓励的方法,了解学生反叛的原因,帮助其减少外界干扰,增加自我抗压能力"的策略。在具体实施中注意到了家校沟通,保持教师与家长的教育认同,帮助家长认识到适度期待的重要性,发挥家长的辅助作用,再通过教师心理疏导,消除学生的"反叛心理",帮助学生理解自身学习的意义,使用鼓励和认可类话语,肯定学生的进步,"增加学生对交际失败的容忍度,理性看待他人的评价,更加关注自身进步"。经过教师不懈的努力,学生逐渐减弱了反叛心理,趋向配合教学活动,学习也取得了进步。对这两种性格类型的学生的研究与帮助,涉及社会情感学习框架中学生的自我意识、自我管理、社会意识及人际交往的技巧、负责任的决定等五大维度的多方面内容,这是这个案例最有价值的部分。

五、陈丽凤的《马来西亚斯里伯乐国际学校汉语教师实习经历》

陈丽凤的《马来西亚斯里伯乐国际学校汉语教师实习经历》是一份关于实习教师成长、提高自身素质的记录。每一位初入职场的"菜鸟"教师都会面对很多挑战,诸如学校环境的陌生、教学管理的不适应、难以掌控的学生和教学经验的不足,很多人会经历"恐惧"和"挫折",但"挑战"对大多数新手教师而言也是锻炼和成长的机会,更能激发出他们进取的热情!作者就是这样一位在困难和挑战中成熟起来的成功者,最终获得了宝贵的胜任感和自信心。从这个案例中我们可以归纳出一般实习教师成长的一条路径:发现问题—沟通学习—改进摸索—收获进步。

(1)发现问题:起初作者发现自己面对的挑战很严峻,除了教材难度高,更多的是教学对象给出的难题:"基础弱、兴趣低、差距大、纪律差",这里提到的每一项在中外基础教育阶段都是很普遍的现象,也令作为实习教师的作者"头疼"。从研究的观点来看,正因为学生的这些特点是教师教学的难点,因此也就更具有研究的价值,作者后来所做的探索也确实具有现实意义。

(2)沟通学习:发现问题之后,作者没有急于行动,而是做足了沟通"功课",一方面深知"三人行必有我师焉"的道理,虚心向有经验的同行求教,学到了提高学生兴趣的好方法:"把从其他老师那里学习到的歌谣、玩游戏、词卡串课文和手工等运用到自己的课堂上";另一方面作者深入了解学生,发现学生兴趣低、纪律差的原因,主动与学生沟通"磨合",做到"定时沟通与及时沟通""建立诚信的桥梁",以真诚获取学生的信任,建立起良好的师生关系。

(3)改进摸索:接下来作者以提高学生兴趣、改进教学方法、提升教学效果为主攻方向,有针对性地改进教学。为了提高学生的学习兴趣,作者组织趣味文化活动,"中秋节做月饼、冬至搓汤圆、春节写春联活动等",逐渐培养学生学习汉语的兴趣;为了提高学习效果,作者学以致用,改进课堂教学,"利用研究生阶段学习的知识,如视听法、电脑辅助法、任务教学法等,并将其融入课堂内",贯彻"鼓励式学习""互动性学习"理念。

(4)收获进步:作者经过不断自我提升、学习借鉴、沟通磨合、尝试教学创新,最终使自己的教学渐入佳境。

总之,在这篇教学案例中读者可以真切地看到一个教师的成长,获得很多有益的启示。此外,这个教学案例也涉及马来西亚国际学校汉语教学的一些问题与特点,例如,学生学习中文的积极性主动性问题;教材适应性不足,缺乏系统性支撑的问题;教师培训与专业发展机会不足的问题;等等。这些都是国际学校汉语教学中较为普遍的问题,需要引起读者的注意。

六、李思嗳的《马来西亚独中教师二三事》

李思嗳的《马来西亚独中教师二三事》在这组国际学校教学案例中很特殊,虽然从严格意义上说这篇文章不能算是一个标准的教学案例,但文中饱含深情的语言、洋溢着温暖的回忆和丰富新鲜的信息自有其不可替代的价值。在这里,读者不但可以了解马来西亚华人独立中学的前世今生,而且被在马华人为保护和传承中华文化所进行的艰苦卓绝的斗争所感动。马来西亚华文教育有海外最完备的华文教育体系,在文中作者介绍了"独中"特有的教育面貌,给读者印象最深的就是高难度的"独中"华文教材:"我们有负责拟定独中统一课程与编辑统一课本的统一课程编辑委员会。课程既要符合本国国情,也要保留与发扬华族文化,因此独中的高中华文课本里既有中国文言文、唐宋诗词,也有马来西亚作家的作品。""除了课文内容,学生也需要了解语文知识,通过课文了解古代汉语知识,如词类活用、省略、倒装。课本里也附上了中国文化常识,如姓名称谓、科举制度、礼仪习俗。"单从教材的编写,读者就能深深感受到马来西亚华人教育工作者们保留中华文化的良苦用心。此外,作者还介绍了马来西亚富有特色的"师资培训"制度、个人的成长、先辈们的华人教育奋斗史,展现了马来西亚华文教育的生动风貌和个人的成长体会,读后收获多多。不过,作者如果能选取个人的成长集中挖掘,教学案例的特色会更加鲜明。

以上这六篇教学案例构成了国际学校汉语教学的万花筒,其中所展现的年轻教师们面向 21 世纪,提升自身能力,迎接新的教学挑战的实践热情与奋斗经历深深感染了读者,激励我们所有的国际中文教师,不忘初心,奋发有为!

参考文献

[1] 杨莹,张晋. 国外家长参与的内涵演绎、结构模型及其启示[J]. 教育导刊,2021,13(07):90‐96.

[2] 徐浩文,陈迁. 试论对外汉语主题式教学模式[J]. 进展(科学视界),2022(8):229‐230.

[3] 白建华. 主题式教学模式在对外汉语课程设置中的应用[J]. 对外汉语教学与研究,2013,05(00):1‐11.

[4] 詹泽慧,季瑜,赖雨彤. 新课标导向下跨学科主题学习如何开展:基本思路与操作模型[J]. 现代远程教育研究,2023,35(1):49‐58.

[5] 白颖颖,马云鹏. 加拿大教师的学生差异观及教学观研究[J]. 外国教育研究,2022,49(05):3‐20.

[6] 原露,陈启山,徐悦. 国外阅读策略的教学模式及其启示[J]. 全球教育展望,2015,336(07):120‐128.

[7] 李政云,孙明星. 培育"整全人":美国基础教育发展新导向[J]. 教师教育学报,2020,7(05):96‐103.

[8] 夏惠贤,孔令帅,曾艳,等. 上海国际学校中文教学的现存问题与优化路径[J]. 现代基础教育研究,2017,26(06):58‐66.

[9] HOOVER-DEMPSEY K V, SANDLER H M. Why Do Parents Become Involved in Their Children's Education? [J]. Review of Educational Research, 1997,67(1):3‐42.

[10] FETTE C, GLIMPSE C. Family Engagement Model [R]. Los Angeles: Presented at 13th Annual Advancing School Mental Health Conference, Phoenix, AZ, 2009:16.

[11] GUTHRIE J T, ALAO S. Designing Contexts to Increase Motivations for Reading [J]. Educational Psychologist, 1997,32(2):95‐107.

孔子学院教学案例

"泰"不容易

毛镓璐　上海市松江区人民法院

本科毕业于汉语言文学专业(国际中文教育方向),其间为欧洲留学生讲授汉语兴趣课,2018年参加国家汉办(现教育部中外语言交流合作中心)的泰国汉语教师志愿者项目赴泰任教。2020年于上海交通大学国际中文教育专业攻读硕士研究生专业学位。2023年进入上海市公务员队伍,现就职于松江区人民法院。

一、案例描述

(一) 想"泰"美

素闻泰国作为黄衣佛国,民风淳朴,尊师重道的思想在当地更是蔚然成风,教师在当地是非常受尊敬的职业,因此我怀着激动与期待的心,于2018年踏上了那片我心心念念的土地,开始了一年的汉语教学。说来也巧,我所任教的Protpittiyapayat School 就在我落地的素万纳普机场不远,冥冥之中更让我对这一年的时间多了一些期许。

为此,对第一节课我进行了精心设计:60分钟的课堂时间,28个学生,我把课程分为了摸底测试,课堂破冰,中国概况介绍(中泰文化对比),《新实用汉语课本》第一课生词、句型的练习与复习等几个环节。以期在第一节课能用简单的摸底测试了解他们在初一公共课阶段学习过的汉语基础,便于后续的教学内容设计安排;通过简单的自我介绍,快速拉近与学生的距离;通过中泰文化对比引起学生们的兴趣,增强他们的学习动力,并与《新实用汉语课本》的第一课"问好"相对应直接进入课堂教学。由于我任教的学校高中部没有特定的汉语教材,而前任志愿者选择打印的教材内容不全并且较难,因此我选择了《新实用汉语课本》,穿插一些衣食住行方面的拓展知识进行展开,希望能够让这一学期的课程内容变得充实有趣。一切准备就绪,备完课的我躺在床上,呼吸着带着椰香的暖暖的空气,仿佛看到了一片光明的未来。

(二)开场不"泰"妙

第二天迈入校门,我从学生的目光里看到了惊喜与期待,每一位学生都对我行合十礼、问好,我的内心更加激动了!上课铃声响起,我缓缓走进教室,看着空荡荡的教室,竟然没有一个学生,我一瞬间慌了神……大口地深呼吸过后,我询问了本土教师,原来泰国学生除了午饭时间,其余下课后是没有课间休息的,教室也不固定,学生们上完一节课后需要步行赶往下一个教室,三位本土教师都以为对方告诉了我,但其实我并不知情!他们解释说学校的安排就是如此,如果碰到前一节课的教师存在拖堂的情况下,也许会迟到 20 分钟甚至更久!我只能祈祷我这个新老师的光环能够吸引他们快些来。万幸的是 5 分钟后,学生们陆续开始进了教室,看着他们大汗淋漓的样子,竟是刚体育课下课从操场赶过来的,脸上虽然充斥着疲惫,眼神里却显露着对我这个新老师的好奇与期待。好不容易等到所有学生到齐修整好,时间已经过去 10 分钟了……我只能告诉自己镇静,抓紧时间给每名学生发了一张基础测试卷。试卷一共 20题,前 5 题是基本的声韵调拼写辨认,后 15 题则是针对初一学过的《体验汉语》课本内容生词句型情况的考查,由于时间问题,测试时间被压缩至 10 分钟。基础好的学生很快就做完了题目开始玩手机,而基础相对较差的学生有些则迟迟下不了笔。短短 10 分钟仿佛有 1 个小时那么漫长,这样水平参差不齐的一个班,往后的教学内容该怎么设计又是一个大问题,我想必须得为不同水平的学生安排对应难度的练习内容和方式才可以让他们都学有所得。

(三)否极泰会来?

担忧过后,我赶紧开始了课堂破冰这一环节,谁知这一部分却变成了小型见面会现场,自我介绍时一些学生拿出手机直播拍起了小视频……第一节课,作为新教师我也不好意思很严肃地批评他们,只好告诉他们认真听课的学生结束后会有礼物。果然,听说有礼物,大家纷纷放下了手机,场面总算得到了控制。本土教师让我不要见怪,说这是很常见的,泰国学生在课上化妆、玩手机、喝饮料现象都非常普遍,我心想,我的汉语课,一定要立个规矩才行!在这一环节,我发现有来自华裔家庭的学生汉语已经说得非常好了,也有被调剂来汉语专业的学生汉语基础非常差。且大家在发音的过程中尖团音(即 jqx、zcs)掌握情况不好,在语流中不能很好地区分开。比如,学生在自我介绍时说"dà ziā hǎo";平翘舌音不分的情况出现次数也很多并且有化石化的趋势,比如说"lǎo sī",我都用舌位图展示的方式,精讲多练,让学生自行体会舌头在不同位置发出的音的不同,学生在多次尝试后有了进步! 我的成就感突然就提升了,但是一波未平一波又起,另一个问题又出现了……学生在自我介绍时还出现了这样一种错误,比如,把"我的家"说成"家的我",本土教师说,其实这个语法点在初一就已经学习过,但是由于两年的汉语学习空白期和泰语本身定语位置和汉语就有区别这两个原因,导致有的学生会常犯这一错误,这是语法学习中的难点之一。根据本土教师的解释,我也对这一语法点进行了讲解并开展替换练习,引导学生正确说出"老师的书、他的笔"。同时,我也在笔记本上认真记下了每名学生的性格、汉语水平和话语中出现的一些问题,希望能够在之后的教学中个别针对辅导。

自我介绍环节结束,大家也都熟悉了彼此,接下来就开始中国概况介绍(中泰文化对比)的环节了,我从地理气候、衣食住行、人际交往三方面介绍了中国的基本情况,并与泰国的基本情况作了对比。学生对冬天、八大菜系非常感兴趣,但他们似乎不明白现代中国的发展速度有多么快,当他们听到地铁、高铁这些名词时都非常地兴奋,我顺势播放了中国各个城市的经典风景照,增进了他们对中国的了解。在人际交往这一方面,我从打招呼和致谢的方式、称呼、谦词等三方面进行讲解,并让学生两两组队进行练习,与《新实用汉语课本》的第一课内容进行了衔接。但一旦学生回答不上我的问题,本土教师就在旁边用泰语或者中文进行提示,我认为这会使学生对他们产生依赖,一定程度上破坏了我的教学计划,我在学生准备问答的时候与本土教师沟通了这个问题,保证接下去我的教学计划不会被打乱。正当我觉得一切都在有条不紊地进行时,个别学生却突然提出要去上厕所! 他们表示因为体育课下课就赶来上我的课所以没有时间,我表示理解并同意了他们的请求,要求他们安静地离开教室。练习生词环节,我发现学生在笔记本上写汉字的方式和画画一样,完全没有笔画的概念,我想这对于汉语专业的学生来说是不应该的,对于生词的辨认也会产生不利影响,于是我即时强调了笔画的概念,让学生用手指跟着我练习,果然在之后的写字过程中,我发现大家有意识地在一笔一画地写。更糟糕的是在复习环节,问题出现了:脱离了拼音,大家对于课件上的汉字就不能很快进行认读,有些学生甚至无法认读,我给大家强调了之后的考试不会出现拼音,让大家也要注重汉字认读,在一片"哀号声"中,我的第一节汉语课就这样紧张、匆忙地结束了。

回想整节课,我也意识到如果没有本土老师在一旁的翻译,我和学生的沟通会不太顺利,看来学习泰语势在必行!而趁着这节课,我也学习了一些简单的泰语,我相信这对我来说一定不是难题!正当我满怀期待地为五名表现最好的泰国学生送上我精心挑选的蝴蝶挂饰期望得到他们的回应时,一名学生却泼了我一盆冷水:"老师,红包红包,下次。"我虽然表面故作镇静,内心却难免失落地回到办公室。本土教师珠老师见状过来询问缘由,我这才知道,原来"蝴蝶"的泰语前半部分和"鬼"的读音是一样的,因此有的学生可能心里会介意,而且由于泰国学生普遍没有那么成熟,他们最喜欢的礼物就是加分、红包和零食。听了珠老师的话,我决定以后的奖励都换成这些,以此来调动他们的积极性。

(四)我是魔鬼,也是天使

泰国学生下课时间非常早,下午2点学生都挤进了办公室等着询问成绩。令我惊讶的是,一些泰国学生能够很坦然地接受自己成绩不好、汉语水平差这样的情况,说自己很笨、汉语很难、学习起来太累了,让我"高抬贵手"多给他一些分数……而在中国,向来就有"笨鸟先飞""早起的鸟儿有虫吃"这样的话,我告诉他们,在我这里撒娇卖萌都没有用,要凭自己的实力。

登完成绩,到了该为每个学生取中文名字的时间,为了方便记忆,我为大家取的中文姓氏都贴近他们的姓氏读音(声母部分),结合他们每个人泰语姓名的意义和每个人的性格特点分别取了名字。看到他们兴奋的样子,我的自信又找回来了一些。但本土教师告诉我,以前有些学生三年过去了还念不对、写不对自己的名字……可名字是一个人的第一张名片,于是我就布置了明天考读名字和写名字的作业。告诉他们连续三天说对写对的学生可以来我这里领取巧克力,大家都非常高兴,说:"老师凶的时候不可爱,是魔鬼,但现在是天使!"我笑着回答:"那你们可要习惯哦!"

二、案例分析

从上述案例描述中,可以分析出以下课堂问题:没有教材、学校课程衔接安排不合理、课堂秩序有待管理;学生汉语水平差距较大、语音偏误较为顽固;汉语教师与学生语言沟通不便、对泰国文化了解不够深入、与本土教师配合不佳。针对这些问题,我从教学与管理、教学环节、四要素教学、文化与跨文化交际四方面来谈谈处理方案及建议。

首先，在教学与管理方面，由于泰国学校管理的特殊性，针对课间没有休息时间需要学生赶场这个问题，教师需要设立一个规矩，比如允许学生有 10 分钟的缓冲时间用来换教室、上厕所、去小卖部，但是铃响后 10 分钟还不到卫生间（身体不适等特殊情况除外）的学生或者课间还要去就要有一定的"惩罚"措施，例如，完成额外的汉语作业或者中华才艺表演，以这样的手段保证课堂有充足的时间，提高教学效率。针对在课堂上化妆、饮食、玩手机这些现象，也可以制定一定的奖励措施，比如，一周上课不玩手机、化妆、饮食的同学就奖励 1 分作为平时分，相信学生对于这些行为都会有所克制。并且需要提高学生对于自身的要求，让他们理解中国老师对于学生勤奋、努力的期待，这对他们自身的学习也有一定的帮助。

其次，在教学环节方面，由于没有特定的教材，而各教材又各有其优劣，因此我认为可以综合一些教材内容，融合当下的生活素材，使教学内容更具有丰富性、生动性、趣味性。另外，因为班级学生的水平存在参差不齐的情况，在备课时选择的课文难度要适中，拓展的生活素材对水平较差的学生来说可以当作是一种知识补充，而对于水平较高的学生来说则是一种知识累积。练习环节的设计也要注意因材施教，难易练习针对不同水平的学生分配妥当，让不同水平的学生都得到锻炼，不会让学生丧失自信心。在教学环节的设计方面，由于泰国学生课余生活非常丰富，节日又多，有时课程会临时取消，因此复习特别重要，复习环节的时间可以适当增多，每课的课程内容可以适当减少，作业可以适当增多，以此来保证学习的有效性。再者，由于泰国学生的英语水平不是很好，汉语水平更不用说，因此教师在课上要尽量简化自己的语言，用动作、图示，或者借助情景释义，帮助学生更好地理解上课内容。课下教师也要提升自己的泰语水平，以便课上课下和学生、同事更好地互动交流，增进感情。

再次，在语音、词汇、汉字、语法这四要素教学方面，除了词汇教学的难度相对较低，其他三要素的学习都有一定的难点。语音方面，案例中提到的两个例子是日常生活沟通交流中经常出现的，可见泰国学生存在平翘舌音不分的情况，且情况比较严重，主要体现在 zh、ch、sh 会发成 z、c、s。这和初一汉语必修课时未打好基础有关，因此需要在初中阶段就注意学生的发音，更有必要再对高中学生进行重点声母的发音训练，采用精讲多练的原则，告诉学生注意舌尖的位置，让学生自己去练习体会。但对于发音已经比较僵化的学生来说，只要不影响句子大意的理解就不必深究，以免打击学生学习的积极性。泰国学生在尖团音的发声上也有问题,j、q、x 在与其他韵母拼合时会与 z、c、s 发生混淆,且比较普遍,同样需要让学生体会这两组音发音时舌位上的区别,也要注意不要过分纠音,从而影响学生的学习积极性。汉字方面,由于泰语没有标点,作为拼音文字没有笔画概念,因此泰国学生在学习汉字时问题较大,没有笔画意识和结构意识,比如"口"字很多学生会以画圈的方式来完成。案例中体现的认读和记忆上的困难就是学生学习汉字不当造成的,因此汉字也需要加强练习,可以参考我国小学时期的描字本和抄写,一方面可以培养学生对汉字的整体意识,另一方面通过抄写可以加深记忆,有助于词、短语的记忆。教师可以在教学过程中有意识地通过偏旁来进行汉字的辅助记忆。语法方面,解决案例中出现的问题需要我们在平时增加与学生的沟通交流,只靠课上说汉语的时间是完全不够的,因此如何鼓励学生多说汉语就成了一个很大的问题。多与学生聊天,在聊天中发现问题、解决问题是一个很好的办法。

最后,在文化与跨文化交际方面,主要存在三类问题:一是没有与本土教师进行妥善沟通,事先不了解当地学校的情况和学生平日的习惯才导致课程一开始时的慌乱。也没有与本土教师讨论授课模式和方法,导致课上没有很好地配合并且影响了教学效果。因此教师在去往异国他乡进行教学时一定要对当地的教学环境、条件进行充分的了解,如果有合作教师一定要与他进行深入的沟通以确保取得最好的教学效果。二是在挑选礼物时出现失误,选择了一份会产生不良联想的礼物。虽然选择礼物时是出于好心,但是可以在送出时做一些解释,或者可以选择一些大众的、接受度普遍较高的礼物类型来彻底避免问题的出现。需要强调的是,泰国是一个非常注重礼仪的国家,因此在学校和同事相处时也要注意礼貌问题,和同事,尤其是前辈处理好关系。三是学生对于中国缺乏了解,案例中所体现的是学生对于我国发展现状的不了解,对于泰国人来说,他们的印象可能还停留在唐人街的所见所闻,不了解中国的国情,因此我们需要在课上、课下的交流中适时穿插一些与所学内容相关的中国风土人情或习俗文化以及最新的发展成就,增强他们对于中国的了解。

高远明丽的青春之行

冯泽华　深圳市龙华区民治中学教育集团小学部

本科毕业于河南师范大学汉语言文学专业,本科三年级时在韩国交换学习一年,与来自全世界各地的留学生一起学习,了解了部分国际留学生对中国的看法;本科毕业后于上海交通大学国际中文教育专业攻读硕士研究生专业学位,研究生二年级期间不仅在学院担任兼职汉语教师,而且寒暑假及周末期间也为韩国以及欧洲留学生教授汉语兴趣课。同时,本人也于2018年参加国家汉办(现教育部中外语言交流合作中心)的澳大利亚汉语教师志愿者项目赴澳任教,并荣获"优秀志愿者"称号,于2019年离任回国,进入深圳市龙华区民治中学教育集团小学部担任小学语文教师。目前是一级教师,荣获龙华区"优秀班主任"称号。

一、学生情况

学生基本情况:澳大利亚中文社区学校,学生水平跨度较大,基本上是华裔,不仅有零基础的学前班小孩子,还有发音标准、词汇量很大的大学生,学校里的学生大多是二代或者三代华裔,对汉语学习兴趣不大,大多是在父母的安排下来学习,平时也极少讲中文。

汉语水平:学生水平参差不齐,但是普遍存在的问题是拼音会拼但声调不准,汉字书写较差。

对中国文化的了解:虽然大多数学生去过中国,但对中国文化的了解并不多。

二、案例描述

"所有的结局都已写好,所有的泪水也都已启程。"在离任三年之后再次想起之前的志愿者经历，那份热爱和感动依旧在我的心底奔腾不息……

（一）不负韶华行且知

去澳大利亚悉尼做汉语志愿者之前，我在上海交通大学人文学院里实习当老师，同时也一直在上海的辅导班做兼职，所以一直跟学生接触。本以为来这边之后的工作理应驾轻就熟，结果发现挑战多多，当然更多的是收获！

我工作的主校是一所中文社区学校。来这边的一年里，我第一次接触到了澳大利亚的中文社区学校。之前一直很好奇什么是社区学校，来到这边发现其实跟国内的辅导班性质很像。之前在国内我就一直在辅导班实习兼职，第一次发现原来辅导班还可以这样办　　每周末上课的时候开着车把教学用具拉到租借的教室里面，放学的时候再把所有东西带走，但是不带走学校的一丝云彩。

我所在的中文学校是位于澳大利亚悉尼的悉尼中国育才学校，建校已经二十余年，每周六周日上课，学生不仅有零基础的学前班小孩子，还有发音标准、词汇量很大的大学生——感觉自己的教学能力得到了很大的锻炼。

（二）时空穿梭忆经历

学校里的学生们基本上是华裔，澳大利亚的华人很多，但是很多二代移民中文退化特别厉害，更不用说那些三代及以上的移民了。虽然很多澳大利亚人对华人的刻板印象是他们中文肯定很好，认为他们的黄皮肤和黑头发就证明了他们是中国人。但是对这些出生并一直成长在澳大利亚的华裔来说，他们和那些黄头发白皮肤的当地人完全是一样的，中文对他们来说是一门完全陌生的语言。

就像很多外国孩子不喜欢学习中文一样，他们也感觉中文很难，很多人本身也是拒绝学习中文的，甚至很多有逆反心理，家长越让学，学生偏偏越不想学。周末社区中文学校里的很多华人学生都是在他们的家长各种安排下才来学习中文的。因此，提高学生的学习兴趣是这边教学的主要任务之一。

由于校长是中国人，自己的教学理念就是要让这里的学生也学习到与国内一样的中文课程，因此，这里的学生的学习教材与国内一样，都是人教版的语文课本。但是由于学生的语言环境是英语，所以纯中文教材以及纯中文授课对他们来说难度极高，更难激发他们的学习兴趣及学习成就感。

由于澳大利亚华裔很多，因此，社区学校的学生也很多。但是师资力量较为缺乏，就会出现一位老师要跨好几个年龄层和学习水平进行授课的情况——我就是其中之一。老师们还要根据不同班级学生的情况、不同的班风班纪不断转换自己的教学模式。因此,每次的备课压力会比较大。

由于自己本身英语不太好,在与学生的沟通过程中不够自信,在学生面前的威信也不高,而本身澳大利亚的尊师重教思想就不如国内浓厚,因此在我的课堂上,调皮的孩子有些"猖狂",出现我管纪律的时候跟我顶嘴"What did you say?(你说什么?)"的话语(想想当时真的是噩梦)。课堂纪律成为我教学中的一大难题。

(三)绞尽脑汁解难题

他山之石可攻玉:非常感谢新南威尔士大学孔子学院的奚俊芳院长和安娜老师给我们这些志愿者提供了去各个学校参观学习的机会。借助这次机会,不仅让我了解了澳大利亚私校的教育情况,也让我从那些经验丰富的老师身上学习到了很多教学经验——我把从其他老师那里学习到的歌谣、玩游戏、词卡串课文和竞答学课文运用到我自己的课堂上,学生普遍反映很好,认为课堂多了很多趣味性,很有意思。看到学生的上课反馈,我自己也有了很大的成就感。

多样活动提兴趣:国内辅导班的主要目的是提高学生的成绩,很少会组织各种活动。但是这边的中文学校是在提高学生兴趣的基础上提高他们的成绩,所以为了提高学生们的积极性,学校会组织各种各样的活动,很有特色的是参加侨办组织的"寻根之旅",可以让很多华裔去中国游学,深切感受中华文化。很多学生正是在这样的活动中逐渐培养起来了对汉语的兴趣和爱好。

充分准备应万变:针对学生学习教材难度大、基础弱以及汉语水平参差不齐等问题,我的解决方法中有一条很重要,那就是课前做好充分的备课工作。其实只要备课充分,提前将较难的教材块状划分,上课内容分为词汇课和阅读课两种类型,将知识点细化,把教材上"厚",就能减轻学生的学习压力。并采用了任务教学法,给不同水平的学生布置不同任务,从而完成分层教学的目标。

自我提升立威信:对于调皮捣蛋的孩子,我发现沟通只是其中的一个原因,最主要的是我的课堂没有足够吸引到他们。最初我采用的是国内经验不足的新老师采取的方式:更凶一些。但是我发现他们根本不吃国内这一套,我每次上课凶一些批评他们,就会有调皮孩子大喊"It's illegal!(这是违法的!)"。打铁还需自身硬,我只能努力提升自己的教学能力来吸引他们,来让他们更信服我。因此,我每天空闲的时候就会去老教师那里旁听,学习他们的教学方式,汲取经验,转而用到自己的教学中来,慢慢地学生也渐渐感觉我的课堂更有趣了,我又适时采取小奖励的方式来激励他们,课程后期,与学生磨合好之后也逐渐渐入佳境。

三、案例分析

针对上述案例中出现的课堂秩序管理不佳、学生汉语水平差距较大、教材难度较高、与学生语言沟通不便等系列问题,我将从教学与管理、教学环节、文化与跨文化交际三方面来谈。

首先,在教学与管理方面,由于澳大利亚的尊师重教思想不如国内浓厚,那边的老师更像是服务行业的从业者,因此,学生与教师的关系较为轻松随意。也正因如此,处于叛逆期的学生管理难度较大。所以我主要采取提升教师自我教学水平与奖励并行的措施,从而提升课堂的上课效果。当然,正所谓"鸡蛋从外打破是食物,从内打破是生命",唤醒学生的内驱力才是最重要的,教学时通过多加关注等方式润物细无声般地让学生体会到老师对自己的爱和期待,可以更好地唤醒学生的内驱力,从而提升学习效果。

其次,在教学环节方面,针对教材难度较大的问题,我认为可以采取板块式教学。将教材内容分为不同板块,上课分为不同课型,从而更利于减轻学生的学习压力,由于教学目标和教学内容较为清晰,也更利于提升上课效率。而针对学生水平差异较大的问题,则需要采取任务型教学法,根据不同学生的水平安排不同的任务。比如上课时可以采用小老师的方式,让基础好的学生完成任务后帮带基础稍弱的同学。而且安排任务时也应因材施教,不同水平的学生布置不同的学习任务,从而让每名学生都能在课堂上有恰当的所得。

最后,在文化与跨文化交际方面,本人展示的案例中体现的主要问题:所谓的华裔学生,由于一出生就是西式教育,大多是"香蕉人",对中国的了解也不比当地的其他学生多很多,很多华裔学生本身也出于逆反心理要故意跟家长和老师作对,十分抗拒学习中文。周末社区中文学校里的很多学生都是在他们的华人家长各种安排下才来学习中文的。因此,教师在去往异国他乡进行教学时一定要对当地的教学环境、条件进行充分的了解,要抓住各种活动机会向学生展示中国的风土人情或习俗文化,在提高学生学习兴趣的同时增强他们对中华文化的认同感和自豪感。我希望学习汉语留给海外华裔学生的印象不是家长的意愿,不是拗口的声调,不是难写的汉字,而是学会汉语的成就感和对身体里流淌着的中华血脉的认同感。我也相信就像遍布在世界各地的华人华侨一样,汉语之花也可以盛开在世界的每个角落!

新西兰中小学汉语教学

张梦　上海市浦东新区福山外国语小学

作者简介

2016.9—2019.3 在上海交通大学攻读国际中文教育硕士研究生专业学位。2018 年通过国家汉办(现教育部中外语言交流合作中心)选拔,赴新西兰奥克兰大学孔子学院担任汉语教师志愿者一年,在当地三所中小学任教。2019.9—2021.6 就职于上海民办华东师大二附中紫竹双语学校。2021.7 至今就职于上海市浦东新区福山外国语小学,工作期间获 2022 年上海儿童文学阅读课教学大赛铜奖、2023 年浦东新区教育评价改革优秀案例一等奖。

一、教学背景

新西兰学生的汉语水平参差不齐,这跟当地各个学校对汉语教学的重视程度、学生本身对学习汉语的兴趣高低有关。受新西兰原有教学氛围的影响,学生偏爱活泼有趣、活动丰富的汉语课堂。在实际的教学过程中,对于初级水平的学生,汉语教学以拼音为主,基本不教授汉字。学生在学习发音的过程中,平翘舌音前后鼻音以及声调的问题是教学中需要重点关注的。

在教学内容上,新西兰的汉语教学没有明确的教学大纲,也没有统一的教材,教师需要自己安排教学内容及教学计划。在授课形式上,由于汉语教师志愿者不是当地注册教师,无法独立授课,因此上课时教室里还会有一位本土教师,但是他是否会协助管理课堂纪律或者也参与汉语课堂中,这是因人而异的,教师要有心理准备,有问题要积极主动沟通。

二、案例描述

2018 年 1 月 29 日 17:30 左右,飞机抵达新西兰,我终于真真切切地站在了长白云之乡的土地上,但是如今这一切对我来说仍旧像一场梦。在奥克兰大学孔子学院培训一周以后,我在2月3日到达所在的教学点,距离奥克兰112公里的Whangarei,这是新西兰最北的城市,人口约5万。2月5日,我正式开始了在这里的汉语教学工作。今年我主要负责该地区三所学校的汉语教学,主校是Onerahi Primary School,副校是Whangarei Heads School和Raurimu Ave School。我的Lead Teacher安排我在主校先观察两周,他一直叫我不要着急,"Relationship goes first"。我在第三周开始上课并且去另外两个副校,一周22节课,每节课30—60分钟。在刚工作的一个月里,最大的感触就是忙碌,每天从一个班级走到另一个班级,心情也是跌宕起伏,有时候同样的教学内容在一个班级里教得很好,学生都很开心,但在另一个班级却没有相同的效果。很长一段时间我都是每天睡觉前在备课,早上醒来还是在备课。因为教学对象从一年级到八年级都有,要针对学生特点安排不同的教学活动,准备不同的教学材料,对我这个初来乍到的新手教师来说,着实是个不小的挑战。

我的主校Onerahi Primary School全校1—6年级一共有21个班级,我每周三天会在主校上课,就教师、学生、教学设备及教学资源来说,我认为是我任教的三所学校中最好的,并且这里有教汉语的新西兰本土教师,在她们的课堂上我稍微轻松一点,主要负责纠音,而在其他教师的课堂和另外两所学校,我需要独立完成汉语教学工作,当时课堂里会有一个教师帮我管纪律。我的副校Whangarei Heads School和Raurimu Ave School很特别,学生是1—8年级,两个不同年级的学生在同一个教室,也就是说一二、三四、五六、七八年级的学生在同一个教室,全校一共只有四个教室,刚开始我很难理解这样的安排,不同年级的学生被安排在同一个教室,教师的教学应该如何体现出不同年级的差异性,但是我的Lead Teacher告诉我就算是在同一个年级,学生之间的水平也是不同的,教师所要做的就是找到学生的现有水平然后展开差异化教学。在这里我想单独介绍一下Raurimu Ave School(以下简称RAS),在去之前我并不知道这是一所怎样的学校,但是当我走进课堂,从学生的穿着、教学条件以及他们的午餐就可以看出这是一所相对贫困的学校。单从教学条件来说,在我的主校,每个班级都用电视投屏,学生有自己的电脑,常常能看见学生在唱歌跳舞,用电脑玩着跟学习相关的游戏。但是在RAS,别说学生有电脑,有的教室连教学的投影仪都用不了,这意味着我只能用最传统的方式教学,也很难通过多媒体向学生展示一些新鲜有趣的东西。说实话我第一天去这个学校的时候特别失望,有的学生的言行举止欠妥,感觉有的教师完全不支持我的工作,但是当我离开这个学校的时候,我走了五米左右,有一个学生特意走出来跟我说再见,这个学生是我唯一有印象的学生,我能看到他心中满满的善意和对学习汉语的热情。回去的路上我一直在想我应该用怎样的心态来面对这些孩子,我应该如何调整我任教的三所学校之间的差距对我的心态产生的影响。

经过第一个学期的教学实践,我发现对我来说最大的挑战就是设计课堂活动,低年级的学生同样的话题同样的单词需要重复好几次才能记住,但是我得用不同的活动来锻炼他们,并且有时候同样的活动因为教学条件、教室布置的不同无法在每个班级展开,这意味着我要结合教室的特点去想其他的教学活动。因为这是我第一次教小学的学生,并且是教育方式跟中国如此不同的新西兰的小学生,一切都处在慢慢摸索尝试的阶段,有时候会觉得满满的挫折感。

又过了一段时间以后,当我再次提笔开始写实习日志的时候,手机上的计时日历告诉我这已经是我在新西兰的第一百三十天,而第二个学期也已经过半,如果说第一个学期的生活和教学都处在不断地适应阶段,那么第二个学期,我想我已经较好地适应了这里的生活和工作。

由于第一个假期去惠灵顿参加了岗中培训,遇到了很多出色的教师来跟我们分享教学活动,觉得自己学到了好多新技能,然后信心满满的准备开始工作。但是这学期,由于之前主管我工作的主校的副校长离职了,我被分配给了另外一个 Lead Teacher。主校由于班级太多,每学期都要重新定我的课程时间表,所以开学的第一周显得比较混乱,对于我这个有时候性子比较急又信心满满地想要赶紧把学到的方法都用于教学的人来说,实在有点不太满意主校的这种混乱,但是同事告诉我这就是新西兰的生活和工作节奏,一切都是慢慢来,不着急。第一周的混乱也给了我时间好好去思考究竟应该教给学生什么,因为新西兰的学校没有教材,教育部的课程大纲也没有关于汉语教学这一模块。惠灵顿培训时的语言学家 Paul 说教语言首先应该教给学生生存语言,如果我们去那个国家旅游或是定居,生存语言会对我们的生活带来很多帮助。这引发了我的一个思考:这里的孩子学汉语究竟是为了什么?为了今后去中国旅游的时候能够跟中国人沟通?为了长大后促进中新贸易往来?好像这些离这个年纪的大部分孩子都还太遥远,但是从语言发展的关键期假说来说,这个年龄的孩子处在最容易习得第二外语的时期。既然学校安排了汉语课,那就得去上课。那这个年龄的孩子最喜欢什么?最喜欢玩,最喜欢有趣的、新鲜的东西,而汉语对他们来说就是新鲜的语言,中华文化对他们来说就是新鲜的文化,所以我认为这个年龄的孩子在学校学汉语,就是为了"体验"二字,并且就每个学生的上课时间而言,一周也就 30 分钟左右的时间学汉语,我只能把汉语课定位成一门兴趣课,语言学习当然是必须的,但更重要的是如何让孩子们学得开心,有想要继续学下去的动力,如何在孩子的心中播种下汉语之花的种子。"寓教于乐"这个教学观念在新西兰的本土教师中执行得很好,这里的孩子每一天都像是在过儿童节,但是对于我这个从小接受传统的甚至是填鸭式的中国教育长大的新手教师,教什么内容、怎么教得有趣,是我每天备课时都要面临的最大问题。因此,在本学期开始的时候,我根据 Whangarei Asian Language Cluster 制定的语言大纲,结合本学期的上课时长,选择了六个话题,包括打招呼、数字、国家、家庭、体育爱好等,但都是围绕自我介绍展开教学,并且在学期开始的时候我给每个学生发一本中文小册子,告诉学生这学期我们要学习如何用中文进行自我介绍,并且做一本属于自己的中文自我介绍的小册子。中文小册子上有我提前写好的模板,学生结合上课进度根据自身情况填写个人信息并学会用汉语介绍自己是我本学期的教学目标。起初我对自己想出的这个教学计划很满意,这样我可以提前计划好一学期的上课进度,不用每周都问自己下周要换什么主题,一切都只需按着我的计划按部就班地进行。但是在后来的教学中发现,这样的教学计划只适用于中高年级,对于低年级的学生这样的教学安排是非常有难度的。因此,我又为低年级的学生制定了稍微不一样的教学内容,低年级的汉语教学以学习词汇为主,并且需要结合不同的教学活动进行三次左右的操练学生才能掌握,而具体的教学活动又因为班级人数的不同需要调整,有的班级人数太多实在不适合做游戏,因此我根据所教内容准备了手工、涂色等活动,教颜色的时候还自学了一些新西兰的第三官方语言——手语,好在这些活动孩子们都很喜欢,让我这个新手教师逐渐开始自信起来。现在每次进教室的时候,孩子们都会说:"我们今天可以玩游戏吗?""我们可以再玩一次你上次的游戏吗?""Meng,我太喜欢你的游戏了,你的游戏太酷了。"每次听到这些也会激起我的汉语教学热情。

我的主校在我任教的这一年开设了 YCT(Youth Chinese Test)班级,在全校 4—6 年级的学生中招募自愿参加的学生,记得第一节课,我的 Lead Teacher 一个个问他们为什么来学这个的时候,有一个孩子说:"Because Meng is here to teach us!"听到这个答案的时候我心里乐开了花。

在第三个学期的时候,由于又有不同的教师申请了汉语课程,我就再次换了不同的班级上课,意外发现了几个特别喜欢学汉语的班级,有的前两个学期觉得教起来比较困难的班级这学期开始一切突然变得明朗起来。这学期我常常惊讶于刚刚入学的 5 岁的孩子能在上了三次汉语课后,见到我就说"你好,我叫 Savage"。我也惊讶于一个三年级的班级,他们的 Homeroom Teacher 一周五天都会给他们上汉语课,学生的笔记记得比高年级的孩子都好,还能在纸上写下"中国""新西兰"这几个汉字。有时候,我会在学校附近的超市里看见一年级的孩子带着满脸笑容主动跟我说"你好";每周二放学,校车经过我的身边时,我能从车窗里看到所有孩子都在跟我招手说再见;每次我打开任课教室的门,一双双灵动的小眼睛都会齐刷刷地望向我,然后笑着说"你好",在课堂结束后还会跑过来把我团团围住给我一个大大的拥抱。这些瞬间都带给我很多的温暖和感动。虽然每个孩子在这一年里学到的汉语知识相对有限,但是,我相信每一个孩子的心中都已经播种下了汉语之花的种子,这就是我们每一个汉语教师志愿者漂洋过海的意义。

三、案例分析

以上洋洋洒洒的教学案例是笔者在新西兰从事汉语教学时的亲身经历,经历对于每一个人而言都是不同的,但是作为曾经的志愿者,希望能够总结出一些过来人的经验,为后续的志愿者们提供一些教学的思路和方法。

(1) 学生水平参差不齐怎么教?

笔者任教的三所学校,从 1 年级到 8 年级的全部学生都由笔者一人完成汉语教学任务。在经历了第一学期的手足无措后,在第二学期开始前,笔者制定了统一的教学主题,根据教学主题确定教授的具体内容,最后按年级明确教学内容。以"颜色"这个主题为例,低年级的学生只教授表示颜色的词语,如红色、蓝色、黄色等,中年级的学生在此基础上增加"我喜欢_____。(填入颜色)"这样的句式,而高年级的学生再加入问答的句式,"你喜欢什么颜色? 我喜欢_____。(填入颜色)"在制订好教学计划后,在实施教学的过程中,笔者会准备好一本笔记本,提前按课表的安排计划好每一天的上课内容,并且在课后及时记录课堂进度,因为教授的年级和班级较多,这样能够方便下次备课。

(2) 低年级的汉语课堂怎么教?

笔者第二学期任教的班级大部分都是低年级的学生,只有五六岁,属于零基础的汉语学习者。面对这样的学生,他们一边学习英语字母,一边学汉语拼音,是比较有难度的,所以我在一开始就降低了学习期待值,明确了自己的教学目标是为兴趣而教,教得有趣,不在乎教学内容的多少。因为低年级学生课堂注意力的集中时间短,不能长时间坐着听讲,因此教师每隔10分钟左右要更换教学活动,所以我在备课的时候会提前准备3—5个不同的、有趣的课堂活动,能够调动学生学习汉语的积极性。

(3)跨文化工作不适应怎么办?

这是笔者第一次在海外教学,在此之前的身份就是一个学生。一下子由学生转变到教师是需要　个过程的,在此期间,笔者也经历了跨文化适应的不同阶段。在异国他乡工作,要学会主动融入,有问题及时沟通,不懂就问,不要怕尴尬,不要怕难为情,很多时候可能是我们无法战胜自己内心的胆怯。但是有时候当我们终于鼓起勇气向对方提出请求,但是却没有被答应的时候,我们也要学会自我开导,尝试换个方法解决问题,也可以跟一起赴任的志愿者们交流沟通,这也能帮助我们解决问题。笔者当年有个新西兰三大孔院的志愿者微信群,大家在群里分享教学工具和教学方法,有时候也会聊聊遇到的奇葩事情,这也能帮助我们舒缓情绪,更好地投入工作。

四、总结

一年的海外汉语教学经历是短暂的,但是这一年中我们奋力书写出的青春记忆是永久的,是独一无二的。在这一年中,我们漂洋过海,我们孤身一人,我们在异国他乡经历生活的酸甜苦辣,我们在工作、生活、学习中不断寻找平衡,我们享受着不同文化带来的欢愉,也学会了克服重重的困难。我们用一年的时间,创造了一辈子都值得骄傲的回忆。

新西兰汉语课堂管理

舒颖　苏州工业园区海归人才子女学校

作者简介　上海交通大学国际中文教育专业硕士毕业。研究生期间曾赴新西兰奥克兰孔子学院进行汉语教学,受到启发继而进行相关海外汉语课堂管理的探索与研究。毕业后,在苏州工业园区海归人才女学校从事汉语教学工作。

随着全球汉语学习需求的增加,越来越多的中小学开设汉语课,调查发现,在海外进行汉语教学,语言教学不是最棘手的,如何调节课堂气氛、进行课堂活动、管理课堂秩序等,这些对年轻的汉语教师来说才是挑战。在新西兰的多种语言学习中,汉语具有很大优势,汉语学习的人数优势明显,但随着大量汉语教师志愿者在当地教学,过去没有显现的课堂管理问题浮出水面,成为困扰汉语教师教学的一大问题。下面从引起课堂问题的学生、教师、课堂活动这三种因素角度,提供三类典型课堂管理案例,进行案例描述与分析。

一、拒不参与课堂展示

(一)案例描述

在一节七八年级学生的汉语展示课上,学生们都投入于用汉语点菜的活动中,当一切都在井然有序地进行时,一个小插曲发生了。学生 Noah 平时是一名比较调皮的学生,上课喜欢插嘴说话,对教师的指令爱理不理的。其他组表演完了,轮到 Noah 这一组时,他突然站起来表示不愿意展示,赖在座位上不肯起来。课堂展示被中断,其他学生开始叽叽喳喳讨论,教师示意其他学生保持安静,询问 Noah 是什么原因,他不解释,只是重复拒绝展示。教师询问他的其他三名组员是否想要展示,其他学生表示自己练习了,希望可以展示。教师认为 Noah 可能还不熟悉汉语台词,在另一位管理教师的协助下,这一组成员被带到隔壁教室练习。在其他组成员全部展示完后,Noah 一组练习完回到教室,教师给了他们再一次展示的机会。然而,展示刚开始,Noah 突然用英语说一些奇怪的话,引得课堂哄堂大笑。教师觉得被戏耍了,生气地说他们组非常令人失望,不需要展示了。其中一名组员很伤心,认为自己的努力白费了,而 Noah 依旧哈哈大笑,不为所动。那堂课最后也就草草收尾,教师也因此感到非常伤心与不解。

(二)案例分析

以上案例是由于个别学生的问题行为而引起的课堂管理问题,Noah 的行为是典型的哗众取宠,故意做出特殊行为来获取大家的关注。案例中教师面对学生 Noah 第一次的不配合行为,先是询问原因,在第一次沟通无果后,为避免课堂中断,请另一位管理教师将其带到另一间房间练习。首先教师这种做法是值得肯定的,简单沟通无效后,没有执意与 Noah 争论,而是请求其他教师的帮助,继续其他组的课堂展示,维持了课堂纪律。课堂最后,Noah 组再次进行展示,但他先表示配合,再故意说搞笑言语引得班级同学哈哈大笑以此获取大家的关注,满足自己的心理。在第二次交涉中,教师因学生的欺骗感到愤怒,制止了这场闹剧,并批评了他们组。在此种情况下,教师如果不及时制止,事态可能继续恶化,其他学生以后也会纷纷效仿。但教师制止后,应当指明批评对象,说明批评原因,而不是将同组成员一概而论,伤了另一名学生的心,而问题学生Noah 也没有意识到自己的问题,整个课堂也因此造成了大的混乱。教师的做法有失妥当,是一次失败的课堂管理案例。

在课堂上,类似 Noah 的这种哗众取宠的问题行为并不是特例,当自律性不高的学生出现问题行为时,轻则教师可以采取冷处理方式,故意忽视,学生很有可能因自讨没趣而停止这种行为;重则应当及时制止,避免事态恶化,还可以请求课堂管理教师的帮助,采取措施,以免引起更大的混乱。但在处理问题时,教师应时刻保持冷静,避免情绪化,询问原因,注意方式方法,以免因一个学生的问题行为而伤害其他学生的心灵。事后,也要及时沟通,了解原因,寻求解决办法,避免下次再次发生此类事件。

二、手势"六"的风波

(一)案例描述

在一节六年级的汉语课堂上,教师正在带领学生进行数字练习,通过展示汉语中数字手势帮助学生记忆和了解汉字特点。配合手势讲解,学生兴致都很高昂。当讲解到数字"六"时,教师用大拇指和小拇指比出"六"的形状,并补充道:"'六'这个手势在中国流行文化里表示称赞、很酷的意思。"一些男生突然很兴奋,激动地做出"六"的手势甩来甩去。汉语教师察觉到学生的异样,但只是以为学生太兴奋了,没有在意。过了一会儿,发现管理教师面露担忧的神色,赶紧问道:"怎么了?"管理教师解释说"六"的手势在新西兰是黑帮手势动作,提醒学生在课堂外不要随便使用这个手势。汉语教师这才知道"六"在新西兰原来有这层不同寻常的含义。

后来在其他班级的数字课堂上,当讲到数字"六"的手势时,教师都会主动提醒学生,"六"这个手势在中国文化中表示顺遂、夸赞的意思,但在汉语课堂之外不要随便使用,这是我们汉语课的"秘密手势"!

(二) 案例分析

以上这个案例是典型的文化差异引起的课堂问题案例。中国的数字"六"手势在新西兰文化中却是黑帮手势标志,第一次上课时,教师不清楚新西兰的这一手势文化,讲解手势动作及意义,学生激动地互相比手势。幸好课堂管理教师解释了这一含义,提醒了学生和老师,避免以后学生乱用手势出现问题。汉语教师也吸取了教训,在以后的课堂中都主动提醒学生两国文化差异,注意手势的使用问题,成为汉语学习者之间的小秘密。

教师在上课前,不仅对上课内容要熟悉,还要了解一些文化背景,注意两国文化差异,避免课堂失误,造成课堂问题。即使在出现问题后,也要吸取教训,及时补救,避免再犯。

三、谁踢了毽子?

(一) 案例描述

在三年级的踢毽子汉语活动课上,因为毽子只有一个,所以学生在依次等待踢毽子。学生 John 拿起毽子准备踢,却被很多学生指出说他踢过了,要换人踢。但 John 坚持说自己没有。学生太多,汉语教师也不记得 John 踢过没有,问他自己:"John,你已经踢过毽子了吗?"学生说:"没有。"几个学生争着说:"他踢了!"于是 John 和其他学生争论起来。管理教师见状说:"要诚实,大家都说你踢过了,不可能所有人在说谎。"John 生气地将毽子往地上一扔,哭了起来,被管理教师带出去安慰。

汉语教师见 John 说话时很坚定，不像是故意说谎骗取踢毽子的次数。于是让学生举手表决，依旧是大部分人认为他踢了，少部分人说没踢。为了不影响其他同学，教师没有纠结下去，继续上课。

后面的课堂内容顺利结束后，汉语教师仔细回想了一下课堂发生的事，发现了问题的原因。原来是上课之初，教师带来毽子，大家都很好奇这是什么，教师选了几名学生试试怎么踢毽子，John 也在其中。但在毽子游戏环节开始后，教师告诉大家要轮流踢毽子，每人只有一次机会。所以当轮到 John 时，有人将 John 的试踢看作踢过一次，认为他不可以再踢了。

下课后汉语老师找到学生 John，发现他还在伤心，管理教师试图跟他沟通却没有用。汉语教师耐心地向他解释，告诉他大家并不是在污蔑或针对他，只是因为大家理解事情的方式不同，别难过了。John 脸上明朗起来，回答说："是啊，我认为你说的轮流应该是游戏开始以后才算。"教师拿出毽子，说："对的，大家理解角度不同，是个误会。你刚才没有机会试，现在你试试吧！"John 转悲为喜，不再难过了。从此，John 成为这个班汉语课上最积极的学生。

（二）案例分析

在课堂管理中，课堂活动也是课堂问题频发的一个原因。小学生天性活泼，很容易在活动中失控，常常会因为游戏的公平性而吵得不可开交，或因为没有拿到奖品而号啕大哭。在以上案例中，学生 John 因为其他学生的指责感到自尊心受伤，生气地扔下毽子哭了。当时有另一位管理教师在场，学生被带出了教室，汉语教师则可以继续课堂教学，维持住了课堂纪律。但在课后，教师主动找到了学生，开导他，保护了一个孩子的自尊心，并促使他成为之后的汉语课上最积极的学生。否则的话，这个学生可能留下心理阴影，以后会讨厌上汉语课。

不过，要是在课堂问题发生之初，汉语教师能及时制止住学生的争吵，找到学生争论的原因，也就不会有后来的冲突了。教师在课堂活动期间，说清规则，时刻观察课堂，将课堂问题扼杀在萌芽状态。由于部分年轻的新西兰汉语教师尚未理解或有能力做好课堂管理，才引发了课堂一系列问题。反之，如果课堂管理得好，很多课堂问题就不会出现。

四、总结

通过对以上三个典型的新西兰汉语课堂管理案例的分析，我们可以深入了解学生的课堂问题行为、中外文化差异和课堂规则制定与明确对于汉语教学管理的重要性。这些案例揭示了在跨文化环境中进行汉语教学所面临的挑战和机遇。首先，在学生的课堂问题行为方面，我们看到了一些常见的行为模式，如缺乏参与、无礼行为等。这提醒了我们对问题行为的处理既要迅速及时，还要采取恰当的方式，如忽视问题行为、肯定及表扬好的行为。当然，更重要的是采取积极的教育方法来激发学生的学习兴趣和参与度，并培养良好的班级氛围。其次，中外文化差异是一个不可忽视的因素。不同文化背景的学生可能对课堂规范和教育方式有不同的理解和期望。教师应该增强对多元文化的敏感性，深入了解所教学生国家的文化，尊重学生的差异。最后，课堂规则的制定与明确在教学管理中起着至关重要的作用。明确的课堂规则能够为学生提供清晰的行为准则，帮助他们理解和遵守班级规范。教师应该与学生共同参与规则的制定过程，确保规则的公平性和可行性。

　　总之，新西兰汉语课堂管理案例的研究为我们提供了宝贵的经验和启示。在汉语教学中，我们需要关注学生的课堂问题行为、中外文化差异以及课堂规则的制定与明确，以提高教学质量和学生的学习效果。通过不断地反思和改进，我们可以建立积极的学习环境，促进学生的综合发展。

澳大利亚新南威尔士州汉语教学攻略

张含　深圳市松泉实验学校

上海交通大学国际中文教育专业硕士毕业。2019年1—12月，曾赴澳大利亚新南威尔士大学孔子学院担任汉语教师志愿者，其间在悉尼大同中文学校担任汉语教师。2020年硕士毕业后，进入深圳市松泉实验学校担任语文教师。

汉语教师志愿者被派往海外后，往往要面临调整和适应问题。志愿者不仅要主动了解、积极融入当地，更重要的是完成任期内规定的汉语教学任务。被派往澳大利亚的汉语教师志愿者应知悉当地汉语教学的问题：汉语学习者背景多元、有较多华裔学习者、汉语教学资源不够丰富等。

一、问题描述

澳大利亚作为一个移民国家，学习汉语的学生比较多元，各类学生的汉语基础差异较大，其中听说领先于读写的华裔学生居多，也有一些有一定听说能力的混血家庭的学生，还有毫无汉语基础的当地学生。这些学生对汉语学习的需求不同，坐在同一间教室学习，对教师的日常教学提出了较大挑战。

澳大利亚比较常见的另一个问题是汉语教学资源不够丰富，教师对所使用的教材满意度不高。在澳大利亚新南威尔士州的汉语教学中，由于没有指定的汉语教材，教师需要根据大纲来选择或编写汉语教材，制订教学计划、设计教学内容。澳大利亚新南威尔士州适用于中小学的汉语课程大纲是当地编写的《K‑10汉语教学大纲》(*K‑10 Chinese Syllabus*)，这份大纲为当地汉语教学提供了重要参考，了解这份大纲有助于了解当地汉语常规教学，更有助于汉语教师"入乡随俗"。

赴澳的汉语教师志愿者往往是国内汉硕专业的研究生,已掌握扎实的学科理论基础,也有一定的汉语教学实践经验。但是,远赴海外进行汉语教学,由于语言环境的差异、教学对象的不同、教学资源的不便,需要教师自己进行调整。提前做好攻略,知己知彼,更能迅速融入当地,开展教学任务。笔者根据自己2019年赴澳一年的汉语教师志愿者经历,总结了一些澳大利亚新南威尔士州(以下简称"新州")当地汉语教学的风格和特点,以备后来者做好攻略,在任期内顺利完成任务,获得更好的跨文化交际体验。

二、应做攻略

攻略(一):了解新州汉语教学背景

新州位于澳大利亚东南部,首府悉尼,是澳大利亚人口最多的一个州。

新州的教育体系可分成四个阶段:学前教育、小学教育(1—6年级)、中学教育(7—12年级,初中4年、高中2年)、大学教育。小学及中学阶段必须接受义务教育,学前阶段和大学阶段为非义务阶段。

新州中小学主要分为两种类型,一种是公立学校,一般叫"公校",由政府设立,入学不需要考试,依照住址就近入学,但其中的"精英学校"(select school),入学需考试;第二种是私立学校,一般叫"私校",由私人开办,条件更好但学费较高。还有一种学校性质相对特别,是由天主教会所办的教会学校。

汉语作为一门语言课程正式被纳入新州的教育课程体系是在2011年,除了汉语,当地学生还可以选修的外语课程有阿拉伯语、法语、德语、现代希腊语、印尼/马来语、意大利语、日语、西班牙语。新州设有汉语课程的中小学共有148所(截至2019年)。与此同时,当地还开有大大小小非常多的中文社区学校,供学生在课余时间(周末或假期)学习汉语。社区学校主要服务于华裔,海外华人社团内部联系紧密,中文社区学校大都由华人华侨开办经营,华裔学生的家长大都会把学生送到这类学校进行课后或周末的汉语学习。华裔学生有家庭语言环境的优势,但是离开家庭语言环境后华裔学生在日常生活中还是使用英语作为交际语言。家庭语言环境只能为华裔学生提供听说能力的训练,在读写技能上的培养则需要学校教育的支持。此外,新州共设有三所孔子学院(新南威尔士大学孔子学院、悉尼大学孔子学院、纽卡斯尔大学孔子学院)为当地的汉语教学提供协助支持,最常见的是派志愿者到当地的中小学或社区学校进行汉语教学或担任汉语助教。

新州中小学开设汉语课的课时一周在 2—6 节不等,一课时大约 40—50 分钟。中文社区学校一般在周末开班,有时也会在放学后开班,一般一周安排 2 个课时,一课时 50 分钟。小学阶段一至六年级的汉语课更像一种语言基础学习课或文化体验课,学生学习不是为了升学考试;当学生进入中学阶段到了九年级时,语言科目包括汉语课成为选修课,学生可选择继续汉语学习或停止汉语学习,也可选择汉语成为将来参加高考的科目之一。新州中小学的汉语教学有一个最直观的特点,在于班级往往采取小班制,低年级的汉语课最多 20 人,高年级则最多 10 人。从班级座位的安排上来看,低年级的汉语课堂往往是几个学生围成一个小组,方便相互讨论和交流,也有利于教师照顾到每个学生,同时小组学习也有利于课堂交际在自然的情况下进行。

攻略(二):了解新州汉语教材、汉语学习者、汉语教师群体

1. 新州汉语教材

由于新州没有统一指定的汉语教材,各个学校的汉语老师需依据大纲挑选教材,或者选用学校一直沿用的汉语教材。新州现在使用的汉语教材分为三种:国内出版的通用汉语教材、国内出版的针对海外学习者的汉语教材、海外出版的汉语教材。有些教师还会自编讲义,自己设计汉语教材。现阶段新州中小学汉语课程常使用的教材有《你好》(澳大利亚中文教师林淑满主编)、《轻松学汉语》(北京语言大学出版社)、《快乐汉语》(人民教育出版社)、《中文》(暨南大学华文学院编)、《汉语》(北京华文学院编)等。

一些经验丰富的教师有多年的汉语教学经验,积累了相对丰富的汉语教学方法和教学资源,如课堂活动中用到的实物教具、卡片或挂图、音像多媒体等。有了这些教学材料的辅助,他们的汉语课堂可以达到"在做中学"的目的,收到了较好的教学效果;但对于新上任的汉语教师,或流动性较强的公派汉语教师和志愿者,则会遇到刚到任时找不到合适教学资源的问题,常常在设计课堂活动时亲自动手制作教学用具。

2. 新州汉语学习者

就新州的汉语学习情况来说,汉语学习者的数量呈"金字塔状",启蒙及低年级阶段的学习者数量较多,随着年级升高汉语学习人数逐步减少。如果学生在高中阶段连续 12 个月中完成 100 小时以上的语言必修课学习,那么即可申请该门语言课程作为高考科目。现在新州的语言科目选择较多的是法语、日语、汉语、意大利语。其中以汉语为高考科目的学生中,占比例较大的是有汉语背景的学生。上文已提到,澳大利亚的汉语学习者类型复杂,为了使各种背景的学生在选择汉语作为高考科目(HSC)时享受更公平的待遇,州教育部把学生分成不同的种类,不同类型的学生参加汉语考试的难度不同,且在考试前学生要参加一项资格审查以确定该生所属的考生类型及考试类型。

3. 新州汉语教师群体

大部分中小学汉语教师的母语背景都是汉语,在非汉语的社会语言环境中,教师在课堂上的语言输入对学生来说非常重要;也有一部分汉语教师是非汉语背景的,他们在教学方式以及跟学生的交流上更具优势。中文社区学校的汉语教师群体基本上是华人移民。有些中文社区学校会定期举办与教师职业相关的讲座或技能培训,分享汉语教学相关课题,帮助教师了解汉语教学新动向。

攻略(三):了解新州汉语教学大纲及汉语教学特点

了解当地汉语教学大纲是了解当地汉语教学风格的窗口,新州《K-10汉语教学大纲》主要有以下五个特点:

第一,该大纲属于功能型大纲。功能型大纲以转换生成语法为语言学理论基础,以交际法为教学方法的典型代表,"功能"指的是带有交际目的的言语行为,如为表示道歉而说的"对不起""抱歉"等,功能性大纲主张语言学习的重点是带有交际功能的言语项目,同时大纲也涵盖了言语功能与结构、语义、语境、语气、文化含义之间的关系。

第二,大纲要求任务型教学。如在"计划中国游"的任务中,要求学生在旅游行程中尽可能多地使用汉语口语,包括购买机票、预定旅馆、认识新朋友、请别人拍照等。在"庆祝节日"的任务中,要求学生唱中文歌《恭喜恭喜》以营造节日气氛,并在"多元文化日"进行表演。大纲不仅在听说上列举了许多教师可布置的任务,在读和写这两项技能上也给出了很多描述性建议,如"向朋友发中文邮件""用中文制作班级考勤表""用中文制作简单的地图""根据天气预报用中文制作图表""进行社区调查并用中文撰写报告"等,在这些任务的执行中需要学生用到大量的汉语表达,是任务型教学法的典型体现。因此汉语教师在设计课堂任务时,大纲建议教师要有连续性的思索,设计任务的主题——思考该任务要完成的目的;设置任务的情境——该任务发生的时间、地点、人物,可以是真实的场景也可以在教室内进行模拟;编排任务的过程——任务前的准备、任务中的执行、任务后的总结,最重要的是设计任务过程中用到的汉语表达。通过图1、图2和图3可感知新州汉语教学"在做中学"的特点。

图1　新州当地学生在活动中给皮影戏设计汉语旁白

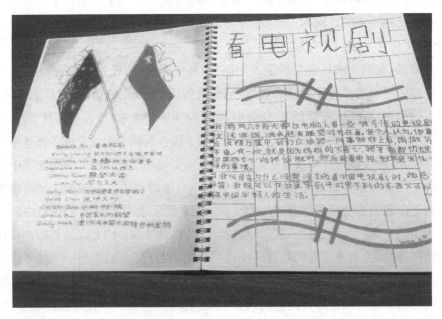

图2　新州当地学生手工制作的汉语杂志

图3　新州当地学生手工制作的汉语台历

第三,提倡差异化教学。这是该大纲本土化的体现,根据澳大利亚汉语学习者背景多元的特点,把教学对象主要分为"以汉语为第二语言的学习者"和"有汉语学习经验的学生"以及"有中国背景的学生",针对不同的学生,设定了不同的教学目标。如在自我介绍的任务中,大纲布置的任务是让当地学生制作视频进行口语介绍,对有中文背景的学生则要求给视频加上中文字幕。即使是小班教学,当地汉语课堂中学生语言水平差异较大的情况依然存在,这给汉语教师提出了挑战,若设计课程内容时不考虑学生水平的差异,往往会出现课程内容与学生水平不匹配的现象。

第四,以跨文化交际为核心。在文化方面,大纲鼓励学生积极进行文化沟通,比较不同文化之间的异同,在面对文化多样性时应持有对不同文化的尊重态度。此外,在使用汉语交际时,还要注重汉语的文化内涵,做到"用汉语转换和重塑语义"(Exchange and shaping meaning in Chinese)。因为任何两种语言的转换并不是完全等同的,在某些情况下,即使两种语言的表面意义相同,其背后的含义也会存在差异,这就要求学生在学习汉语时,除了掌握语言转换技能,还要懂得语言中蕴含的文化含义。大纲常常提及在汉语教学过程中要把汉语和英语进行对比,把中国文化跟其他国家和地区的文化进行比较,如在学习中国传统节日庆典的祝福语时,大纲要求比较不同国家节日庆典的祝福用语,也比较不同国家不同的节日庆典文化。

第五,将语言技能的掌握融合贯通。大纲没有要求汉语学习要从"听、说、读、写"四个方面进行分技能训练,而是建议教师将这四个方面融合在一堂汉语综合课中。例如,大纲列举一项内容为"学生观看视频,发表自己的见解和看法",其中既包含了听力练习、也包含了阅读和口语练习,通过互动的方式将四项基本技能进行综合练习。

三、总结

以上是笔者赴澳大利亚担任汉语教师志愿者期间的经验总结。为推进国际中文教育事业走向更广阔的天地,需要汉语教师在真实的教学情境中见微知著、灵活应对,不断学习和总结经验,提高自身的汉语教学能力和跨文化交际能力,使汉语之花开遍世界各个角落。

澳大利亚新南威尔士州私立日校与中文社区学校 HSC 中文课程调查分析

杨妍 上海交通大学安泰经济与管理学院

作者简介

上海交通大学国际中文教育专业硕士毕业。2016 年 2—12 月,赴澳大利亚新南威尔士大学孔子学院工作,任教于育文武女子中学和丰华中文学校。回国后,曾任职于国内头部互联网公司,从事教育行业主讲工作。现在上海交通大学安泰经济与管理学院工作。

本案例为笔者赴澳期间,在育文武女子中学和丰华中文学校实习期间的教学总结。本案例通过对比研究新南威尔士州(以下简称"新州")华文社区学校和私立日校 HSC 中文高考科目的汉语教学,旨在进一步优化私立学校和社区语言学校 HSC 中文课程教学,给 HSC 中文教学教师们提供一些有价值的建议;帮助参加 HSC 中文考试的学生取得更好的成绩,推动澳大利亚中文教育的发展。

本案例的研究对象为新州私立学校——育文武女子中学和社区学校——丰华中文学校 HSC 中文课程的学生。HSC 考试即 Higher School Certificate,也就是我们所说的新州高考。学生可以选择 HSC 或者 IB(国际文凭)进入大学学习。一直以来,语言都是 HSC 考试科目中的可选择项,中文也不例外。针对不同的学生背景,HSC 中文也分不同的层次。但是各个学校在师资、教材、课程设置以及学生背景方面既有共同又有不同的地方,尤其是社区学校和私立学校之间有较大的不同。

一、案例描述

(一)两所学校 HSC 中文课程情况描述

在教材方面,丰华中文学校选择的是新州中文教师协会与暨南大学合编的

Heritage 教材,该套教材还没有正式出版,一直处在不断的编写更新修改中。教材非常有针对性,根据大纲要求为当地的 Heritage 学生量身打造,适合在海外出生具有华裔背景的当地学生学习 HSC Heritage 课程,在课文选取方面非常有澳洲的当地特色。育文武女子中学使用的《中文》教材是中华人民共和国国务院侨务办公室委托暨南大学华文学院为海外华侨、华人子弟学习中文而编写的。全套教材有语文课本十二册,每册语文课本附有练习册(分 A、B 两册),并备有相应成套的教师参考书,拼音独立成册。在编写上,力求达到海外华文教育的目标要求,从教学对象的年龄、生活环境和心理特点出发,并依据《汉语水平等级标准与语法等级标准大纲》《汉语水平词汇与汉字等级大纲》以及《现代汉语常用字表》要求进行编写。整套教材生字量达 2 110 字,计划六年学完。但根据海外地区学生的情况,多数学校调整为八到九年完成。育文武的 HSC 中文课程除了 Background,均使用这套教材。

在师资方面,两所学校教师学历都很高,而且都有教育学相关的教育背景,丰华中文学校有一名专门教授 HSC Heritage 的教师,硕士研究生学历,2002 年开始一直在国内的高校教授对外汉语课程,从 2007 年移民至澳洲,一直在学校教授汉语,教学对象从小学生到高中生,2013 年 Heritage 课程开设后,开始专门教学 HSC Heritage 课程。育文武的两名教师都是研究生学历,不同的是她们都是在澳洲接受了本科至研究生阶段的教育,因此在一些教学法方面更加偏西式,其中一位老教师已经 50 多岁,在国内是医生,后来移民来到澳洲,取得硕士研究生学位,她在澳洲教中文 20 多年,经验丰富;另一位是有一年工作经验的年轻教师,已获悉尼大学的教育学硕士学位。

在汉语课时设置方面,育文武因为是日校,所以教师工作量相对较大,一周会有 3 到 5 节课,到 12 年级,基本都是一周 5 节 HSC 中文课。丰华只是周末中文学校,所以一周只有 1 节 HSC 课程,一次 2 个小时。笔者在育文武实习期间也发现,育文武的 2 名全职汉语教师教学任务重,还需要给每个学生写教学评价以及学校相关的中文活动组织工作,因此备课和准备教学的时间不多。

在汉语课程开设方面,我们可以看到丰华中文学校只有 Heritage 一门课程,但是育文武有 Beginner、Continuer、Heritage、Background 4 门课程。因为丰华是周末语言社区学校,主要的教学对象就是海外出生的华人子弟,因此 Heritage 汉语课程刚好符合丰华的教学要求,而现在丰华也在大力发展 Heritage 汉语课程,力求更多的海外学子和家长了解这个课程,毕竟升学考试的压力可以转化为推广汉语教学的动力。育文武是日校,有国际学生(内地、港澳来的中国学生)、海外出生的华裔学生,以及当地的澳大利亚学生。所以根据学生的需求和不同背景,开设了 4 个方面的 HSC 中文课程。因此从课程开设方面我们可以看到,育文武针对学生需求,课程开设方面更加多元化,丰华比较专一,目标也比较明确,想以后大力发展 HSC 的 Heritage 课程。

在教学环境方面,丰华没有自己固定的教室,因为是周末社区学校,只能租借公立学校的教室,但是里面的多媒体设备都是不可以用的,这无形给老师上课带来很大的不便,一些视频还有教学软件没有办法使用;育文武作为私校,硬件条件设施都是一流的,多媒体设施一应俱全而且学校有专门的孔子课堂,师生一起共同装饰了孔子课堂,有剪纸、窗花、灯笼、有声读物等等,教室里浓厚的中华文化气息也给了学生一个良好的学习中文的氛围。

在教学大纲上,两所学校都按照 HSC 中文大纲的要求进行教学,就学生学习情况来看,丰华中文学校的学生都达到了 HSC 大纲第五阶段的学习要求,具备流利的听说读写能力,能对不同的语言特征进行归纳总结,根据不同的场合选择恰当的语言去表达,具备一定的跨文化交际能力,能理解语言中反映出来的文化背景知识;育文武女子中学的 HSC Heritage 和 Background 的学生都达到了 HSC 中文大纲的第五阶段要求,其他几位白人学生也基本达到了 HSC 中文大纲第四阶段要求,具备较流利的听说读写能力,可以熟练运用 Word 文档输入中文和操作一些相关中文软件,同时学生也可以根据不同语言环境恰当使用不同的文体和语气来进行表达。

(二) 学生问卷调查情况

笔者给两所学校的学生发放了调查问卷,根据调查问卷我们可以得到以下的一些结论。

关于学生父母情况,丰华中文学校大部分家长都可以说中文,而育文武女子中学父母不会说中文的比例很大。这也是因为丰华中文学校的家长都是华人,个别几个是广东移民过来的,在家普通话讲得不多,主要是广东话。育文武女子中学的父母大部分是白人家长,只有三个学生家长会讲中文,因为这三个学生是 HSC Heritage 和 Background 的学生,他们的父母也都是华人,有两个白人家长是因为在中国做生意和工作需要学了一点儿中文。

关于学生学习动机,丰华中文学校的学生学习动机中最多的是"父母希望我学习汉语",其次是"觉得汉语有用";育文武女子学校学习汉语课程动机最多的是"对中国文化感兴趣"。

关于 HSC 课程选择动机的分析,丰华中文学校大部分学生觉得 HSC 中文课程有考试优势。在育文武学生的调查问卷中,我们发现有 3 名学生是因为考试优势而选择的,原因是这 3 名学生都是有华裔背景的。另外最多的选项是因为喜欢汉语课,这还是因为西方学生学习动力主要来自兴趣的支持,但是我们发现一个有趣的现象,有 4 名白人学生选择了"父母要求"这项,比例达到了26.67%。这是因为高考选择的科目在一定程度上会影响大学的学科选择,所以虽然西方学生比较看重自我个性发展、兴趣需求,但是在高考这样重要的考试中,她们还是会征求父母意见,也会从实际分析,慎重考虑,而不是一味凭借兴趣。中国作为澳大利亚最大的贸易伙伴,而有几位白人家长甚至跟中国有生意往来,同时近些年中文专业毕业的白人学生在就业市场上都比较受欢迎,相比较西班牙语、法语会更有发展前景。

关于学生的学习难点,丰华中文学校的学生认为在汉语的学习过程中汉字是主要的学习难点,占到了 43.4%。而育文武女子中学则认为"没有语言环境"是学习汉语最大的障碍,比重达到了 40%。

关于学生"是否同意教师在课堂上主要用汉语进行教学"和"课外说汉语的时间足够吗"的问题,在丰华中文学校有 87% 的学生非常同意用汉语进行教学,没有学生选择"不同意"和"非常不同意"。而在育文武女子学校有 35.3% 的学生选择了"非常不同意"。丰华中文学校大部分学生认为说汉语的时间足够或者是不确定,这是因为大部分丰华学生在家里都用汉语和父母沟通,少数使用英语或者广东话,而且平时生活在华人区的学生较多,在华人区也经常用汉语交流。育文武有 40% 的学生选择了"不确定"和"不够"。因为对于他们来讲,基本上只有在汉语课上有说汉语的机会,所以相对来说说汉语的时间不够。

（三）教师访谈情况

教师	教师情况	主要工作	访谈内容						
			您觉得您的学生选择动 HSC 课程的机是什么？	您觉得 HSC 哪个部分对学生来说困难最大？	您在教学中主要使用汉语还是英语？	您觉得您目前的学生的说汉语的时间足够吗？	您怎么看待目前选择的这套教材？	您觉得目前 HSC 课程有什么需要改进的地方？
H老师	丰华中文学校 HSC 中文教师	教授 HSC 中文课程	①实用性强；②具有时代性和时效性；③父母和朋友推荐。	写作，成段表达、篇章表达方面困难。	汉语	不够	非常满意，贴近生活，反映了澳大利亚学生生活、社区各方面情况。	HSC 中文的 Heritage 课程，对有些华人家庭旧有的家教方式产生矛盾，对英语优势的儿女开始挑战父母的观点。因此，在亲子同题上，需要进一步讨论，避免过多的中西文化冲突。
B老师	育文女子学校 HSC 中文教师	教授 HSC 中文课程	①学生很喜欢学习汉语；②想在大学进一步学习汉语专业；③有的是父母要求的。	写作，汉字经常犯语法章错误，语法错误的随机和学生都是挑战。	英语（Heritage 和 Background 的两个华裔学生用汉语）	不够	还可以，能帮助学生打好汉语基本功，但是不利于培养学生世界公民视角，所以平时多给教学材料予以补充。	Heritage 和 Background，议题衔接跟私校的课程点难衔接。①刚实施私校的课点较陈旧，议题难跟私校的课程安排应该有点。②写作部分是理解学生世界级分析能力，而点全是中文写作表达能力，不完全是中文写作世界级。Background：时代性感不强，十一年级的当代议题十几年未变，需要加强时代性。Beginner 和 Continuer：部分关于中国的观点较陈旧，需要多加入一些现代性强的观点，让学生多了解现代化的中国。
X老师	育文女子学校中文助教	HSC 课程辅导	①对中华文化感兴趣；②觉得汉语跟英语差别很大，很特别。	写作，汉字缺字现象严重，有错别字、语法表达错误，对一些中华文化背景不了解。	汉语（只辅导 Heritage 和 Background 学生）	不够	给学生辅导 HSC 时的话题材找不到，对教材了解不多。	Heritage：每个学校应该统一教材，各个学校教材不一，比较乱，应该加强系统性。Background：有些议题过于陈旧，需要改革。

通过以上表格分析,我们可以知道:①在 HSC 课程的选择上,学生的调查问卷和教师的访谈结果基本是一致的。社区语言学校以实用性、家长推荐为主,私立日校以兴趣爱好为主。②难点方面都是写作。③课堂语言上,私校主要的 HSC 课程使用英语,社区中文学校使用汉语教学。④所有的老师都认为学生课外说汉语的时间不够。另外关于教材和改进方面,每位教师都提出了针对性的建议。

二、案例分析

(一) 关于 HSC 课程的教学建议

1. 针对私立日校汉语教师

私立日校多半是白人学生,没有华裔背景,没有语言环境。这种情况下的汉语教学,汉语教师的作用不容小觑。作者了解到目前新州的私立日校教师大部分是汉语为母语者,有先天的语言优势,也有小部分是中文讲得不错的白人教师。但是他们的教学能力高低不齐,很多教师并不是相应的汉语教育专业出身,只因为拿到了教育学或者文学方面的学历证书和教师资格证所以可以去中学执教,语言功底和文学素养明显不足。

因此在这样的情况下,教师需要多加强培训不断提高自身的能力。比如,笔者跟随私校教师参加过 HSC 考试大会以及新州中文教师协会举办的汉语大会等等。通过这样短期的密集型培训的确能给教师带来一些帮助,但是建议这些非专业出身的教师在平时还是需要多下功夫,多去研读一些语言学、教育学方面的书籍,而在 HSC 方面,近些年来中国大陆的学生越来越多,因此考 Background 的学生也越来越多,这也对教师的文学素养、艺术鉴赏能力以及古代文学甚至是古典诗词都有一定的要求,这些都需要教师有一定的长期积淀。

2. 针对社区中文学校教师

社区中文学校教师多半是兼职教师身份。周末的工作可能只是她们的副业,一旦有别的事情,都会请假请代课老师来上。这样换老师自然会对学生的汉语学习有一定的影响。因此在教学上,建议社区教师要有更强的教学责任心,不仅仅把这当作一份兼职工作来做。在 HSC 课程教学上,教师应该充分利用华人社区的良好语言环境,同时多注重对学生汉字能力方面的培养。

(二) 教材选择上的建议

1. 私立日校 HSC 中文课程教材选择

私立日校 HSC 中文教材选择的是暨南大学为海外华人编写的《中文》系列,这套教材的教学对象是海外华人孩子而并不是仅仅针对澳大利亚学生设计,因此教材中并没有关于澳大利亚华人发展以及中澳关系的内容,不具有澳大利亚本土特色,对学生中文基本功学习没有太多思维拓展训练,可以说教材偏"中式"。因此建议私立日校的教材选择上除了《中文》这样比较老牌的中文教材,还可以选择一些根据 HSC 大纲编写以及和新州中文教师协会合作编写的具有 HSC 特色、反映澳大利亚当地文化特色的教材。

2. 社区中文学校教材选择

丰华中文学校选择的是新州中文教师协会与暨南大学合编的 Heritage 教材,这套教材能更好引起学生的共鸣,激起他们的民族认同感和自信心,激励他们在澳大利亚有所作为并且为中澳之间的交流发展贡献出自己的力量。

同时对于较难认识的字课文中也有相应的拼音标注,这也体现了教材编写委员会的周全考虑和对学生的体贴。不足之处是涉及中国传统文化的知识较少,并不强调学生对中文有多强的理解能力,教材更多地是以现代化的视野看待中国与澳大利亚,把重心放在开拓学生的思维训练上,在教学上也是以话题讨论为主,并不过多地强调汉字书写能力,是很典型的"西式"教材。

因此,建议社区学校教师可以再选择一些能加强学生汉语基本功的教材,配合现在的 Heritage 教材使用,比如一些国内编写的教材,两者结合。

全身反应法在新西兰小学汉语词汇教学中的应用

孙佳宇　同济大学第二附属中学

作者简介

上海交通大学国际中文教育专业硕士毕业。2018 年 1—12 月,曾赴新西兰奥克兰孔子学院工作,在新西兰奥克兰东海岸的三所小学担任为期一年的汉语教师志愿者。2019 年硕士毕业以后,进入上海市同济大学第二附属中学担任语文教师。

本案例为笔者 2018 年在新西兰任汉语教师志愿者期间,以新西兰格伦德卫小学的学生为主要教学对象进行的汉语词汇教学案例。我们主要关注的问题有基于全身反应法,以肢体动作为媒介,是否能够有效促进学生对汉语词汇的理解和记忆;其次是如何运用全身反应法组织课堂教学、开展课堂活动以及进行课堂管理;最后尝试将全身反应法应用于学生的读写训练,看看是否能在一定程度上提高学生的读写能力。

运用全身反应法进行汉语词汇教学,多需借助肢体动作、面部表情、图片实物等形式,相比成年人,其更适合活泼好动的儿童和青少年。

教学对象是新西兰格伦德卫小学二年级 2 班与 3 班的全体学生,年龄在 6 岁左右;其中 2 班有 18 名学生,3 班有 19 名学生,班级人数大致相等,且每班均有一名有一定汉语基础的华裔学生,不会对教学对照实验的结果造成较大的误差;他们之前完全没有接触过汉语(华裔除外),普遍活泼好动,注意力容易分散。

一、案例描述

（一）教学对照实验

此次教学实践以格伦德卫小学二年级2班和3班为主要教学对象,2班以传统教学法进行教学,3班以全身反应法进行教学。教学内容是较为简单的汉语数字一至十。

第一周(2018年5月10日)初步学习汉语数字一至十。2班运用PPT呈现汉堡图片,带领学生通过数汉堡个数的方式学习汉语数字一至十。然后切换不同汉堡个数的图片进行汉语数字的练习与巩固,在学生有疑惑的数字上,笔者带领学生反复练习,以此掌握读法,最后进行课堂检测。

3班以汉堡图片引入汉语数字一后,笔者带领学生通过摆汉字造型学习汉语数字一至十。笔者带读并示范动作,学生跟读并摆出对应的汉字造型。然后笔者带领学生进行课堂练习,教师摆造型,学生说数字,随后师生互换进行巩固,最后进行与3班一样的课堂检测。

第二周(2018年5月17日)深入学习汉语数字一至十,包括了解数字背后的文化含义。2班运用PPT呈现汉堡图片,再次带领学生通过数汉堡个数的方式复习汉语数字一至十,学习过程中补充汉字数字"四""六""八"的文化含义。接着切换不同的图片带领学生反复操练进行练习与巩固。最后进行难度较高的课堂测验,以检验学习效果。

3班笔者摆汉字造型,让学生回忆学过的汉语数字一至十。然后带领学生边读边摆出对应的汉字造型,学习过程中补充汉语数字"四""六""八"的文化含义。接着与学生一起进行课堂练习,教师摆造型,学生说数字,随后互换进行巩固。最后与2班进行相同的测验。

（二）课堂表现情况

在运用全身反应法进行教学的3班,大多数学生对摆汉字造型十分感兴趣,在第一周完成教学前,除对数字七、九的汉字造型有些困惑外,大部分学生完全能够摆出其余数字的汉字造型。又因学习汉语数字是一边摆造型一边说数字,所以在肢体动作的促进下,全班学生基本能够顺畅地说出汉语数字一至十并且能够认读PPT上的汉字。在第二周复习旧课时,学生虽然对如何说出汉语数字一至十没有印象,但却记得如何摆出数字的汉字造型,并且在经过班上华裔学生的提醒后,很快回忆起来,在第二次复习时,大部分学生已能够流利地用汉语从一数到十,在认读上也没有障碍,学习过程中基本不用笔者提醒。

而在运用传统教学法进行教学的2班,首先课堂学习氛围明显没有3班浓厚,并且在进行"数汉堡"的汉语数字教学时,有一半的学生对图片中汉堡的热情明显大于学习汉语数字,课堂上出现了聊天、开小差等情况。用汉语数汉堡的练习并不顺畅,大多数学生能够说出汉语数字一至五,但对汉语数字六至十的掌握情况并不理想。而在认读方面,除汉字"一、二、三、十"外,学生对其余汉字基本没有印象。第二周的汉语数字学习基本是从头开始。在练习过程中,教师不断提醒,全班学生才顺利地从一数到十。在经过多次复习后,大部分学生最终对汉语数字一至十有所掌握,但在认读方面始终没有太大进展,汉字"五""六""七""九"均是认读的难点。

在课堂管理方面,两个班级的情况相差不大,但总体来说,3班的情况好于2班。运用全身反应法进行教学,绝大多数孩子能够集中注意力,跟随教师一边做动作一边用汉语数数字。但因教学区域有限,学生过于好动,有少数孩子发生了一些肢体上的摩擦,甚至出现了小范围的打闹。在运用传统法进行教学时,因教学对象的年龄只有6岁,他们好动、注意力易分散,除教学效果不明显外,在笔者进行授课时,学生不时私下聊天、打闹,有的孩子甚至离开教学区域,随意走动,给笔者的课堂管理增加了一定的难度。

(三)教学效果

课堂测验是检验教学效果直接有效的方法之一。此次对照试验,笔者共设置两次课堂检测,安排在教学实践的后半段。根据学生由浅入深的学习状态,第一周的课堂检测是数字连线,难度较小。第二周的课堂检测则是Kahoot答题(又称快问快答),难度略大。

1. 课堂测验一

数字连线要求学生根据所听的汉语数字的顺序连线,主要检测学生的听和说,以听为主。为确保测验不产生较大误差,笔者已事先向学生强调,单独完成,不能讨论,在连线时笔者将学生打散,让其坐在教室各处,并且时刻注意观察和监督。

在搜集和整理了两个班的数字连线图后,笔者对检测结果进行了统计和分析。2班(传统教学法教学)共回收数字连线图18份,有效连线图18份;3班(全身反应法教学)共回收数字连线图15份,有效连线图15份。详细结果如表1所示:

表 1　课堂测验一结果统计

班级	回收份数	有效份数	正确人数	错误人数	正确率(%)
2 班	18	18	13	5	72.22
3 班	15	15	14	1	93.33

如表 1 所示,2 班共回收 18 份,连线正确的有 13 人,连线错误的有 5 人,正确率为 72.22%;而 3 班共回收 15 份,连线正确的有 14 人,连线错误的有 1 人,正确率为 93.33%。此次结果说明 3 班的正确率高于 2 班的正确率。在汉语数字的听说方面,3 班的掌握情况较好,绝大部分学生都能够听懂并找到相应的数字,根据要求连接正确。而 2 班的一部分学生还未完全听懂汉语数字,无法找到相应的数字连接正确。

此次结果也说明针对儿童,运用全身反应法进行教学,能够进行听说训练,有效促进学生的听说,提高听力的理解能力;而运用传统教学法进行教学,虽然在不断地进行机械操练,反复听读,但对于注意力易分散、活泼好动且基本不会进行课后复习的儿童来说并非十分有效。

2. 课堂测验二

第二周的课堂检测为 Kahoot 答题。Kahoot 是一个实时的问答网站,主要用于日常教学和课堂检测。本次 Kahoot 试题共 11 道,除最后一题为课堂满意度调查,不计入总分外,其余题目均与汉语数字一至十有关。所有问题均为选择题,每题共 3 个选项,选项以汉字加拼音的形式组成,主要检测学生对汉字的认读,对学生来说难度较大。

此次 Kahoot 答题,2 班(传统教学法教学)共 18 人参加,有效答案 11 份,3 班(全身反应法教学)共 19 人参加,有效答案 18 份。详细结果如表 2 所示:

表 2　课堂测验二整体成绩统计

班级	班级人数	有效答案	正确率(%)	错误率(%)	平均分
2 班	18	11	51.43	48.57	4 034.82
3 班	19	18	62.30	37.70	6 420.50

从表 2 可以看出,2 班的正确率为 51.43%,而 3 班的正确率为 62.30%。可见在答题的准确度上,3 班高于 2 班。Kahoot 试题共 10 题,每题 1 000 分,总分 10 000 分。答题形式为抢答,即答题越快,分数越高。此次 2 班的平均分

为 4 034.82 分,而 3 班的平均分为 6 420.50 分。在答题的速度上,3 班也明显快于 2 班。

而此次的选项均为汉字加拼音,汉字在前,拼音在后,所以学生答题的准确率越高,分数越高,则说明他们对汉语数字的认读能力也越高。所以由表 2 可知 3 班整体上汉语数字认读能力明显高于 2 班。

以上为两个班级的整体水平,为详细考查两个班对于每个汉语数字的掌握情况,笔者又对 2 班和 3 班每道题的正确人数、错误人数及正确率进行了统计。详细结果如表 3 和表 4 所示:

表 3　课堂测验二单题成绩统计(2 班)

题目	答题人数	正确人数	错误人数	正确率(%)	考查汉字
1	11	7	4	63.64	四
2	11	8	3	72.73	五
3	11	2	9	18.18	七
4①	11	0	11	0	一
5	11	7	4	63.64	二
6	11	4	7	36.36	十
7	11	6	5	54.54	三
8	11	6	5	54.54	九
9	11	5	6	45.45	六
10	11	7	4	63.64	八

表 4　课堂测验二单题成绩统计(3 班)

题目	答题人数	正确人数	错误人数	正确率(%)	考查汉字
1	18	8	10	44.44	四
2	18	10	8	55.56	五
3	18	9	9	50.00	七
4②	18	5	13	38.46	一

---

①　第四题的选项因系统原因出现乱码,影响了学生的正确率。
②　第四题的选项因系统原因出现乱码,影响了学生的正确率。

续　表

题目	答题人数	正确人数	错误人数	正确率(%)	考查汉字
5	18	15	3	83.33	二
6	18	15	3	83.33	十
7	18	16	2	88.89	三
8	18	13	5	72.22	九
9	18	13	5	72.22	六
10	18	13	5	72.22	八

由表3可以看出,2班(传统教学法教学)掌握得较好的汉字有"四、五、二、八",除笔画较为简单的汉字"八"外,其余均是较为靠前的数字,说明在运用传统教学法进行教学时,儿童在教学开始时较为认真,能够学得一些内容,但在教学的中后段,长时间的、枯燥的机械操练使得儿童的注意力开始分散,不再专心听讲,因而对于靠后的汉语数字六至十掌握得不是很好。

由表4可以看出,3班(全身反应法教学)掌握得较好的汉字有"二、十、三、九、六、八",除第四题外,其他汉字"四、五、七"也有一半的学生能够认读。可见运用全身反应法进行教学,让学生与教师共同参与教学活动,可以引发学生的兴趣,吸引他们的注意力,他们在参与课堂活动的同时,也学到相应的内容。

因此相比于教师讲、学生听,教师带着学生进行机械操练的传统教学法,运用合适的全身反应法进行汉语词汇教学,不仅可以进行听说训练,提高学生的听说能力,还可以应用于读写,促进学生读写能力的提高。此外,因笔者的教学对象年龄较小,汉语教学大纲并未有写汉字的要求,所以笔者在此主要侧重并检测学生认读汉字的能力。

二、案例分析

(一)全身反应法应用于词汇教学

结合儿童认知发展的特点与日常教学实践,笔者的汉语教学采用了两种易于操作且较为高效的教学模式:直观动作教学与课堂表演教学。

1. 直观动作教学

全身反应法强调语言与学习行为的一致性,其最基本的形式便是通过直观的身体动作来教授语言,基本的教学流程如图1所示:

图1　直观动作教学的流程

直观动作教学是全身反应法应用的最普遍的形式,适用的词汇除动作、指令一类的词语外,还可用于较为具象的词语如数字、水果、动物等等。此外,手语是新西兰的三大官方语言之一,运用手语辅助教学是当地教师的一大特色。在借鉴其他汉语教师的课堂后,笔者将手语引入汉语课堂,通过手势教授汉语词汇。其适用的词汇相当广泛,笔者已有所应用的词汇有日常问候语、颜色、家庭成员等等。

2. 课堂表演教学

将所学的词汇改编成歌词教授给学生,学生配合音乐进行表演,是全身反应法应用的另一种形式。相比单纯的身体动作,其更具节奏感,也更容易记忆,同时也迎合了新西兰儿童活泼爱闹的个性特点。其基本的教学流程如图2所示:

图2　课堂表演教学的流程

此外考虑到学生在歌曲中无法习得较准确的发音,笔者进一步改进,通过改编儿歌教授词汇,教师带领学生演绎儿歌内容,边说边做动作。相比于歌曲,儿歌断句分明,歌词短促有力,节奏感更强,声调起伏也更为明显,在帮助学生记忆词汇的同时,也提高了其发音的准确性。改编歌曲或儿歌,一般适用的词汇也较为广泛,歌曲有《我叫Tim》《我爱我家》《数字歌》等,儿歌有《水果操》《动物叫声》等。

(二) 全身反应法应用于读写训练

笔者还尝试将全身反应法应用于部分词汇的读写,经过前人的经验总结以及笔者的日常实践,笔者发现两种较为有效的形式,能锻炼学生的读写能力。

第一种形式便是摆汉字造型。教师带领学生用肢体摆出结构相对简单的汉字造型,如汉语数字一至十、常用字"大、小、山、火"等等。学生通过亲身体验认识汉字的构成,加深对汉字结构的印象。该方法既可用于本族语者的读写训练,也可用于非本族语者的认读训练。

第二种方法便是手工制作。学生通过手工制作,将所学汉语词汇或与相应图片搭配,或根据汉语规律排序,词汇一般以汉字加拼音的方式标注。手工制作的方式多种多样,如制作星期毛毛虫、奥运五环涂色及拼接、汉字小书制作等等。该方法通过相应的手工要求,加深学生对汉字的印象,侧重提高学生的认读能力,主要用于非本族语者的认读训练。

因所在学校对书写汉字不作要求,所以笔者只针对本族语者运用全身反应法进行书写方面的训练。与国内日常练字不同,基于全身反应法的书写训练形式多样,常用的有"你做我猜"和"接力书写"。前者为一人摆汉字造型,一人在黑板上写出相应的汉字。后者为多人接替书写,每人写出相应汉字的一个部件,最后共同完成一个汉字。这些方法既让学生了解了汉字的间架结构,锻炼了书写能力,也摆脱了日常汉字书写课枯燥乏味的特点,培养了本族语者学习汉字的兴趣。

(三)全身反应法应用于课堂管理

笔者在新西兰学校的身份是汉语助教,不能单独给学生上课。所以笔者的汉语课堂均有任课教师在旁协助。虽然笔者不需要进行教学管理,但笔者发现一些任课教师的教学管理方法十分有效,且符合全身反应法的指导理念。比如学生在游戏过程中,因过于兴奋而大喊大叫,教师一般会要求学生以轻拍肩膀的方式替代喊叫;学生在课堂上交头接耳、窃窃私语时,教师会连续拍手,已形成条件反射的学生一般会停止讲话,跟着教师一起拍手,以示回应。

课前热身环节与课堂游戏环节是教学环节中最难管理的两个环节,虽有任课教师的协助,但在一些情况下,仍需笔者自己进行课堂管理。笔者借鉴了一些教师的管理方法,将其运用到自己的汉语课堂中来。表5为笔者基于全身反应法,进行课堂管理时所使用的手势与动作。

表5 课堂管理的相关手势与动作

手势与动作	意义
把手张开,放在耳边	请听(安静下来,听老师讲)
食指放在嘴唇前面	请安静(特别吵闹时使用)

续　表

手势与动作	意义
双手呈"T"字形摆放	要去上厕所
轻拍肩膀	特别兴奋
OK 手势	完成或已经准备好
双手放在背后	轮流进行,不争抢

三、总结

经过在新西兰小学长达 3 个学期的教学实践以及为期两周的教学实验后,笔者发现以全身反应教学法为指导,通过动静结合、以动为主的方式,可以更加顺利地进行课堂教学,组织课堂活动。先进行短暂的课堂教学,或用肢体动作学习词汇,或用直观法学习词汇,让学生对汉语词汇有了初步的印象。接着进行以动作为主的课堂活动,让学生在活动中练习词汇,促进其对汉语词汇进一步的理解与记忆。此外笔者通过借鉴探索,运用全身反应法的理念,更好地实现了课堂管理。

一般说来全身反应法更适用于听说的训练,此次笔者通过摆汉字造型的方式,创新性地将全身反应法应用于读写,特别是认读方面。在进行为期两周的教学实验后,课堂观察与检测的结果也证实了全身反应法也能够有效促进学生认读能力的提高。在摆汉字造型后,笔者将全身反应法与任务型教学法相结合,采用手工制作与涂色的方式,既促进了学生对于汉字的认读,也符合新西兰儿童的学习特点。

新西兰孔子学院汉字教学感想

陈可心　上海市建平中学西校

作者简介

　　上海交通大学人文学院国际中文教育专业硕士毕业。于 2023 年赴新西兰奥克兰孔子学院担任国际中文教育志愿者，在 Westlake Boys High School 工作，帮助中文老师进行中文教学，帮助学生参加 HSK 考试以及中文比赛。现就职于上海市建平中学西校。

　　2023 年，我作为一名汉语助教（Mandarin Language Assistant，MLA）到了新西兰的奥克兰进行为期一年的汉语教学。我在一所公立男子高中工作。在正式接触教学前，我从没有想过汉字教学会是最困难的一部分，正式教学后，我开始认识到汉字绝对是困扰大部分学生的一个难题。

　　在新西兰，在小学或初中教汉语，与在高中教汉语截然不同。在小学和初中教学，主要以兴趣为主，我们以培养他们对中文的兴趣和教授文化或玩游戏为主。但是在高中，在我们学校，我们要求九、十年级的学生必须学习两门语言，这是新西兰教育原则中培养世界公民的一部分。如果学生在十一年级继续选择了中文作为他们的考试科目，他们则会有考试的要求。他们的考卷阅读部分会出现没有拼音的中文，他们仍然可以用英文答题。考试虽然对他们的汉字书写能力没有要求，但要求他们会辨认汉字。但是，在九、十年级，在没有考试压力的情况下，对他们掌握汉字的能力并没有要求。并且在所有出现的汉字上都会带有拼音。甚至在九年级的教学时，有些教师只写拼音，不写汉字。在新西兰，其实并没有很多书写的任务，很多时候，学生只需要写英语或者拼音。这是个好事情吗？这很难去判断，每个学校都有不同的汉语教学要求，很难去判断某种教法或者学习要求是好或坏。

　　在我的观察和汉语教学中，我发现了教学中存在的问题并进行了一些我对汉字教学的思考。

汉字与语音在初期分流,后期就很难结合在一起。在初期,为了减少学生的畏难感,不少老师会只教发音,不教汉字。这看似有用,确实会在初期让学生觉得汉字不难。但是,也会让他们产生汉字不重要的错觉。所谓地基不牢,地动山摇。在初期教学,学生的学习内容不多,将汉字和语音相结合,学习压力不太大,但是如果积压到后面才开始汉字教学,大量的汉字会对他们造成压力。在海外汉语教学通常并没有那么多的教学时间,设置语文分流的口语课和读写课是不切实际的。因此,我认为,在学习者基本掌握了汉字结构规律的基础上,应该尽快使语、文同步,每学习一个汉字时,就要同时掌握它的音形义。

汉字笔顺的重要性不言而喻,但常常会被忽视。很多汉字有很多笔画,看起来非常复杂,并且很多汉字的区别只有几笔笔画的区别。这让学生很困扰,我在观察很多学生写汉字的时候,发现他们的汉字笔顺真的是各种各样,千奇百怪。有些学生像画画一样地写字,有些学生从汉字中间开始写字,有些学生写汉字像是在走迷宫。因为在他们看来,所有的汉字都是长相奇怪的一幅幅画。他们不知道何从下笔,也不知道哪里是第一笔。所以,应该从典型的汉字入手,告诉学生基本的笔顺和笔画。汉字虽然复杂,但是它们却有着最基本的笔顺,在掌握了最基础的笔顺后,学生可以总结规律,如从上到下、从左到右,学生可以发现汉字书写是有理据的、有规则的。正确的笔顺不仅是书写汉字的基础,而且更加有利于记忆汉字。笔画、笔顺、部件、间架结构,这些部分逐渐构成了完整的字体。另外,将一个较为复杂的汉字,逐渐拆分成简单的部分,这也有利于减少书写汉字的难度。

关于汉字笔顺的教学,我建议,教师可以选取中国书法来帮助学生掌握汉字笔顺。用毛笔写字,会帮助学生更加容易地掌握汉字的笔顺,在写完整的汉字之前,学生可以先练习基本的笔顺,逐步开始练习简单的汉字。练习的汉字最好是有意义的,可以是学生学习过的汉字,也可以是富有美好意义的汉字,如福、勇、善、美等。书法课堂不仅可以帮助学生掌握笔顺,并且也可以培养学生对汉字的审美,知道什么样的汉字是美的。

汉字的音、形、义的结合。很多学生认为汉字难,是因为他们看到汉字不知道这个汉字的发音,听到发音但不知道是哪个汉字。一音多字、一字多义的现象十分普遍。汉字是以表意为主的文字,汉字的认知过程包括音与形、形与义和音与义的结合。这个过程比拼音文字复杂得多。

汉字中有部分文字是形声字，但是我在教学中发现，如果全部根据形声字的声旁和形旁教学，有时候并不会起到积极的作用，例如，在教学服饰的时候，"裙""裤"都是形声字，是衣字旁加上"君"或者"库"。但是，"君"与"裙"的发音并不完全一致，在汉字中，存在很多这样的现象，由于汉字的长期发展和演变，许多汉字现在的发音与古代的发音并不相同。另外，对于汉语学习者来说，是"裙"这个字更加常见、更早学到，还是"君"这个字更加常见、更早学到？显而易见是"裙"，那是否有必要跟学生提及，这个汉字的声旁是"君"呢？我认为，在整个教学过程中，如果这个字的声旁本身也是一个常见字，或者是要求学生所掌握的，在教学中可以提及。例如，"唱歌"的"歌"，在学习"唱歌"之前，学生已经学习过"哥哥"的"哥"。因此，我在让学生看这个汉字时，常常会提问，这个汉字的哪一部分是你已经认识的呢？那你能不能猜到这个字怎么读？让学生观察并且让他感觉，他可以自己推测出这个汉字的发音，增加他的学习成就感。但是，这个方法并不适用于所有汉字，学生有时候也会过度使用这种方法，俗话说"秀才识字识半边"。我的学生经常把"海洋"读成"每洋"。的确，"每"可以作为声旁，读"每"，比如"梅""莓"，但是，并不适用于每个有"每"这个声旁的汉字。在教学中，我会在教学进行了一个阶段后，对之前所学的汉字进行复习。在复习时，我会将同一声旁的汉字归纳整理，让学生发现，如果记住了一个声旁，他可以认识那么多的汉字。

声旁虽然常常会有问题，但是，在汉字的教学中，我一直将偏旁的教学贯穿始终。汉字的偏旁很多，在十一、十二年级，我介绍了"日字旁""木字旁""心字底""月字旁""病字头""雨字头""三点水""两点水"以及"四点底"。这些偏旁的汉字，跟偏旁的意义关联紧密。

"日字旁"出现在"时间"这个单元。在跟学生介绍"日字旁"时，我会跟他们说，"日"在中文表示的是太阳的意思，这时可以采取"日"的甲骨文帮助学生理解，在中国古代，人们依靠太阳来记录时间，因此，"日字旁"跟时间和太阳有关系。例如，"时间"这两个字，都带有"日字旁"。在教授"昨天、今天、明天"的时候，昨天和明天都有"日字旁"。我的中文老师在教授"明天"的"明"这个字的时候，举的例子让我印象深刻。她说，"日"代表一个太阳，"月"的意思是月亮，当你度过了一个太阳和一个月亮的时间，你就到了明天。

我的名字里有个"心"，我告诉学生，"心"在中文里的意思是心脏，中国人认为，情感是在心脏里。所以，关于情感的汉字很多都有"竖心旁"和"心字底"。

并且，向他们演示了如何从"心字底"演变成"竖心旁"。在偏旁教学的时候，我们不需要把所知道的所有汉字全盘托出，太多的汉字会给学生造成心理负担。我教了他们"情""想""忘""忙""您"。"您"这个字很有趣，它跟情感并没有很大关系，但是学生都认识"你"，我告诉他们，如果我把你放在我的心上，这说明，我很重视你，我很尊敬你，这是中国人对尊敬的人的尊称。我希望学生都记住我的名字，有一次，我问他们，新旧的"新"怎么写，因为他们一定知道新西兰的"新"就是 new 的意思，然后一个学生脱口而出："啊，是老师你的名字的那个'心'！"我当时哭笑不得。

在汉字教学中，俗文字学的使用，一直引发争议。很多学者认为，这是将汉字教学娱乐化，并且，由于每位教师的教学风格不同，也很容易出现每位教师都有不一样的说法。我认为，适当的俗文字学有助于学生掌握汉字，根据部分汉语助教的经验，许多学生在学习汉字时，都会把汉字想象成各种卡通的形象，我的学生告诉我，"四"这个汉字像是一个有刘海的方脸女生。我现在备课的时候，就会第一反应去想我应该如何让学生记住这个字或词语。

我们常常说汉字是美的，什么是汉字的美？不仅是一笔一画的书写，更是汉字蕴含的魅力。从汉字的字形，可以窥探中国的智慧。将汉字与现实相结合，将汉字与艺术相结合，这是属于中国的汉字美学。将汉字与现实的事物相结合是最常使用的办法。汉字中本身就有大量的象形字和指事字。它们来源于现实，比如"水、雨、羊、火、山"，这些来自现实生活中的事物。在教这些汉字时，常常就可以把这些汉字画成所对应的实物。但随着教学难度的增加，有很多字词是没有办法在现实生活中找到所对应的实物的。在教授十年级的"学校科目"这一单元时，我的中文老师给了我非常多的启发。"科学"和"数学"这两个词，光看字形，学生很容易混淆。我的中文老师告诉学生们，将科学的"科"想象成实验室里的烧杯架和烧杯，数学的"数"的左上角的"米"是数学中的象限，音乐的"乐"的上半部分是音符。这些解释生动活泼，与现实息息相关，学生一下子就可以记住。

汉字教学，一向是中文教学中的难点，但是也还是很有趣的一点，让学生慢慢地熟悉这些来源于遥远东方的美丽符号。认识更多的汉字，会帮助学生在学习汉字的路上走得更远。

志愿者海外教学案例点评

翟宜疆　上海交通大学人文学院

文学博士,上海交通大学人文学院副教授,硕士生导师。研究方向为国际中文教育、比较文字学。长期从事语言进修生、汉语言专业本科生及研究生课程教学。曾赴日本阪南大学(Hannan University)、德国康斯坦茨工业技术大学(Konstanz University of Applied Sciences)任教。曾任德国海德堡大学(Heidelberg University)孔子学院中方院长,任职期间同时在海德堡大学汉学系担任部分本科生及研究生专业课程教学任务。海德堡大学孔子学院汉语教学慕课《新实用汉语初级课程》(Chinesisch mal anders! 2019 年 1 月上线)课程负责人,"知行·经济汉语系列教材"总主编(北京语言大学出版社,2019),《21 世纪对外汉语教材:综合教程(4)》主编(上海外语教育出版社,2010)。

案例教学强调学习者主动参与、分析问题和解决问题,有利于提高学生的教学实践能力和跨文化交际能力,日益受到众多国际中文教育硕士培养单位的重视。国际中文教育硕士的案例教学需要丰富多样的汉语教学案例,尤其是海外汉语教学的案例。跨文化环境中的海外汉语教学实践经验,对于主要在国内进行专业理论学习的国际中文教育硕士而言是非常宝贵的学习资源。动员海外赴任归来的志愿者根据自己的工作经历撰写的案例,一方面可以促使他们总结提高,另一方面可以使继任者更有针对性地进行准备,同时也为暂时无法赴海外实习的同学打开一扇了解海外汉语教学的窗口,是一个非常好的做法。

本组案例共八篇,来自上海交通大学国际中文教育硕士在泰国、新西兰和澳大利亚的教学实践。任教国家既有英语国家也有非英语国家;任教学校既有全日制中小学也有社区华文学校;学生层级涵盖全日制学校一至十一年级学生,华文学校零起点学前班到中学生高级班,覆盖了孔子学院汉语教师志愿者的主要教学工作场景。案例内容包括赴任地区及学校的汉语教学情况、课堂管理、教学法应用、汉语要素教学、教师综合素质以及文化传播与跨文化交际,包含了孔子学院汉语教学工作的主要内容,具有相当高的代表性和典型性。

一、赴任地区及学校汉语教学情况

国际中文教育硕士的海外教学实践,是在跨文化环境中进行的汉语教学和文化交流活动。不同国家和地区的社会经济、文化背景、教育体系存在差异,即使同一国家不同地区的各个教学机构,在学生现状、教师情况、教材选用、课程设置、课程考核等方面也会存在差异,学生需要尽可能广泛和深入地了解赴任国家和工作单位的环境,将自己在国内学习的理论知识与具体工作单位的实际相结合,才能更好地适应环境,胜任工作。

张含的《澳大利亚新南威尔士州汉语教学攻略》较为全面地介绍了澳大利亚新南威尔士州的教育体系,以及中小学汉语教学情况。案例从课程设置、教材选用、学生背景、教师现状等方面,对当地全日制中小学和社区华文学校的汉语教学情况进行梳理,并对该州的《K-10 汉语教学大纲》进行分析,总结出当地汉语教学的一些特点。澳大利亚作为移民国家,非常注重文化多元性。汉语教学作为外语教学,既是文化多元性的体现,其目的也是为文化多元性服务。因此学生学习汉语的目标重在跨文化交际能力的培养。《K-10 汉语教学大纲》突出功能性,强调任务型教学,以跨文化交际为核心。因为学习者背景的多元化,教学大纲强调差异化教学;又由于师资及课时的限制,无法像国内一样按照分技能训练的要求开设不同的课程,所以要求教师在一门综合课中训练学生的听说读写能力。凡此种种,与国内的汉语教学差异极大。

孔子学院的汉语教学,除了孔子学院内部的教学工作,支持本地区全日制中小学和社区华文学校的中文教学也是一项重要任务。全日制中小学属于所在国国民教育体系,社区华文学校大部分属于补习班性质,二者差别很大,不同国家和地区也各有特点。目前国内国际中文教育硕士培养单位虽然开设有"国外中小学教育"一类的课程,但是受限于课时与师资,只能专注于部分国家和地区,难以完全覆盖。海外实习归来的志愿者撰写的案例,是对课程内容的补充,鲜活、生动、易懂,有利于在读的国际中文教育硕士生更加广泛地了解海外不同机构的汉语教学情况。

杨妍的《澳大利亚新南威尔士州私立日校与中文社区学校 HSC 中文课程

调查分析》对澳大利亚新南威尔士州的一所全日制私立学校和一所社区中文学校的中文教学情况进行了问卷调查。结果表明,两校的学生在家庭文化背景、学习动机、学习难点等方面存在较大差异;对教师的问卷调查也发现:两校教师的教育背景、课程设置、教材选用、学校硬件设施等方面很不相同。本案例展示了海外中文教学的两个不同场景,帮助我们了解澳大利亚新南威尔士州国民教育体系内外两类学校的汉语教学情况,有助于即将赴任的志愿者根据自身情况有针对性地提前做好准备,以便赴任以后可以较快地适应工作环境。

二、海外教学课堂管理

科学有效的课堂管理是汉语教学达成预期教学目标的重要保证,这在海外汉语教学特别是中小学汉语教学中显得尤为重要。教师通过创建良好的课堂环境、制定合适的课堂纪律、营造和谐的课堂氛围,可以充分调动学生的积极性和主动性,更加高效地利用课堂教学时间,更好地完成教学任务。

舒颖的《新西兰汉语课堂管理》为我们展示了在新西兰小学汉语教学中,教师进行课堂管理所涉及的跨文化意识、自我情绪管理,以及活动规则制定等方面的问题。其中令人印象深刻的是,中国表示数字"六"的手势在新西兰作者任教地区竟是黑帮的手势标志。作者因为不了解这一背景,在第一次上课时引起了一次小风波,对课堂教学造成不良影响。经过负责课堂管理的当地陪同教师解释,作者才了解原委。在以后的教学中,作者都能够主动提醒学生注意两国文化差异,避免误会。这一事例可以让我们真切地感受到海外汉语教学的课堂管理与国内的不同。在另外两个事例中,教师因为未能很好地控制自己的情绪,未能事先制定明确的活动规则,因而对活动中出现的问题处置不当,影响到课堂教学。和谐、积极的课堂氛围的营造需要师生双方的参与,其中教师应当发挥主导作用。海外中小学中的师生关系与国内不同,面对部分自律性欠缺、过于顽皮的当地小学生,年轻的志愿者教师需要注意自身的情绪管控,沉着冷静地应对。学生事先充分了解纪律内容是有效的课堂纪律管理的前提,活动开始之前应科学制定规则并告知学生。

三、教学法应用

"对外汉语教学法"是国际中文教育硕士的重要学习内容。孔子学院汉语教师志愿者的专业素养一定程度上也体现在对各种教学法理论的熟悉。教法问题同样是孔子学院"三教"问题的重点之一。较之于国内的汉语教学,孔子学院汉语教师志愿者所面对的情况更为复杂,面临更多困难,如教学对象的多元文化背景与参差的汉语水平、教学机构硬件设施与数字化教学资源的不足、课时量的限制等等。要很好地完成在海外的汉语教学任务,需要将所学理论与任教单位的实际相结合,根据学习者的特点及当地的教学环境与条件,不断探索,选择合适的教学法。

孙佳宇的《全身反应法在新西兰小学汉语词汇教学中的应用》总结了作者在新西兰小学低年级学生中应用全身反应法进行汉语教学的成功经验。作者首先进行了平行班的教学对照试验,结果表明:运用全身反应法对小学低年级学生进行教学,既可以进行听说训练,有效促进学生听说能力的提高;也可以进行读写训练,促进学生认读汉字能力的提高。作者还尝试将全身反应法应用于课堂管理,并根据全身反应法设计了一些进行课堂管理时所使用的手势与动作,在实践中取得了较好的效果。作者认真分析学习者情况,根据新西兰小学生活泼好动,注意力容易分散,基本不做课后复习等学习特点,选择适合他们的直观动作教学和课堂表演教学两种模式,精心设计教学实验,细致观察学生反应,并通过课堂测试进行检验,作者还充分利用在新西兰任教学校的现有资源,将手语引入到汉语课堂,通过手势教授汉语词汇,取得了较好的教学效果。由此案例我们可以了解到,在海外汉语教学中对教学法的选择与应用需要诸多的准备与尝试,要将理论与当地实际密切结合,将自己的知识真正转化为解决实际问题的能力。

四、汉语要素教学

在对外汉语教学的语音、词汇、语法、汉字及文化诸要素教学中,汉字教学一直是一个难点,在缺乏汉语环境的海外汉语教学中尤其如此。对于国际中文教育硕士的培养而言,孔子学院汉语教师志愿者关于海外汉字教学的观察、思考与实践,是非常重要的资料。

陈可心的《新西兰孔子学院汉字教学感想》总结了自己在新西兰一所公立男子高中教授汉语期间对于汉字教学问题的观察与思考。关于"语文分进"和"语文并进",作者认为,对于初学者采取"语文分进"的模式虽然有利于降低学习者的畏难情绪,但也会使其产生汉字不重要的错觉。另一方面,随着年级的升高,学生课业负担加重,需要学习的汉字日积月累,而新西兰汉语教学的课时有限,无法分出课时专门训练汉字。因此,应当采用"语文并进"的教学模式;关于笔顺教学,作者发现,非汉字文化圈的新西兰学习者把汉字看作图画,对于汉字笔顺的知识严重不足,而当地的汉语教学对笔顺问题却重视不够。针对这一现状,作者提出了将书法引入汉字教学的设想;作者在教学中重视汉字偏旁教学,并在偏旁的释义中自然融入中国文化的内容;作者对采用"俗文字学"解释汉字理据,追溯字源持肯定态度,认为符合学习者心理。我们可能对上述不少观点和做法耳熟能详,但是本案例中这些观点和做法背后的新西兰公立高中汉字教学的具体场景,对于增进国际中文教育硕士学生对海外汉字教学的了解从而赴任后尽快适应工作,并将中国文化传播与汉语教学有机结合,有着非常重要的意义。

五、教师综合素质

教师是"三教"问题的核心,也是孔子学院汉语教学工作的关键,一直处在最为重要的地位。反映在本组案例中,关于教师综合素质的内容占比最高。汉语教学是孔子学院汉语教师志愿者最重要的工作,但是他们的工作内容并不只是汉语教学,绝大多数情况下,可能还包括参与或协助组织文化活动,协助或负责一些非教学型常规工作,如汉语水平考试、师资培训、奖学金申请等等。单就汉语教学而言,志愿者也有可能奔赴远离孔子学院本部的各个教学点,独自负责某个乃至多个教学点(常常是中小学)的汉语教学工作。他们常常是单兵作战,必须独自应对和处理海外跨文化工作场景中出现的各种问题。因此,孔子学院汉语教师志愿者岗位不仅需要较好的汉语教学实践能力,同时还需要较好的跨文化交际能力、面对问题积极寻求解决方法的主动性,以及自我情绪管理能力。

毛镓璐的《"泰"不容易》具体介绍了自己在泰国一所高中教授汉语过程中,面对泰中文化差异,在课堂教学管理、教学设计等方面的思考与对策。

作者发现泰国学生在课堂上比较随意,上课时化妆、玩手机、喝饮料等现象非常普遍,这与国内的对外汉语教学课堂情形迥异。而且泰国学生除了午饭时间,没有课间休息时间,教室也不固定,学生上完一节课后需要步行赶往下一个教室,结果就造成后面的课学生都会迟到。作者在课堂上用精心挑选的蝴蝶挂饰奖励表现好的学生却不受学生欢迎,原来在泰语中,"蝴蝶"一词前半部分的发音和"鬼"字的读音是一样。很多泰国学生对中国认识还停留在唐人街的印象,对当今中国的发展情况知之甚少。学校缺乏统一的汉语教材,班级里学生汉语水平参差不齐。受母语影响,泰国学生平舌音和翘舌音不分的情况比较严重,发音训练时 zh、ch、sh 和 z、c、s 混淆,尖音和团音的发音也存在问题,常常无法区分 j、q、x 与 z、c、s;在汉字学习方面,受到母语字母文字的影响,没有笔画意识,对汉字结构缺乏认知,书写和认读都存在困难。凡此种种,不一而足。作者初期的教学工作遇到了极大的困难和挑战。

作者根据泰国学生的特点和学校管理的特殊性,在课堂管理方面制定切实可行的课堂纪律,并通过有效的奖惩办法予以积极引导;学习泰语和泰国文化,与学生互动,营造良好的课堂氛围;结合教学内容介绍中国的国情知识,增进学生对当今中国发展情况的了解。在教学设计方面,教学材料的选择兼顾不同水平学生的需求,对学生语音和汉字学习方面的难点进行有针对性的训练,取得较好效果。

冯泽华的《高远明丽的青春之行》展示了作者在澳大利亚悉尼一所社区华文学校任教过程中,面对诸多挑战如何积极应对的经历。大部分海外华文学校都存在诸如没有专用教学场地、专业师资不足、缺乏合适的教材,以及学生学习动力不足的问题,面对这些问题,汉语教师志愿者的主动性至关重要,必须直面问题、积极应对。如何沉着冷静地分析问题、寻求帮助、积极解决问题,从该案例中我们可以得到许多启发。

作者任教班级的学生大多在海外出生,接受西式教育,很多人初看是黄皮肤黑头发,实则就是所谓的"香蕉人"。这些学生并无汉语基础,也无学习汉语的兴趣,对家长要求自己学习汉语的做法多有逆反心理,课堂纪律不佳。同时,该华文学校选择国内人教版的语文课本作为教材,难度过大。由于师资缺乏,作者承担多个年龄层级和汉语水平的教学班级,班级多,差异大。

面对种种困难和挑战,作者积极应对,借助当地孔子学院的帮助,去其他华文学校参观取经,向经验丰富的当地教师学习请教,提升自己的教学实践能力,从而获得学生的尊重。同时,作者根据当地学生的心理特点,增强课程的趣味性,培养学生对汉语的兴趣。并创造条件在汉语教学中融入中国文化和国情知识的介绍,增强华裔学生对中国文化的认同感和自豪感。课前充分准备,合理安排教学内容,选择适合学生特点的教学方法,以适应不同年龄层级和汉语水平学生的需求。

张梦的《新西兰中小学汉语教学》介绍了作者在新西兰奥克兰孔子学院所

属教学点的三所小学任教过程中,面对中西文化差异、教学硬件不足、教学班级众多且层级复杂、教学对象年龄小等困难,有效地进行情绪管理、寻求帮助、积极应对的经历。

由于作者不是新西兰任教所在地的注册教师,只能以助教身份进入课堂,在一位具有教师资格的本土教师陪同下进行汉语教学,本土教师负责课堂纪律。汉语教师志愿者在新西兰的汉语教学工作中,首先要处理好与本土教师的合作问题,另外也要适应新西兰的慢节奏,尤其是开学期间学校教学安排的迟缓与忙乱。教学设备方面,有的学校条件尚可,有的学校则严重不足,作者甚至要回到"粉笔+黑板"的状态。作者的任教班级包含一到八年级,而且不同年级的学生会安排在同一个教室进行教学。大量的低龄学生(五六岁的小学生)也对汉语教学提出了新要求。

面对上述种种困难和挑战,作为一名刚刚从学生身份进入教师角色,而且是在海外跨文化工作场景中开始汉语教学的新手教师而言,其心理压力之大不言而喻。作者很好地进行了有效的情绪管理,遇到问题"学会自我开导""与其他志愿者交流沟通",调整心态,以良好的状态继续投入工作。在此基础上,作者克服了文化差异带来的不适,科学安排针对不同层级学习者的教学内容,对于低龄学生以培养兴趣为目标,通过有趣的课堂活动调动学生的积极性,"在孩子的心中播种下汉语之花的种子"。

综观本组关于国际中文教育硕士海外教学实践的八篇案例,或许某些部分文笔还稍显稚嫩,但是体现出几位作者的一些共同特点:首先是问题意识与主动精神。能够及时发现问题,冷静分析症结所在,主动寻求帮助,积极应对解决。其次是情绪管理能力。遇到困难和挫折,能够客观理性地自我调节,并通过与同伴的交流沟通舒缓情绪。最后是跨文化交际能力。具有较强的跨文化敏感性,能够理解和接受文化差异,并正确应对文化差异引起的问题。这些也正是国际中文教育硕士人才培养目标的重要内容。

参考文献

[1]朱勇.国际汉语教学案例与分析[M].北京:高等教育出版社,2015.

[2]胡文仲.跨文化交际学概论[M].北京:外语教学与研究出版社,1999.

[3]赵金铭.对外汉语教学概论[M].北京:商务印书馆,2004.

[4]加涅,等.教学设计原理[M].皮连生,等译.上海:华东师范大学出版社,1999.

［5］戴维. 课堂管理技巧［M］. 李彦, 译. 上海：华东师范大学出版社, 2002.

［6］于小雨. 华文教学方法研究［M］. 北京：商务印书馆, 2016.

［7］胡培安, 陈旋波. 华文教育与中华文化传承［M］. 北京：商务印书馆, 2016.

［8］孙德坤. 汉语作为第二语言教学的教师发展研究［M］. 北京：商务印书馆, 2019.

［9］田艳. 国际汉语传播背景下泰国汉字教学研究［M］. 北京：中央民族大学出版社, 2018.

［10］崔永华. 对外汉语教学的目标是培养汉语跨文化交际能力［J］. 语言教学与研究, 2020
（04）：25 – 36.

［11］朱志平. 论"国际汉语教师教育者"的国际视野［J］. 河北师范大学学报（教育科学版），
2020, 22（01）：39 – 45.

［12］潘冬冬, 曾国权. 情绪管理视角下的教师工作［J］. 北京社会科学, 2022（02）：64 – 73.

［13］央青, 周兵. 新西兰中文教育发展现状与前瞻［J］. 民族教育研究, 2022, 33（02）：
160 – 168.

［14］梁蕾, 吴应辉. 澳大利亚中文教育发展现状研究［J］. 华文教学与研究, 2023（01）：
52 – 68.

［15］田艳. 国际中文教育视域下汉字教学理论问题探究［J］. 民族教育研究, 2022, 33（04）：
161 – 167.

线上汉语教学案例

海外孔子学院新冠疫情下的线上教学

——澳大利亚新南威尔士大学孔子学院特色项目

章近勇　深圳湾学校

作者简介　上海交通大学国际中文教育专业硕士毕业。硕士期间曾赴新南威尔士大学孔子学院担任汉语教师志愿者,主要在大学担任中文辅导课程和正式课程教师,组织安排开展与中文相关的文化体验活动。硕士毕业以后就职于深圳市南山区深圳湾学校,担任语文教师兼班主任。

2020 年,新冠疫情在全球各地相继爆发,而海外孔子学院的中文教学也不得不由线下转为线上。因此,如何有效、有趣、有意义地开展线上中文教学,成为各孔子学院教师、志愿者们亟须解决的问题。本案例通过澳大利亚新南威尔士大学(以下简称"新大")孔子学院的线上教学项目阐述几种行之有效的线上教学方式。

一、"功夫袋鼠学汉语"系列短视频

疫情期间,新大孔子学院坚持"停课不停学",不断创新中文教学和文化体验方式,充分发挥线上网络平台优势。借着线上汉语教学蓬勃发展的契机,新大孔院推陈出新,开展了功夫袋鼠学汉语(Chinese with Kungfu Kangaroo)系列短视频线上汉语课程的特色项目。该系列课程以当下流行的短视频为载体,旨在通过生动有趣的方式对当下年轻人常用的流行语进行讲解和教学,以提高教学效果和汉语学习者们的学习兴趣为主要目标。孔院的汉语教师志愿者和公派教师们既通力合作又发挥己长,策划脚本,设计剧情,顺利地完成了共六集视频的拍摄、制作和发布的全过程,前后历时三个多月。该课程每集具体内容如下:

第一集：紧扣 5 月 20 日这一特殊的日期和热点，讲解"520""1314"等数字的发音及其在中文语境下的独特含义，借此引出"我爱你"等常用短语的教学。

第二集：承接第一集内容，以具体情境讲解"秀恩爱""吃狗粮"等流行语的含义和用法。

第三集：以微信中的"微笑""再见"等表情为出发点，讲解"呵呵""哈哈"等语气词在使用语境及其含义方面的细微区别，以期学习者能够产出更为地道的中文表达。

第四集：讲解"吃瓜""吃瓜群众"等流行语，并结合语言点拓展基础汉语句型，以期学生能够对汉语语言结构有基本了解。

第五集：承接上集的内容，继续讲解有关"吃"的流行语，如"吃货""吃土"等在日常生活中经常使用的流行语。

第六集：采用情境演绎法，以房东和房客关于交房租的一段对话为引子，分角色讲解"我醉了""我太难了"等短语的含义及基本使用语境。

本人作为该线上中文课程的负责人和后期剪辑师全程参与了系列视频的制作。虽然每一集的视频时长仅在 5 分钟左右，但是视频的素材量平均都达到了 50 余个，加起来总时长超过半小时。由于疫情，我们必须尽可能减少见面，因此除拍摄当天外，前期策划、讨论，后期审核、复盘全都搬到了线上。实际上，将所有的准备工作和后期工作都放到线上进行是有一定难度的，这包括但不限于保证工作效率、统计会议时间、具体角色分工等等。除此之外，线上会议相比于线下的头脑风暴也的确缺乏一种实际的参会感受，因此在做头脑风暴的时候可能需要我们付出更多努力，提出更多想法才能出现较为可行的创意。为了让短视频拍摄的工作有序进行，合理高效的工作计划或方案是必不可少的，尤其在所有工作几乎都需要在线完成的情况下。我们通过小组讨论，制定了以下时间安排：

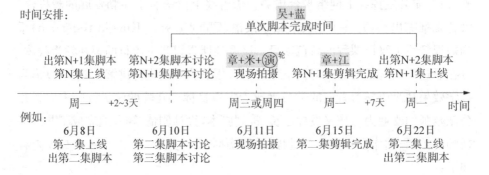

从上述时间安排可知,一集视频从脚本讨论到上线发布最少也需要半个月的时间。其中,每一集的脚本都需要经过两次不同层面上的讨论,因为澳大利亚当地的文化、政治等各方面的环境与国内不同,所以我们必须对内容的选取和呈现方式保持慎重的态度,充分考虑到我们受众的文化接受度,避免触及敏感话题或者某些误区。这里让我印象最为深刻的就是"秀恩爱""吃狗粮"这一集,因为这一集涉及比较多的中澳文化的差异。恋爱观其实受文化环境影响很大,首先,澳大利亚当地是承认同性恋关系的,所以我们在表述过程中需要避免过度强调恋爱关系必须发生在男女之间;其次,很多当地人认为单身也是一种较好的生活状态,所以在呈现该集内容的时候我们需要避免做出价值判断,而只倾向于事实描述,比如避免有类似"恋爱总是令人羡慕的"这样的表述。

不得不说,我们对线上中文教学的尝试最后取得了不小的成绩,效果也远超预期。该系列课程制作完成后,在 Facebook、Twitter、Instagram、优酷等国内外视频平台上进行了发布,总计覆盖受众逾 5 万。广大汉语学习者通过该视频课程能够了解中国的流行语,也能学会地道的中文表达,而且参与视频制作的孔子学院志愿者及老师们也都收获良多,既得到了团队协作的宝贵经验,又增长了短视频课程制作的技巧能力。

二、线上中文教学工作坊

新大孔子学院一直坚持创新汉语教学方法,因时因地制宜,积极实现孔院项目、汉语教学和文化体验工作的蓬勃发展。针对孔子学院各下设教学点工作由线下面授转为线上网课的情况,孔子学院有针对性地开展了两次线上教学工作坊或研讨会,其内容既涵盖中小学线上教学的工具资源,又包括成人线上教学的方式方法。

工作坊邀请了有着多年汉语学习经验的史文华博士(Dr. Scott Smith)。他从 1999 年开始就到中国学习汉语并从事英语教学的工作。2008 年回到澳大利亚后,开始从事语言教育及中小学教师培养的相关工作。他不仅拥有丰富的汉语学习者经验,在汉语教学的相关问题上也有着自己独到的见解。

孔子学院的志愿者教师们则进行了工具类教学资源、中文教学应用软件以及课堂教学工具等三个方面的分享。这些工具分别在备课、课堂教学资料准备、课堂效果的展示上都能给当地的中文老师和澳大利亚各孔子学院的志愿者在线上教学方面提供新的思路和方法。

参与者针对在线教学工具展开了热烈的讨论,特别是如何将游戏融入在线教学中以及更好地使用 Kahoot 等课堂教学工具。当地的中文老师也都积极地分享了自己在线上课堂中总结出的教学经验和方法。当地的中文教师和孔子学院志愿者纷纷表示此次线上教学工作坊不仅开阔了他们的教学思路,也让他们掌握了很多利于线上教学的新型教学工具。此类活动提供了一个教师之间交流的平台,能够有效提高当地中小学中文老师及孔子学院志愿者老师的教学技能。

三、线上汉语角活动

孔子学院借鉴功夫袋鼠学汉语项目的成功经验,开展了线上汉语角活动,以短视频的形式让学习者能够随时随地体验古筝、书法等中国传统文化。汉语角活动是孔院的传统活动之一,旨在让更多的当地人了解中国、体验中国文化,使得他们能够知华友华。这样的活动实际上更适合面对面开展,让当地人能够动起手来,实实在在地体验一番,可是疫情影响下,如何在线上开展类似的活动而最大可能的使之生动、有趣,具有体验感就成了我们汉语教师不得不面临的一个问题。

汉语角活动重体验而非教学,因此孔子学院邀请了一两个当地大学生参与到汉语角活动的拍摄过程中,使得整个短视频更加真实,且更加容易引起当地学生的共鸣。学生在体验过程中遇到的问题和感受都能够被记录下来,通过后期剪辑制作后,这样的短视频实际上更加有趣,而遇到的中澳文化碰撞也显得更加活泼。比如在我们的古筝汉语角活动中,当地学生就感觉古筝的甲片非常有趣,而且对有无甲片弹奏进行了对比,一致得出了穿戴甲片弹奏则琴音更为干脆、悦耳的结论。在书画的汉语角活动中,当地学生则为自己能够画出一个熊猫而尤为兴奋,并乐于展现给观看视频的每一个人。

实际上,我们通过这几次线上汉语角活动积累了相关的经验,认为实际上还可以探索以网络直播的方式开展相关活动,使得间接的视频观看成为直接的网上互动。由于网络直播需要用到的拍摄设备比较繁多,且需要有相关的直播经验,所以,我们团队并没有进行类似的尝试。不过,这也不失为一种较为有创意且有趣的方法。

新冠疫情让海外中文教学产生了不少变化,其中最为显著的一点便是原来的面授改为了线上中文课程。在这样的情况下,中文教师需要思考线上教学的优势和特点,如何使得线上中文教学仍然高效且能够保持学生的汉语学习兴趣。

新大孔子学院在疫情下探索出的几种线上汉语教学方法都着眼于发挥线上汉语教学的优势,尽可能地避免了网络教学的不足之处。而且,集思广益,孔子学院各位志愿者老师和公派教师始终坚持汉语教学,无论线上还是线下,保持对汉语教学的热情和初心尤为重要。

国际中文在线课程开发

任福立　上海市奉贤区星火学校

2005 年本科毕业于西安理工大学工商企业管理专业。2005 年 12 月起从事国际中文教学工作,教学对象主要为非汉字圈的中文学习者。2012 年与他人联合创建了立涛中文(Litao Chinese)课程网站,致力于为中文作为外语或第二语言的学习者提供系统的在线中文课程。2022 年硕士毕业于上海交通大学国际中文教育专业。2022 年 8 月起任职于上海市奉贤区星火学校。

随着网络的快速发展,如今世界各地的许多中文学习者通过在线学习的方式进行中文学习。除了进行传统的课堂中文教学,如果国际中文教师也能够利用网络教授中文便可帮助到更多的学习者。笔者介绍的案例是关于基于学习者自主学习的国际中文在线课程的开发。本人与另外一位中文教师,联合创建了立涛中文(Litao Chinese)课程平台,目前制作并发布了汉语拼音、初级中文听说、初级汉字等在线中文课程。

国际中文在线课程的开发涉及课程平台的选择或搭建、课程设计、教学视频与练习的制作、课程推广以及课程管理等诸多方面的内容。对于其中的一些重要方面,笔者将结合自己的课程开发经验略作探讨。

一、案例描述

(一) 初做在线课程

笔者与郑老师是立涛中文(Litao Chinese)的联合创始人。我们两人都热爱国际中文教学工作,并且对在线教育十分感兴趣,于是我们决定一起开发基于学习者自主学习的中文在线课程。

最初,我们制作了一套由 10 个教学视频组成的拼音课程。通过这套课程的制作,我们熟悉了教学视频制作的流程并解决了教学视频制作中所遇到的一些技术问题,这为我们之后的课程制作奠定了基础。总的来说,我们的教学视频制作流程可分为五个部分:①设计教学内容;②编写教学讲稿;③拍摄真人教学视频;④制作教学幻灯片并将其转录为幻灯片视频;⑤将真人教学视频与幻灯片视频整合为最终的教学视频。设计教学内容是我们课程制作中最前期与最基础的部分,之后便要根据所设计的教学内容撰写教学讲稿。教学讲稿体现了教学的思路,教师在进行真人教学视频拍摄时将完全按照教学讲稿进行讲解。在进行真人教学视频的拍摄之前,需要规划与布置好拍摄场地,反复调试相关的拍摄器材确保所获得的视频有足够清晰的音质与画质。而教学幻灯片中的内容则是教师在讲解过程中向学习者展示的内容。教学幻灯片制作完毕以后需要转录为视频形式并与真人教学视频进行整合。这样的处理方式能够在很大程度上降低视频编辑的难度与工作量。

(二) 推广在线课程

在完成了拼音课程的制作后,我们便开始了课程的推广工作。这套课程由10个拼音教学视频组成,因此对于我们来说最合适的推广平台就是 YouTube 视频网站。于是我们在该平台中创建了 Learn Chinese with Litao 频道,并将这 10 个视频上传到了我们所创建的频道之中。虽然 YouTube 平台拥有大量的视频观看者,但是很长一段时间内我们发布的拼音教学视频并未获得很多关注。在不断地调查与了解中我们发现,教学视频能否在 YouTube 中受到足够的关注,除了受到教学视频本身质量的影响,还会受到许多其他因素的影响,这些因素包括视频的名称设置、内容介绍、封面设计、发布频率以及频道相关信息描述等。因此,我们在这些方面重新进行了修改与优化,此外,也尝试利用其他社交网站进行宣传。此后,我们教学视频的观看量、频道的订阅量等数据都在逐步上升,视频表现越来越好。与此同时,我们也开始了后续课程的开发。

如今我们在 YouTube 中所创建的频道 Learn Chinese with Litao 已获得超过十二万的订阅者。回头来看,我们当初在 YouTube 所做的推广工作是非常重要的。从这些视频中所获得的大量反馈一方面增强了我们继续制作在线课程的信心,另一方面使我们了解应该如何完善课程,此外,也为我们后期的课程销售奠定了基础。

(三) 搭建课程平台

在做完拼音课程之后,我们又制作了初级汉语听说的第一个课程——

Elementary Chinese Course(HSK Level 1)。该课程总共包含 20 个教学视频。我们同样将这些视频发布到了我们在 YouTube 所创建的频道之中进行推广。此时,我们也开始着手选择或者搭建在线课程平台。

如今有很多在线课程平台可供不同的机构或者个人使用,如 Teachable、Thinkific、Udemy 等。课程创建者往往需要按月或按年向课程平台缴纳一定数额的使用费,也有课程平台按照一定比例向课程创建者收取一定比例的课程销售分红。选择这些课程平台的好处是可以避免平台维护的相关工作,使课程创建者可以专注于课程的制作。我们并没有选择这些已有的课程平台而是利用 WordPress 与课程管理等插件自主搭建了课程平台。然而,坦白地说,这种做法对我们而言不一定是最合适的,一方面是平台开发的过程比较复杂,另外一方面是后期需要花费一定的精力进行管理与维护,而且相较于使用那些已有的课程平台未必会节省许多成本。

完成了课程平台的搭建之后,我们便开始创建完整的课程。每个课程中除了已制作完的教学视频,我们又增加了在线测试以及可供下载的音频、文字等学习资源。在一切准备就绪后,我们在自建的课程平台正式发布了完整的在线中文课程。

(四)销售在线课程

第一次在自建的课程平台进行课程销售时,我们总共完成了 3 个课程的创建,分别是拼音课程(Learn Chinese Pronunciation)、初级汉语听说的一级和二级(Elementary Chinese Courses HSK Levels 1 & 2)。

由于前期我们在 YouTube 视频平台中积累了一定数量的教学视频观看者,因此我们希望将这些观看者引流到我们自建的在线课程平台学习完整的付费课程。首先,我们将付费课程的相关信息插入到我们 YouTube 频道的相关介绍页面以及视频之中,从而使教学视频观看者了解完整课程的获取路径,并引导其中有意向学习完整课程的人去我们的课程网站进行学习。后来,为了进一步引流,我们在 YouTube 频道之中只保留了拼音课程中的 10 个完整教学视频,对于其他教学视频的长度进行了缩减,每个教学视频只做了部分保留。通过这两种方式,我们比较有效地完成了学习者的引流工作。此外,我们也持续地通过其他社交网站进行课程推广。

二、案例分析

在创建立涛中文(Litao Chinese)在线课程的过程中,我们遇到了许多问题,也因此积累了一些经验。下面我想根据所积累的这些经验对国际中文在线课程的开发略作总结与探讨。

首先,国际中文在线课程同传统的课程一样,能否受到学习者认可关键在于它是否能为学习者提供有效的教学帮助。虽然在线课程因其开放性而拥有数量众多的潜在学习者,但是这些学习者在年龄、国籍、母语、学习目的等许多方面存在差异,不同类型的学习者具有不同的学习特点与需求。缺少针对性的在线课程往往难以满足学习者具体的学习需求,也难以赢得学习者的喜爱。因此,在开发国际中文在线课程之前应该对课程所面向的学习者进行清晰的定位,并在此基础上设定合理的教学目标。而在课程开发的过程中,每一个环节的工作都需要紧密围绕所设定的教学对象与目标而展开。

其次,教学视频是在线课程的重要组成部分,对于缺乏专业团队支持的个人课程开发者而言,最好学习与掌握一些基本的视频拍摄与编辑技术。例如,在非专业拍摄场所下所拍摄的视频中可能会出现噪声与回声过多的问题,因此需要了解如何通过布置拍摄场地、使用收音设备等方法获得质量更佳的音频素材以及如何通过视频或专门的音频编辑软件对音频素材做进一步处理。除此之外,灯光与背景在视频拍摄中是非常重要的,因此需要进行合理的规划与布置。以绿幕为背景是视频拍摄中常用的一种手段,在后期视频编辑时能够通过抠像处理去掉绿色背景,这样就可以灵活地改变背景的颜色与样式,调整视频中人像的大小与位置从而获得更好的视频效果。如果能够使用绿幕进行拍摄并掌握视频抠像这类常用的视频处理方法就能够更加灵活地进行教学视频的制作。一些专业的视频编辑软件如 Premiere、Final Cut 等具有强大的视频编辑功能,这些视频编辑软件中一些基本的、常用的编辑方法并不是难以学习的,掌握之后便能够在一定程度上提高教学视频的质量。

最后,课程创建者应该多关注与了解课程市场并掌握一些基本的课程推广技巧。对于国际中文在线课程而言,课程创建者需要调查市场中存在哪些中文课程并分析这些课程具有哪些特色以及存在哪些问题,由此能够为自己的课程创建提供某些借鉴或启示。在借鉴他人课程创建经验的基础上尽量增强自己课程的特色才能避免自己所创建的课程趋于同质化,从而获得更多学习者的青睐。课程开发完成之后,课程创建者需使学习者发现所创建的课程、了解课程的特色,因此需要对课程进行推广。对于课程推广的一些基本技巧,课程创建者可以在网络中搜索到许多相关的知识或他人所分享的经验,例如,在线课程的题目与内容介绍中应该如何融入搜索关键词,课程的封面应该如何进行设计才能引起注意,等等。此外,要善于发现受欢迎的中文课程是如何进行推广的。例如,我们需要调查这些受欢迎的课程通过哪些网络渠道进行了宣传,需要分析与学习这些课程的宣传博文或帖文如何获得了大量的点赞、转发或互动。

总的来说,开发国际中文在线课程会涉及课程平台的选择或搭建、课程设计、教学视频与练习的制作、课程推广以及课程管理等诸多方面的工作,虽然这些工作有一定的复杂性,但是能够为我们扩展国际中文教学的途径,提升我们进行国际中文教学的能力与乐趣。

学习产品中的教学设计

尹婷婷　上海交通大学人文学院

作者简介

　　本科毕业于上海交通大学日耳曼文学专业,硕士毕业于上海交通大学国际中文教育专业。硕士期间曾作为志愿者赴德国海德堡大学孔子学院任教一年半,2014 年毕业后又作为公派教师赴德国海德堡大学和 SRH 大学任教两年。回国后任教于上海一所学校,2020 年至 2022 年在某 IT 公司任产品教研,主要负责汉语教学方面的产品开发。2022 年至今在某制造业公司任人力数字化产品经理,主要负责人力数字化产品开发及优化。

　　一门课程与一个学习产品最根本的目的是一致的,都是为了让学习者/使用者能够掌握一定的知识并学会如何运用,而它们达到这一根本目的的过程却大不相同。教师在一门课的实际教学过程中可以看到学生的实时反馈,从而可以通过灵活地转变教学方法、增加/减少相应的教学环节等来达到教学目标;作为一名产品教研,则完全与之相反。产品教研不能直接接触到产品的使用者,收到的反馈都是间接的、滞后的,灵活度受限于产品功能,因此需要在产品内容设计之初就多维度思考。基于以上几点,从学校教师到产品教研的角色转换就显得至关重要。

　　学校教师和产品教研所处的环境及背景等存在很大差异,本案例主要集中教学过程中,希望能够以笔者工作中实际遇到的问题为例,来简单说明产品教研与学校教师的区别。

一、教案不对?

　　刚开始做产品教研的时候,产品的前期准备工作都已经完成了,笔者需要做的就是给出产品的教学设计。根据以往丰富的教学经验,笔者给出了一份非常详细的"传统"教案,但是却被驳回了。原因是这份教案并不是产品所需要的,而且通过这份教案,其他相关环节的同事无法认知教研想要的呈现方式、展示的内容等。

通过与其他环节同事的交流,笔者才意识到在做产品"教案"的时候,以下两个方面是与传统的教案存在显著差异的。

(一) 每个环节的时长

学习者使用某个学习类的产品进行语言学习的时候,每节课或者说每个环节的时长是非常重要的。如果一个环节时间过长,很容易会让学习者觉得枯燥而中途放弃;时间过短可能达不到预期的学习效果。因此在明确了产品的目标人群之后,需要针对目标人群的年龄、学习目的等来确定每节课的时间长短,而这个时间必定是比实际教学每节课的时间(一般来说是 45 分钟)要短得多的。

以 HSK 的语法点视频为例,在撰写教学视频的脚本时需要注意不同级别的脚本长度并预估拍摄成视频之后的视频时长。一般来说,级别越高,语法越难,相对应的视频时长也越长,但是最长的视频一般也只是 5 分钟左右。

对于儿童来说,他们能够专注的时间一般在 10—15 分钟左右,因此在针对目标人群是儿童的产品教研设计中,需要保证所有环节,如最基础的"学、练、复",总时长不能超过 15 分钟。

因此,如何在短时间内完成对某一知识点的学习闭环设计是作为产品教研的一大挑战。首先,要合理分配各环节的时间。以每节课只有"学、练、复"三个环节为例,如果是新知识的学习,可能会以"学"为主;如果是针对考试中某一项的集中强化,可能需要以"练"为主;如果是以考前总复习为目标,则可能是以"复"为主。其次,要学会取舍。以新语法点的学习为例,由于时间的限制,很难做到把一个语法点讲得面面俱到。因此,作为产品教研,要学会取舍,即识别此阶段此语法点最重要的是什么。如果产品的目标人群是零基础的汉语学习者,产品会通过视频的形式,以真实场景中的对话引出对语法的讲解,以"是"字句为例,有肯定形式、否定形式、带"吗"的疑问形式以及正反疑问形式 4 种。如果这个视频是 5 分钟,那么可以尝试把上述 4 种形式全部讲解完成,但是若视频要求是不超过 3 分钟,那么可能就需要考虑暂时放弃正反疑问句形式的讲解了。当然,这种取舍并不是只需要考虑视频时长,而是需要综合考量各方面的因素。

（二）每个环节的呈现形式

区别于传统课堂，学习产品的所有环节都是通过手机、电脑或者电视等设备完成的。为了达到更好的学习效果，各环节都要选出比较适合的呈现形式。以"学"这一环节为例，是否需要教师出镜，是真人情景短视频还是卡通动画，屏幕中需要展示出哪些内容等都需要产品教研提前确认的。因此在产品"教案"中这些都需要注明，以方便其他同事进行后续的相关工作，如视觉交互设计或资源制作等。

下面以某产品的汉字学习环节中"生"字的学习为例，图1是教研期望的在学习这个字时移动设备中的展示形式。

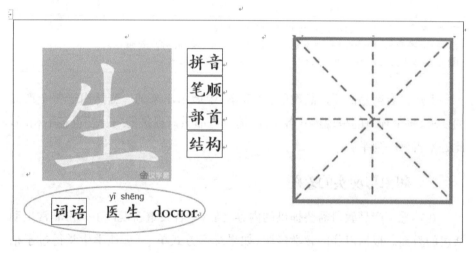

图1

以下是对于图1附加的一些必要的解释说明。

> **知识点：**
> 生字词笔顺笔画，强化训练写字。
> **功能：**
> 系统提供笔顺动画和田字格描红模板。一般情况下"拼音、笔顺、部首、结构"是收缩起来的，点击相应的模块会出现相应的内容：
> （1）点击 拼音 会在 拼音 右侧显示出汉字的拼音，同时播放汉字的音频。
> （2）点击 笔顺 会从头开始播放汉字的笔顺动画。

(3) 点击 部首 会在 部首 右侧展示出汉字的部首。

(4) 点击 结构 会在 结构 右侧展示汉字的结构。

以上四部分在第二次点击时会重新隐藏所显示的内容。

(5) 词语 模块会一直显示,点击后会播放词语的音频。

要求:

(1) 屏幕上方居中显示本课所学的生字(固定数量 4 个),字体是楷体。

(2) 屏幕左侧(一直屏显)笔顺动画＋词的拼音(注意 ɑ 和 ɡ 的写法)＋词的汉字＋词的翻译(若无法组词,则蓝色圈出的部分删除,完全空白,如"在")＋"拼音、笔顺、部首、结构"四个功能按键。

(3) 屏幕右侧显示田字格:田字格内先出现镂空的汉字边框,供学习者描红,每一笔均需要实时评测反馈,待描完之后,出现空白田字格,学生可以自由书写,整体书写完成之后给评测反馈。

下面是为了支持以上功能所需要的资源。

文本:汉字、汉字拼音、词语、词语拼音、部首、结构
音频:汉字音频、词语音频、每个笔画(撇、横、横、竖、横)的对应音频
图片 & 其他:空白田字格、带汉字底纹的田字格、笔顺动画

上述内容都是需要产品教研在"教案"中展示出来的。当然由于每个产品的要求、每个环节的呈现形式各不同,需要产品教研提供的"教案"也各不相同,此处不再一一列举。

二、想象与现实的差距

在熟悉了产品教研需要提供的内容之后,笔者又重新设计了一份非常生动活泼的教案。根据以往的教学经验,如果练习方式单一,会让学生觉得过于枯燥,所以在上课时,教师通常会采用各种不同的练习方式,在保证趣味性的同时达到预期的学习目标。因此,在最新的产品教案中,笔者设计了多种练习方式,包括但不限于小游戏、选择、连线、配对、跟读等,同时也非常详细地注明了各部分的练习目的、期望的功能以及相关要求等。然而,这份教案却再次被驳回了,原因是没有考虑到实现的难度。

通过与产品、交互、研发等同事的交流,笔者才了解到,这些在教师看来非常简单的小游戏、题型等,如果呈现在产品中,其背后都有一套非常复杂的交互设计和程序代码作支撑,而如果为每一课都设计不同的练习环节,那么交互、研发等同事的工作会成倍增加,整个产品的成本也会成倍增长,这对一个产品来

说是非常不合理的。

沟通过后，根据产品的项目周期以及实现的难度，笔者在保持题型一致的基础上又努力做到了多变。比如说，"选择"这个题型：可以是听音选择正确答案，也可以是听音选择正误；可以是看句子选词填空，也可以是看句子选择正确回答；可以是看句子选图片，也可以是看图片选择正确的词语；等等。终于最后一版的教学设计思路被采纳了。

当然，在产品项目周期允许的范围内，除了实现的难度，作为一名产品教研，也要考虑到很多其他因素，比如说资源的制作难度、成本等。

三、接受不完美

作为一位教师，通过经验的积累、课后的教学反思、优秀课堂的观摩等，逐步打磨自己的教学技巧和方法，从而在上课时能更加得心应手，更好地完成教学目标。产品也是如此。一个产品并不是可以直接从 0 到完美，首先需要实现从 0 到 1 的过程，然后再通过用户的反馈、市场的调研、技术的提升等逐步迭代完善。因此作为产品教研，要能够接受这个产品最初的"不完美"。

以笔者所负责的某产品中的古诗模块为例。在产品的 1.0 版本中，只有古诗的动画视频和逐句的跟读评测；在 2.0 版本中增加了古诗的背诵环节并对所有古诗进行了难易度的分级；在 3.0 版本中，增加了古诗闯关的小游戏，即对出古诗的下句，闯关失败后会自动推送出错的古诗，进行强化学习。这是一个模块不断迭代和完善的过程，相信以后的 4.0、5.0 乃至更高版本的产品中，又会有更多不同的功能、不同的内容。

一个产品的内容并不是一成不变的，因此作为产品教研，完成初期的教研设计之后，需要时刻注意市场及用户的反馈和产品的需求，帮助产品不断迭代优化。

以上就是笔者在从事产品教研工作过程中的一些经验，以及切身感受到的产品教研与学校教师的区别，不一定完善，希望能为有志从事产品教研工作的同学提供一定的参考。

我在科大讯飞修试题

陈沛亨　深圳市育才中学

本科毕业于上海外国语大学,主修法学,副修英语语言文学,并于华东师范大学辅修汉语言文学两年,硕士于上海交通大学攻读国际中文教育专业。研究生期间担任两个学期的留学生课程中国文化概论课助教,并于科大讯飞股份有限公司做汉教产品方面的实习。硕士毕业后就职于深圳市育才中学。

汉语水平考试(简称为"HSK")是为测试母语非汉语的汉语学习者之汉语水平而设立的一项国际汉语能力标准化考试,其对于推动汉语国际教学具有重要的意义。在对外汉语教学和学术研究中,教师和学者的着眼点往往在于教学内容、教学方法和习得情况,某种程度上忽视了语言测试这一重要的反馈手段,而高质量的模拟题却是汉语学习者所需要的。结合 2022 年下半年在科大讯飞股份有限公司"考试与语言学习产品线研发部"的实习经历,笔者将简要探讨参与汉语水平考试模拟题审修工作所带来的启示。

汉语水平考试模拟卷与汉语教学有较大区别,既需要考虑等级大纲的词汇、语法等方面的要求,又需要考虑语料内容、文字表述、题型要求等诸多因素。但另一方面,打磨汉语水平考试模拟卷的根本目的是与汉语教学、习得相适应,为国际中文教育提供良好的反馈方式。

一、你好,HSK 模拟卷

2022 年 9 月,笔者得到上海交通大学人文学院汉教中心外派实习的消息后就立即报名并进行准备,在班级里其他同学都放弃实习机会的时候,笔者仍然坚持前往合肥科大讯飞总部进行实习。即使已经预料到实习途中会有很多不确定性,会经历工作、学习、环境和心理等方面的考验,但是笔者认为科大讯飞作为中国最负盛名的科技企业之一,在此开展与专业相关的实习是难得的和有意义的。

作为中国最大的智能语音技术提供商,科大讯飞在智能语音技术领域有着长期的研究积累,并在中文语音合成、语音识别、口语评测等多项技术上拥有国际领先的成果。公司所涉及的生产和经营领域是多方面的,在"考试与语言学习产品线研发部"同时也开展了与汉语教学、学习和考试相关的产品研发工作。

实习期间,笔者的主要工作是审核、修订汉语水平考试3级至5级水平的模拟卷(含返修工作)。此外,工作还包括整理汉语水平考试(HSK)和中小学生汉语考试(YCT)用图、为中国少数民族汉语水平等级考试(MHK)模拟卷作文部分撰写参考答案等。

刚入职时,负责笔者实习工作的负责人都非常和蔼,对笔者开展入职培训,耐心教育笔者如何进行汉语水平考试模拟卷审修工作,在每套模拟题完成审修后,负责人都会进行认真的审阅,并给出下次需要注意的地方,这些都帮助笔者很好地进入了工作状态,逐步熟悉了汉语水平考试模拟卷的审修工作。

HSK是一项国际标准化考试,重点考查汉语非第一语言的考生在生活、学习、相关工作中运用汉语进行交际的能力。旧版的考试等级包括HSK1级到HSK6级共6个级别。2021年7月教育部发布了《国际中文教育中文水平等级标准》,这就是新版的HSK考试,新版标准将考试划分为9个级别。在实习过程中,实习单位仍然要求按照旧版6级的标准进行模拟题审定和发布。

笔者进行的汉语水平考试模拟题的审修工作主要是支持国际中文智慧教育云平台的题库建设,该平台由科大讯飞开发和运营,能为汉语学习者提供基于新科技的学习方式和反馈形式,是汉语推广的新思路。实习期间,笔者没有参与该平台的具体建设,而是将审修好的模拟卷提交相关负责人,后续用于该平台的题库扩充。

二、审修工作关键词:精益求精

如果需要将科大讯飞国际中文智慧教育云平台的题库建设(汉语水平考试模拟卷专项攻关)工作"一言以蔽之"的话,笔者认为就是"精益求精"。这种"精"表现在模拟卷审修的各个方面和细节。

第一,模拟卷审修需要紧扣大纲,决不能超纲命题。作为汉语母语者,无论是出题者还是审修者,都会或多或少地把母语者的主观感觉带入工作之中,而相应的问题必将接踵而至,影响模拟卷的质量和效果。因此,在审修前和审修过程中,务必多翻、多熟悉大纲,根据大纲列明的对应级别的应用话题、语言任务、交际任务、词汇列表、语法点明细、题型要求等进行审修。笔者所参照的大纲是人民教育出版社 2015 年出版的《HSK 考试大纲》。以 5 级为例,大纲考查考生的汉语应用能力,涉及体验感悟、文学艺术和自然等 9 大话题,涵盖租住房屋、制订旅行计划、人际交往等 12 个语言任务;要求考生能用汉语就比较抽象或专业的话题进行讨论、评价和发表看法,能较轻松地应对各种交际任务;考试对象主要面向按每周 3—4 课时进度学习汉语两年以上,掌握相关话题、任务、语言点及 2 500 个常用词语的考生;5 级考试共 100 题,分听力、阅读、书写三部分。因此,熟悉大纲是进行有效审修工作的前提和关键。

第二,在审修过程中,无论是形式还是内容上的把关都需要注意细节,多加思考,反复揣摩,合作研究。根据项目负责人提出的工作要求,审修工作要从形式和内容方面进行多角度的展开。

在形式方面,各技能、部分的题型、题量要求与大纲中的样卷一致,而各技能、部分的篇幅需要与历年真题该部分字数的平均值相近(上下浮动最多 100 字)。这就需要审修时把握好增减字数的幅度,同时也要兼顾表述的完整性和真实性,削减字数时不能使题目缺胳膊少腿,增加字数时也不能啰唆、重复。

在内容方面,首先要把握的是语言难度,即词汇的等级问题,这可以通过"唐风汉语"进行在线检测。项目负责人要求,每道题都要包含当级词,其中 1—4 级不允许出现超纲词,5 级超纲占比约 15% 以内,6 级则不限。判断是否属于超纲词除了以词汇大纲作为参照标准,还需要兼顾词性、"词本位"和"字本位"等。例如,在生词"前面"和"里"的基础上,使用"里面"则不算超纲;作为语气词的"喂"用于表示动词(高级用法),则可能超纲;"互相"(副词)和"相互"(可用作形容词)尽管只是语素颠倒,但是后者是高级用法,可能超纲。

第三,语言表达规范自然,不得出现错别字、标点使用不当、病句、语义逻辑混乱等明显问题。对于一套模拟卷,尤其是高级卷,总字数会超过 10 000 字,对于个别字词、标点使用不当很难察觉,这就需要练就火眼金睛,严防任何一个漏网之鱼。语义逻辑上的问题就更难察觉,需要认真阅读和思考每一个语句表述。因此,审修一套高级卷模拟题常常需要 2—3 天时间。

第四,语言表述要真实地道,避免生硬,同时要简洁。由于受到词汇量的限制,有些汉语母语者的日常表述常常无法用于试题中,这就需要更换表述甚至是整道题更改。例如，"共享单车"在题目中最好表述为"公共自行车"。

第五，在话题、功能的语料选择上也要严谨对待。首先是必须避免宗教、政治、死亡、暴力、性等敏感内容。其次是需要避免庸俗、无聊、空洞的语料，传递积极、健康、有价值的信息。再次是坚持立足中国实际，强化导向性和宣传性，展现可信、可爱、可敬的中国形象，促进外国学生热爱中国文化、中国社会、中国人民。最后是坚持内容具体，避免抽象、形而上的材料，不选用抒情写意散文、诗歌，以及哲理性较强的材料。

第六，对于命题技术，项目负责人也特别进行了嘱咐，客观题的正确答案唯一且准确、选项需要按字数由少至多排列、提问和选项能匹配（避免出现答非所问的情况）、避免出现凭常识可以快速排除或正确作答的情况。例如，如果题目问看到了什么，选项里不能出现"鸟叫"，但是可以表述为"鸟在叫"。又如，如果题目问某人为什么不喜欢这双鞋，选项不能表述为"大小合适"。

三、收获与感悟

在科大讯飞实习的这两个多月里，笔者从刚入职时对汉语水平考试开始有全新的了解到逐渐上手审修试题，再到后来合作定稿，审修和反馈的效率不断提高，专业知识也得到了实践的考验和积累。笔者主要成果是审核、修订（包括不合格的需要返回出题人修改的）、完善并定稿了 35 套汉语水平考试 3 级至 5 级水平的模拟卷。此外，还对汉语水平考试（HSK）和中小学生汉语考试（YCT）用图表进行了归纳整理，撰写了中国少数民族汉语水平等级考试（MHK）的部分模拟卷的作文参考答案。总之，实习期间的工作是对笔者的一种提升和磨砺。

首先，笔者对汉语水平考试和该考试的难度等级要求有了更深的了解。汉语水平考试作为测试母语非汉语的学习者之汉语水平的标准化考试，其对于推动国际中文教育发展具有重要的意义。审修汉语水平考试模拟卷的实习工作让笔者更加了解该项考试出题工作的不易，出题者既要考虑到考试大纲，也要注意语言表述，因而细致认真、脚踏实地是实习工作的重要要求。同时，不同等级大纲的要求和试题难度都不同，这就需要汉教工作者能够熟悉大纲并用活大纲，依靠大纲进行词汇、功能和语法点的具体设定。作为国际中文教育专业的学生，了解和熟悉汉语水平考试有利于我们更有针对性地进行教学。

其次，笔者对国际中文教育工作有了更深的认知。在具体教学实践中，教授语言点和词汇等知识和技能十分重要，是国际中文教育的重点任务，除此之外，测试评估和教学反馈也是汉语教学的重要环节。充分利用汉语水平考试等测试机会，可以有效地进行区分能力水平的语言教学，补充和支持国际中文教育工作。汉语水平考试是测试汉语学习者掌握程度的重要考核方式，也是传播中华文化、展现中国形象的一个窗口，教书育人的本质和责任会在语言测试的实施中得到生动的体现。

再次，以科大讯飞为代表的科技企业为汉语教学、学习和推广引领了方向。笔者认为，国际中文智慧教育是国际中文教育在信息化时代的新样态，是中文国际传播的创新之举与有益实践，对增强国际中文教育的传播力、影响力，拓宽中文学习方式、中华文化国际传播途径都具有重要意义。

最后，通过这段实习，笔者对汉教人的责任有了更为深入的理解。汉语是世界上使用人口最多的语言，中国也是世界上发展最为迅速的国家之一，汉语的推广具有前所未有的时代意义。国际中文教育专业就是要培养从事国际汉语教学与汉语国际推广工作，以及相关文秘工作的双语型、跨文化、实践型专门人才。习近平总书记在党的二十大报告中指出："要坚守中华文化立场，提炼展示中华文明的精神标识和文化精髓，加快构建中国话语和中国叙事体系，讲好中国故事、传播好中国声音，展现可信、可爱、可敬的中国形象。"而国家语言文字方面的"十三五"发展规划也要求，必须建设"适应面广、影响力大、权威性强的全球中文学习网络平台"，服务国内外中文学习者。作为国际中文教育事业的参与者，我们青年学生应当锻炼实践本领、提升综合素质，在以后的工作中为推广汉语和传播中华文化做出自己绵薄而有意义的贡献。

线上中文学习资源开发

——基于科大讯飞实习经历的思考

朱娱薇　上海交通大学人文学院

作者简介　本科毕业于山东大学国际中文教育专业，硕士就读于上海交通大学国际中文教育专业。硕士期间在科大讯飞股份有限公司实习，实习职位为资源工程师助理，在工作考核中被评为"优秀实习生"。

随着现代教育技术的发展与进步，国际中文教育从传统的课堂教学方式延伸到不受时间和空间限制的线上教学，学习中文的渠道也在信息化发展中得到了拓展，各类线上学习平台在"互联网＋"时代蓬勃发展。在信息化时代的大背景下，中文教师需要更丰富、更多元化的教学资源辅助教学，提高课堂教学、语言测试等教学环节的效率和质量。另一方面，对于中文学习者来说，他们对于中文学习资源的需求也不再局限于传统的纸质资源，而是希望通过互联网获得更多样、更便捷、更符合个人需求的学习资源。基于以上变化，国际中文教育相关产品开发者需要建设线上中文学习资源库。

笔者在科大讯飞股份有限公司实习期间参与了国际中文智慧教育云平台项目，完成了教科书资源的搜集整理、习题答案编写等工作。本文将结合个人的实习经历与实习感悟探讨信息化时代线上中文学习资源开发的相关问题。

一、平台介绍

国际中文智慧教育云平台是以全球中文学习平台建设为基础，利用人工智能技术，针对不同中文学习场景而设计的智能语言学习平台，该平台包括教师端、管理端、学生端三个用户端。教师端为中文教师提供备课、授课、测试等教学环节的辅助工具,管理端为学校管理者了解学情、科学决策提供数据支撑,二者均以网页形式运行。学生端则包含网页和手机 App(e 学中文)两种使用途径,能够满足学习者随时随地学习中文的需求。

总体上看,国际中文智慧教育云平台包含了七大产品特色,其中非常重要的一个特色是该平台包含了海量中文教学和学习资源。教师端的资源中心涵盖了全版本的教科书、教案、课件、试卷、练习等教学资源,还能依托星火大模型智能生成课件、教案、试题等资源,能够有效提高教师备课、教学的效率。在学生端,e 学中文 App 包含了学习、考试、教科书等模块,收录了 AI 语法课程、中文学习音频与视频、中华文化相关视频、IISK 全真模拟试卷、各种中文教科书的同步练习等资源,能够满足学习者自主学习中文的各类需求。

二、工作成果与收获

在实习过程中,笔者参与了国际中文智慧教育云平台的资源制作工作,编写、整理了《博雅汉语》《发展汉语》系列教科书的部分练习题的参考答案,在此期间完成了《博雅汉语·初级起步篇Ⅰ》《发展汉语(第二版)·初级综合Ⅰ》《博雅汉语·准中级加速篇Ⅰ》《博雅汉语·中级冲刺篇Ⅰ》《博雅汉语·高级飞翔篇Ⅰ》课后练习题参考答案的编写,共计 5 本教科书,105 课。

笔者在之前的专业课学习中对比过各种汉语教科书的编写特点,当时的注意力更多放在整本教科书的谋篇布局和课文的编排等方面上,这是笔者第一次完全专注于中文教科书的习题部分。在参考答案编写过程中,笔者注意到既要站在中文教师的角度考虑每一题考查的知识点,又要站在中文学习者的角度思考学生当前的水平能够使用哪些语言点、写出什么样的答案。笔者在工作中也逐渐认识到了中文教科书中的习题资源的重要性。

这一阶段的工作给笔者带来的最直接的收获是感受到了《博雅汉语》《发展汉语》部分教科书的编写风格及其在练习题编写方面的特色与差别。从纵向上来看,《博雅汉语》系列教科书的习题在难度、数量、内容丰富度、自主学习的要求上都有循序渐进的特点:初级阶段强化发音训练并有听辨练习,而且在每课最后一题设置了汉字练习,以提高学习者汉字书写及组词能力;准中级阶段注重阅读、理解能力的训练,语言点的讲练也单独开辟了板块,另外还注意培养学习者汉字部件系联、组词的能力;中级阶段的副课文独具特色,在课文内容选取方面也求精求新,很多课文都颇具趣味性,另外也加强了语段练习力度;高级阶段特别注重词义辨析,练习安排也很有逻辑。从横向上来看,与《博雅汉语·初级起步篇Ⅰ》相比,《发展汉语(第二版)·初级综合Ⅰ》的突出特点就是其对拼音书写的重视,很多题目在要求学习者完成句子的同时写出对应的拼音,在编写时能够明显感觉到答题时间有所增加。由此可以发现,不同的中文教科书都有其鲜明的特点,在进行线上中文学习资源开发的过程中,应当集百家之长,建设丰富多元的资源平台,以满足不同中文教师、不同类型的中文学习者的需求。

三、关于线上中文学习资源开发工作的思考

在国际中文智慧教育云平台项目工作中的收获,不仅深化了笔者对于已有传统教学资源的认识,还促使笔者进一步思考了信息化时代线上中文学习资源开发时需要考虑的因素。

第一,线上中文学习资源的开发需要立足于传统的中文学习资源。随着几十年来国际中文教育事业的发展与积淀,我国已经编写、制作了大量各具特色、各有侧重的中文教科书和相关教学资源,目前很多经典的教科书仍在作为中文教师授课的教学资源。然而笔者在参与资源制作的过程中发现,像《博雅汉语》《发展汉语》这类知名度高、使用范围广的教科书,在互联网上还很难找到关于教科书课后习题参考答案的信息,而这些信息对于中文教师和学习者来说又是必要的。鉴于目前中文教学仍然需要各类中文教材作为教师教学和学生学习所依据的材料,笔者认为线上中文学习资源的开发应当重视国际中文教育中已有的传统教学资源,以其为基础建设中文教学与学习资源库,相信这能够有效提升教师的备课和教学效率,同时也能为中文学习者自主学习提供便利。

第二,线上中文学习资源的开发需要发挥网络平台的优势,提供多样化的中文学习资源。与传统的纸质学习资源不同的是,以网页或者手机应用为载体的线上中文学习资源不仅能够收录教科书、图表等资料,还能容纳教学课件和教学音像等多媒体资源。科大讯飞国际中文智慧教育云平台的教师端能够为中文教师提供教材、教案、音频、课件等资源,支持教师利用云平台内置资源创建备课包;学生端提供语法课程视频、发音视频、听力音频、日常对话材料等海量多媒体资源,学习者可以根据需求查找各类型的学习资源。平台集成的不同类型的中文资源能够让教师备课更省时、省力,收到更好的课堂教学效果,也能让学习者自主开展中文学习、技能训练等活动,通过更直接、更多样的资源解决中文学习过程中遇到的问题。

第三,线上中文学习资源的开发应当考虑学习者的个性化需求,智能化推荐学习资源。从开发者的角度来看,线上中文学习资源平台在建设过程中需要制作、整理大量资源以提高平台的实用度;而从中文学习者的角度来看,学习者之间又存在个体差异,如果能快速在平台中找到适合自己、满足自身需要的学习资源,中文学习的效率和舒适度也许能够得到有效提升。笔者在工作之余也以中文学习者的角色体验了 e 学中文 App 的相关功能,在使用中发现平台能够利用先进的人工智能技术为学习者制定个性化的学习方案,并进行实时的反馈和指导。该应用在进入学习前会要求用户选择正在学习的中文水平等级,以此初步筛选出符合用户学习目标的学习资源,随后在具体学习过程中,系统也会根据学习者反映出的语言能力进一步推荐合适的学习资源。例如,在"AI 中文课"模块,学习者可以通过 AI 智能评测进行诊断测试,从多个维度了解自身语言水平,系统会根据测试结果提供学习报告,最后通过 AI 推荐让学习者找到适合自己的课程资源。

第四,线上中文学习平台需要结合先进技术优势,优化资源的使用体验。不同于传统的学习资源,线上中文学习平台可以尝试通过借助智能语音技术、人工智能和互联网等先进技术手段实现和学习者的交互,让平台成为"一个随时随地的人工智能老师",不仅能够丰富学习资源的呈现途径,还能够帮助学习者提高中文学习兴趣和效率。以 e 学中文 App 为例,该应用将教学课程资源与练习题目资源相结合,能够巩固学习者的学习成果;能充分利用文本资源为学习者提供口语练习场景,还可以借助智能语音技术分析练习时的中文发音情况并提供问题解答;基于科大讯飞的人工智能技术开发了 AI 语伴、PK 游戏等常用学习工具,可以提高中文学习者的语言使用能力,同时增强学习中文的动力。

以上是笔者在 AI 资源教育部门实习过程中的一些收获与思考,也根据自身实习体验尝试对线上中文学习资源的开发提出一点探索性的建议。希望未来面向国际中文教育领域的线上中文学习资源能够更加丰富、成熟,为中文教师和中文学习者提供更好的资源平台。

新教育技术应用于国际
中文教学案例点评

王骏　上海交通大学人文学院

作者简介

上海交通大学人文学院教授，研究方向为汉语第二语言的习得及第二语言在线教育。主持完成国家社科基金、教育部人文社科基金等多项科研项目。在 *Computer Assisted Language Learning*，*Second Language Research*，《语言教学与研究》《中国文字研究》等国内外核心刊物上发表论文20余篇。主持建设的在线课程《你好，中文》入选首批国家一流本科课程，吸引全球数十万名学习者注册学习。获上海市教学成果二等奖、上海青年语言学者优秀论文一等奖等奖项。

近10年来，科技发展，尤其是移动互联网与人工智能的高速发展给汉语作为第二语言的教与学带来了深刻的影响。徐娟等（2013，2019）具有前瞻性地指出，这一变化趋势表现为教育理念从"普适性"走向"国别化""个性化"；教学模式从单纯的 E-learning 走向 B-learning；教材从"平面型"走向"立体化"；学习资源从"展示型"走向"交互型"；学习方式从"集约式"走向"泛在式"。从10年来的教学与相关研究情况，尤其是新冠疫情三年的实践看，上述变化集中体现在以 MOOC（在线视频课程）为代表的自主化学习资源、在线直播教学以及基于人工智能技术的教学辅助工具运用这三个领域，与之匹配的教师、教材、教法的问题同样引起了学界的关注。这些领域的高速发展也给汉语第二语言习得研究提供了全新的视角和突破口，从而进一步深化了教育技术发展对于国际中文教育的促进作用。

以上述三个领域的技术发展为代表，国际中文教育界正在深入思考其给教学资源建设、教学方法改革，以及教师定位转变带来的影响（谷陵，2023；高娜等，2023）。教育技术领域再次发生了革命性的变化，由此也进一步引发了教育理念、教学模式、教师地位等领域的再思考乃至重构。国际中文教育自然概莫能外,上海交通大学国际中文教育硕士生群体也在这一方面努力实践。无论是在学期间还是毕业之后,在国内还是在境外,在公办学校还是业界的教学科研机构,乃至独立创业,这些年轻的新手教师为我们贡献了一批具有代表性的案例。从中,我们得以总结培养模式、课程设置以及实践指导方面的得失,同时,也能够从人才培养角度,以毕业生的能力构成和职业发展潜力和前景为参照标准,对本专业的发展前景和趋势作出展望。

以下是具体案例分析及点评。

一、章近勇的《海外孔子学院新冠疫情下的线上教学——澳大利亚新南威尔士大学孔子学院特色项目》

新冠疫情不仅给国内的汉语教学带来了困难,对于海外孔子学院的中文教学工作同样造成了巨大的冲击(吕振华 等,2021)。为了克服这些客观的困难,我们的汉硕志愿者积极利用移动互联网和短视频技术,作出了卓有成效的探索。章近勇同学在澳大利亚新南威尔士大学任教期间,面对汹涌而来的疫情,当地几乎全部的中文课教学都不得不转到了线上。为了克服这个不利的环境,在孔子学院工作的章近勇积极发挥能动性,利用在线教学技术,参与了三项卓有成效的工作:《功夫袋鼠》系列视频、线上教学工作坊以及线上汉语角。

通过这些活动,我们发现利用互联网技术,我们可以实现高效的教研探讨和文化展示。在正常情况下习以为常的互联网应用和工具,在特殊的情况下的确可以起到显著的沟通和传播效果。比如,Kahoot 软件如何应用于中文教学,通过在线工作坊的形式展示和交流,效果很可能要优于传统的线下教研活动,因为所有参与者都在屏幕前,能够更清晰地观察软件界面上的操作,通过文本信息互动的效率也可能会高于你一言我一语的交流,有助于参与者更快地掌握该应用。在线汉语角由于选题得当,同样不影响参与者的实际文化体验。重要的是,随着疫情过去,这些在疫情中积累的利用网络进行互动式教学的经验,可以一直保留下去,为教学形式的丰富新增一些选项。这一点,不光是对于国际中文教育硕士或者中文教学志愿者群体有价值,对全体国际中文教师也有很大的借鉴价值。

当然,对章近勇同学帮助最大的无疑是能够亲身参与教学视频的制作。作为一项会一直留痕的互联网作品,《功夫袋鼠》系列视频不仅名字取得好,实际的应用效果也佳。如果不是主动运用这些新的教育技术，恐怕很难想象一位硕士生制作的视频能够对数万名学习者产生影响。我们也非常期待章近勇同学能够利用这次实践所积累的经验，在今后的工作中为我们带来更多的课程作品。

二、任福立的《国际中文在线课程开发》

充分地利用基于互联网的教学技术和手段，国际中文教育硕士生就有可能在互联网创业大潮中有所作为，成为伫立潮头的弄潮儿。任福立同学就是这样一位"尝鲜者"。

作为一名较为年长的汉硕学生，在入学前，任福立同学就有过较为丰富的工作经验。难能可贵的是，作为一名热爱国际中文教育的专业人士，他与搭档一起，成为第一批在互联网上独立教授中文课程的"网红"教师。与依托学校或者教学机构开展工作不同的是，独立创业要求他能够"自力更生"完成所有的工作。在他的案例介绍中，我们看到他承担了从创意、脚本制作、视频录制、视频剪辑、平台推广、课程销售、课程改进等全流程的工作，在这个过程中，他和伙伴也"被迫"不断学习新的知识，并根据学习者的反馈不断调整产品的特点。应该说，这是一个艰苦的创业过程，十多万名注册用户则是对他们努力的回报。

任福立同学的案例给我们很多启示。其中最重要的是，他用行动证明，国际中文教育专业不仅具有很强的专业性，同时也具备着良好的市场潜力，因为潜在的客户位于世界各地，其基数是极其庞大的。这个案例同样也告诉我们，要成为这个庞大市场的弄潮儿，不仅需要具备扎实的专业基础和知识，还需要出色的产品打造能力、推广能力和事业运营能力。刚起步的创业者，显然需要抓住互联网教育技术这个最大的抓手，才能利用相对有限的资源去打开自己的一片天地。我们也期待着能有更多的汉硕毕业生能够独当一面地在互联网国际中文教育这个庞大的潜力市场中闯出一片天地。

互联网教育技术的发展，给国际中文教育硕士生乃至整个国际中文教师群体提出了很大的挑战，但更带来了巨大的机遇（周满生，2018）。从上海交大汉硕同学的上述案例中，我们可以看到，很多同学抓住了这个机遇，或者说，积极地拥抱了这些技术的变化。通过不断的学习、探索和实践，他们把这些新的技术资源运用于日常的专业工作中，积极地推动着国际中文教育事业在技术、模式层面的重构，为全世界的中文学习者带去了全新的学习体验和更高的学习效率。他们有的努力把传统的学习、考试资源电子化、在线化,有的通过在线产品和课程的建设服务于数量众多的学者,有的更是亲身实践,成为移动互联网时代教育行业第一线的实践者。当然,我们也看到了上述领域存在的一些不足,主要包括:其一,汉硕学生的知识技能的复合性还不够,绝大部分学生还只能从产品设计的角度提出方案,还比较依赖信息科技背景的合作者才能打造完整的产品;其二,学生对于教育技术发展的前沿理论、理念和手段还比较缺乏主动学习了解的意识,尚未能够率先提出创新性的第二语言教学模式、方法的改革。这固然需要今后的学生继续努力,但更主要的是由于目前汉硕培养模式,或者说培养方案有待进一步的改革,需要顶层设计者、汉硕指导教师、广大国际中文教师群体和我们的同学一起努力。我们相信,今后的国际中文教育硕士群体,一定能够更全面充分地掌握前沿的教育技术,从而给我们这个行业带来革命性的变化。

三、尹婷婷的《学习产品中的教学设计》

教育技术的应用是一个系统工程。当新技术得以综合全面运用的时候,就能把传统的课堂转化为具体的互联网产品,更为便捷地造福数以亿计的全球中文学习者(徐娟 等,2007)。汉硕尹婷婷同学 2014 年毕业后,投身业界,长期从事互联网教学产品的开发工作。她提供的一些经验十分值得我们思考。

比如教学(视频)产品的长度,这看似不是一个重要的课题。然而,从实际的开发经验出发,尹婷婷同学却提出了这个要素的重要性。在我们看来,这是一种从用户角度出发的全新视角,足见在业界的长期浸润对学生成长的助力。再比如简单的一个"生"字,尹婷婷同学的设计方案中,体现了字形、字音、字义、笔顺、部首、语境、动画等多维度、多模态的思路,也足见其专业能力的进步。

当然,更值得参考的是她在宏观上的一些思考与感悟。比如产品的开发者不是独立工作的,如何与负责技术的同事合作,考验着产品开发者的沟通能力。所有成功的产品也不是一蹴而就的,不断迭代,不断改进才能得到用户的持续认可。这些认识,即使是从从业多年的专业教师角度看,都觉得非常有见地。

四、陈沛亨的《我在科大讯飞修试题》

传统的汉硕培养模式关注语言要素、语言技能的传授能力,以及对于大纲制定、教材选编、课堂教学、语言测试等具体教学环节的实践操作能力。然而,当这些传统环节和现代的网络教育技术结合时,却对专业的国际中文教师提出了新的挑战(吴砥 等,2020),陈沛亨同学就有幸在硕士在读期间获得了这样的实践体验机会。

在科大讯飞公司实习期间,陈沛亨同学的主要职责是 HSK 考题的整理与上传。出乎他意料的是,虽然是完全专业对口的工作,然而,当这些题目需要用于面向成千上万用户的在线平台的时候,其对科学性和严谨性的要求是远超平时的。他用"精益求精"来形容这个工作的内涵。比如,对大纲标准的严格依照、对量化指标的严格贯彻,这些字面上容易理解的要求,其难度及对精力投入的要求却在教学实践中得到了充分的体现。此外,语言表达要自然简洁,话题选择要切合社会实际同时又要在意识形态方面加以特别关注,这些平时在课堂上较少涉及的话题,也被陈沛亨同学在实践中"悟"到了。

虽然本次实践没有涉及核心的 IT 技术,然而可贵的是它帮助同学树立了互联网产品的概念,同时在教育类的互联网产品和平日所学的专业基础知识之间建立了十分具体的联系。陈沛亨同学最后由衷感叹:"国际中文智慧教育是国际中文教育在信息化时代的新样态,是中文国际传播的创新之举与有益实践,对增强国际中文教育的传播力、影响力,拓宽中文学习方式、中华文化国际传播途径都具有重要意义。"这样的认识,相信也会帮助他在专业领域不断成长,在今后的实践中,通过充分利用互联网技术和打造互联网产品的理念来提升教学效果。

五、朱娱薇的《线上中文学习资源开发——基于科大讯飞实习经历的思考》

同样是在科大讯飞公司实习,朱娱薇同学的视角却有些不同。她更多地站在全球中文学习者的角度,去审视新兴的在线和智能化学习资源、方式与传统纸质教学资源的不同,并进而提出自己的思考。

她参与了国际中文智慧教育云平台的资源制作工作,编写、整理了《博雅汉语》和《发展汉语》系列教科书的部分练习题的参考答案。利用这个难得的机会,她得以重新思考这些在业界得到普遍认可的教材,在科技化转型的背景下应当如何评价。她得到的四点结论很有启发意义:

第一,线上中文学习资源的开发需要立足于传统的中文学习资源。

第二,线上中文学习资源的开发需要发挥网络平台的优势,提供多样化的选择。

第三，线上中文学习资源的开发应当考虑学习者的个性化需求，智能化推荐学习资源。

第四，线上中文学习平台需要结合先进技术优势，优化使用体验。

这些认识，也恰恰是学界近年来的共识。令人意外和欣喜的是，我们的国际中文教育硕士通过教学实践而非课堂学习，能够自行总结出这些观点。那么下一步，我们十分期待他们能够在实践中去把它们落到实处。

参考文献

[1] 徐娟,史艳岚.十年来数字化对外汉语教学发展综述[J].现代教育技术,2013,23(12)：54-58.

[2] 谷陵.ChatGPT对国际中文师资培养的影响与应对[J].云南师范大学学报(对外汉语教学与研究版),2023,21(03)：63-70.

[3] 高娜,翟艳.线上教学背景下汉语教师职业认同研究[J].语言教学与研究,2023(04)：34-45.

[4] 徐娟.从计算机辅助汉语学习到智慧国际中文教育[J].国际汉语教学研究,2019(04)：77-83.

[5] 吴砥,周驰,陈敏."互联网＋"时代教师信息素养评价研究[J].中国电化教育,2020(01)：56-63.

[6] 吕振华,赵忾.后疫情时期在美孔子学院面临的挑战与对策[J].华北水利水电大学学报(社会科学版),2021,37(02)：110-114.

[7] 徐娟,史艳岚.论信息技术与对外汉语课程整合[J].外语电化教学,2007(04)：63-68.

[8] 周满生."互联网＋"全民信息化时代汉语教学人才的培养[J].华南师范大学学报:社会科学版,2018(05)：26-28.

跨文化交际案例

中国和新西兰的文化差异

由玥　新西兰奥克兰大学

教育学博士,2013 年毕业于上海交通大学国际中文教育专业,获硕士学位;2021 年毕业于新西兰奥克兰大学教育学院,获博士学位。主要研究方向为汉语教育及教学法、职前及在职教师信念以及中文教师发展。

随着国际中文教育事业的不断发展,越来越多的志愿者和汉语教师们开始走出国门,为世界各地的汉语教育事业做出贡献。作为一名国际中文教育专业的学生,我于 2014 年赴新西兰奥克兰孔子学院担任了为期 10 个月的汉语志愿者,并于 2016 年底再次返回新西兰攻读博士学位。在过去的几年中,我完成了从学生身份到教师角色再回到学生身份的转变,也在经历了各种各样的问题和困难后渐渐适应并融入了当地的生活。

初到新西兰,一切都充满了未知和新鲜。在短暂的蜜月期结束之后,和大多数初到国外的国人一样,我很快便体验到了这个陌生国家带给我的文化冲突。

对于很多人来说,出国的第一项挑战来自语言能力。虽然在来到新西兰之前,我们已经在国内学习了十多年的英语,也自信自己可以以应对最基本的日常交流。然而真正到了新西兰以后,却发现以前的书本知识并不可靠。作为一名汉语志愿者,我是任职学校里唯一的中国人,所以每天的交流全都要靠英语完成。当我走在校园里的时候,当地的老师们都会很热情地问上一句"How are you?"。这在我学过的英语课本上是一个再简单不过的日常对话,多年的学习经历让我总是下意识地回上一句"I am fine, thank you, and you?"。后来在观察了一段时间之后,我发现没有任何一个当地人用这样的句子来回复别人的

"How are you?",他们总是简单随意地回答一句"Good.",或者直接进入其他话题。类似的经历还有很多,比如,新西兰英语会有很多特有的名词,而这些词是我来到新西兰之前从未听过的,第一次听经常会满头雾水。还记得有一次我去商店买人字拖鞋,找了一圈后决定寻求店员的帮助,我问一位店员在哪里可以找到"slippers",店员直接把我带到了睡衣区并向我展示了一整墙毛茸茸的拖鞋。我只好找出一张图片,后来才知道原来在这里,当地人把这种人字拖叫作"jandals",这是一个在词典中无法查到只有本地新西兰人才会用的词语。这些经历让我意识到,原来我们所学到的英语和英语国家的人们日常交流所用的英语,似乎是两种不同的系统。而自然并恰当的语言则是融入当地生活必不可少的要素之一。

如果说语言造成的交流障碍是可以靠学习来慢慢克服的,那么不同国家的文化习惯则是造成文化冲击的根本因素。在初到新西兰的一段时间里,无论是在工作中还是在生活中,我无时无刻不在感受着由文化习惯的差异带来的困扰和压力。

我所任职的学校是新西兰的一所私立学校,从小学到高中都开设了中文课。虽然这所学校很重视中文教育,但是在大环境的影响下,中文课只是一门基于学生兴趣的选修课,学生并没有来自考试的压力。正式开始工作后,我发现新西兰的课堂和中国的课堂有很大的不同,尤其是在小学。上课的时候,学生们大部分时间是围着老师席地而坐,而教学内容则仅限于游戏、唱歌、涂色等。作为助教,我其实并不需要承担实际的教学任务,大多数情况下是帮助当地的中文教师进行小组活动或者是发音练习。可是也有一些时候,由于我所协助的中文教师有其他工作,我则需要负责整节课的教学,这个时候,课堂管理对我来说就是极大的挑战。和我在中国所经历的课堂环境不同,新西兰的小学生们特别活跃,上课的时候经常在教室里跑来跑去。他们也很喜欢挑战我这个看上去和他们长得不一样的外国老师,总是问一些让我答不上来的问题。开始我总是觉得这些小孩子是不是在有意为难我故意让我难堪,后来在和当地教师沟通的时候发现,学生们在其他老师上课的时候也会有同样的表现。在新西兰,学生和教师的关系更平等一些,他们的观念里虽然也有尊重老师的概念,但是也更擅长于表达自我。他们喜欢和老师分享自己的所见所闻,并敢于提出自己不同的意见和见解。

除了日常教学中的课堂文化差异,我所感受到的文化冲突更多地来源于寄宿家庭。作为汉语教师志愿者，我们需要在孔院和就职学校的安排下入住寄宿家庭。虽然这给我们的生活带来了很多便利，也能够帮助我们更好地提高语言水平融入当地生活，但是与寄宿家庭磨合适应的过程却是十分艰难。

首先在饮食文化上，中国人讲究的是"早餐要吃好，午餐要吃饱，晚餐要吃少"。而在新西兰，晚餐才是一天中最重要的。而且当地的早午餐常以冷食为主，经常是一碗牛奶麦片，一片面包或是一份三明治，很少能吃到热食。虽然我努力让自己适应当地的饮食习惯，但还是因为饮食文化的差异和寄宿家庭发生了一次小小的不愉快。在我的寄宿家庭，早餐经常是女主人准备的烤吐司，并习惯在吐司上刷些黄油和果酱。因为刚开始不太习惯黄油的咸味加上果酱的甜味，所以我询问女主人是否可以只涂一层果酱而不要黄油。这个建议引起了她的不满，她认为面包是必须搭配黄油的，如果我想要二选一，那我可以不涂果酱但是一定要涂一层黄油。虽然后来她也了解到，原来在中国我们是不常用黄油搭配面包的，但是这次经历也让我意识到原来想要和当地人和谐相处，真的是方方面面都要注意。

虽然说在新西兰生活的这一年，衣食住行都有着很多不适应的地方，但给我印象最深刻的文化冲突体验是一次 babysitting 事件。我的寄宿家庭有两个上初中的孩子，我们的相处也一直比较融洽。有一天，孩子的父母二人要单独去参加一场聚会，要很晚回家，他们就表现出了很为难的样子，在商量是否要雇一个 babysitter。我也是后来了解到，按照新西兰的习俗，父母是不能把未成年人单独留在家中的，如果有事外出，需要雇请专门的 babysitter 临时照顾孩子。但是因为我寄宿在他们家里，又是成年人，所以男女主人对我说干脆让我来做两个孩子的 babysitter，这样他们也不用雇人了。当时我从未听说过这个词，就问他们是什么意思。男女主人解释说就是要我陪着两个孩子待在家里就好。我心想这还不容易，就爽快地答应了下来。我和两个孩子一起做了游戏，看了电影，后来因为要准备第二天的课件，我便回到了自己的房间，他们两个孩子留在客厅里继续看电视。男女主人回来的时候已经很晚了，他们发现两个孩子躺在客厅的沙发上睡着了，而我自己待在房间里并未和他们在一起，这让他们感到异常愤怒，这也让我觉得特别委屈。因为在他们看来，我答应了做他们孩子的 babysitter 就需要尽到职责把他们的孩子妥善安置好。但是在我看来，我是出于友善而提供的帮忙，他们不但没表示感谢反而觉得我没有尽到照顾孩子的义务。这件事也让我和寄宿家庭产生了一次不愉快的冲突，也正是因为这个导火索我们又经历了一些大大小小的摩擦，直到后来我重新找到了一家新的寄宿家庭搬了出去。

在跨文化交际的过程中，除了要不断应对文化差异带来的文化冲突，我也感受到了一些新西兰人对中国文化的误解。还记得在我们的中文课上，我们进行了一项文化活动，要求学生们自己去图书馆或者网络上搜集资料，并在全班做一场和中国以及中国文化有关的演示。学生们热情很高，也纷纷贡献了很多生动有趣的演示。但是我发现一个有趣的现象。在演示的时候，每个班级里都会有几位学生来介绍中国的街边小吃。但是，他们找到的资料和图片都在介绍说中国人很喜欢吃昆虫，比如说蜘蛛、蜈蚣还有蝎子之类的。面对学生们好奇而惊讶的眼神，我只能哭笑不得地跟他们解释，极少有中国人会吃这些东西，至少我本人就从未吃过……类似的经历还有很多，比如有些小朋友听说我来自中国，经常想让我展示一下中国功夫；又如我认识的一位本地朋友看见我用微信便对我说，他听说中国政府会在微信上监视每一个人。这些经历也让我重新意识到了文化交流和沟通的重要性。就像如果我没有来到新西兰，我对这个国家的了解也仅限于地理课本上的某一章节和电视新闻里的零星报道。而由于地理位置以及政治因素的影响，这些生活在大洋彼岸的人们对于中国更是了解甚少，从而产生了不少对中国和中国人的刻板印象。这也让我意识到，作为一个旅居在海外的中国人，除了要努力融入并适应当地的生活，我们似乎也在承担着另一项隐形的任务，那便是消除当地人对于中国的错误印象并向世界展示真正的中国形象。

总的来说，在新西兰担任汉语教师志愿者的一年中，我所感受到的不适和焦虑应该远远超过了异国生活带给我的新鲜和幸福感。也许是经历了太多挫折，至少在我待在新西兰的那一年中，我每时每刻都在盼望着早日回国。日子过得很快，转眼间我就结束了任期顺利地回到了上海，日子也慢慢重新步入正轨。刚回国的时候，觉得国内处处都好，再也不用在异国他乡处处碰壁。然而让我并没有预料到的是，我很快又感受到了反向文化冲击。

我相信对于很多归国人员来讲，在经历了异乡文化的洗礼后，都会或多或少地再次遭遇一定程度的适应压力，需要一定的时间来加以调整适应。对我来说，这种不适表现在生活的方方面面。比如，在新西兰，人们走在路上，不管认识与否，很多人都会点头微笑示意。记得有一次我在等公交车的时候，一位当地老奶奶甚至直接跟我聊了起来，她说今天的天气不错，我穿的裙子很好看，还问我是不是要和朋友出去玩。当时我感到特别诧异，想着我们根本不认识，为什么她会问我这么多问题。不过后来发现，很多当地人，尤其是老年人，都很喜欢热情地跟陌生人打招呼。久而久之，我也养成了在路上跟别人微笑示意的习惯。回到上海以后，生活的节奏陡然加快，路上的人们每个人都行色匆匆。当我不自觉地向迎面走来的路人微笑示意时，得到的都是充满疑惑的眼神，似乎再不会有陌生人对我微笑着说："嗨，今天真是个好天气啊。"除了打招呼这件小事，国内的快速发展也让我感受到了短短一年间我和国内朋友的脱节。当我还拿着交通卡找地方充值的时候，朋友们刷着手机就过了安检；当我在饭店里等待服务员拿菜单的时候，朋友们已经在微信上点好了菜……我再次感受到了国内的都市生活给我带来的便利，但也慢慢觉得我开始怀念起新西兰的那段悠闲的田园牧歌一般的生活。后来当我决定再次出国留学的时候，我毫不犹豫地再次选择了新西兰。

一年之后，我以一名留学生的身份再次回到新西兰。得益于之前的志愿者经历，这次回归后我很快便适应了当地的生活。不需要再住在寄宿家庭，我可以和同样来自中国的同学们一起合租，生活上少了很多的限制和束缚，社交生活也越来越丰富了起来。我终于可以真正去享受在新西兰的生活，开始去探索很多之前没有机会去到的地方。然而，随着时间的推移，我很快又面临了新的挑战。

博士学习的第一年主要是进行研究前的准备工作，我们需要利用一年的时间来撰写一份完整的研究计划，并且只有在年终考核通过之后才可以正式以博士生的身份开始自己的研究项目。也许是因为东西方教育制度和思维模式的差异，我很快便意识到了我在主观表达方面的劣势，其中最明显的一个例子是关于批判性思维的思考。还记得当我第一次把写好的文献综述初稿交给我的两位导师后，他们很直接地提出我的写作缺乏批判性思维。在我的导师看来，虽然我查阅了大量的文献并对其归纳总结，但他们看完之后的直观感受却是"So what?"。导师们没有过多地解释，只是让我再重新改写一下，并要加入自己的思考和判断。可是我却一度陷入了迷茫和困惑之中，始终想不明白自己要如何去评判那些学者名家们的研究成果，这也让我的论文进展一度停滞不前。同样的事情也发生在小组讨论的活动中。在上学期间，我们经常会举行很多同学之间的小组学习活动，其中一项内容就是小组成员们把自己写好的一段论文分享出来供大家讨论。在开始的几次会议中，我总是倾向于提出赞同的意见，因为觉得自己才刚刚入学,而分享内容的同学们大都是前辈,自己并不该发表太多反对的观点。后来我慢慢发现,很多同学都会直截了当地指出其中的问题,而我眼中的学长学姐们也会或是接受或是反驳,虽然有时候场面看起来略显激烈,但是大家都习以为常,并不觉得有任何冲突冒犯之感。在这样的氛围中耳濡目染,久而久之我也慢慢懂得了如何在分析理解的基础上进行独立思考。

另一个让我需要调整适应的问题是西方教育中的师生关系。虽然之前在做志愿者的时候,我已经感受到本地学生习惯于和老师建立平等的关系。但是当我自己作为一名学生的时候,始终无法适应这种状态。刚开始和导师联系的时候,经常会在邮件中尊敬地称呼他们为"Professor 某某"或"Doctor 某某",但是后来导师告诉我,让我直接称呼他们的名字就好。可是直到现在,在我给导师发邮件直呼其名的时候,内心还是会隐隐有一种"大逆不道"的罪恶感。除了称呼上的不习惯,让我更深入了解当地的师生关系是一次更改课题事件。在我入学半年之后,我突然意识到我之前所做的研究计划似乎走进了一个死胡同,而我对于这份研究计划不再抱有任何热情,这种心态也让这个研究计划很难继续进行下去。当时我产生了一种更换研究课题的想法,但是又不敢和导师们开口。因为我的研究课题是符合我两位导师的研究方向的,如果我换成我想做的课题,对他们来说只会徒增工作量。所以我犹豫了很久,一直硬着头皮继续研究,一度十分焦虑。后来在一次导师会议中,我试探性地提出了自己的想法,没想到我的导师们却完全不觉得这是一个问题。他们认为更换课题是再正常不过的事情,而这是我自己的研究项目,我可以为自己做出任何决定。在导师们的鼓励下,我放弃了之前的研究转而从零开始投入了一个新的领域。而他们也并不限制我的研究,即使有时他们提出了不同意见,也会让我自己去做出选择,并一直不停地鼓励我去探索更多的可能性。后来和一位同门师兄谈论到师生关系这个话题,我们都感受到在这里导师和学生的关系更像是同事,而非师生。虽然他们对于我们来说的确是拥有更多权力的"上级",但是导师提供的更多是协助工作而非领导工作。这种师生关系对我们这些中国留学生来说其实也是一把双刃剑,如果适应得好,可以很有效地锻炼我们的学术创新能力,锻炼我们独立思考的能力。但是我也认识一些中国朋友,他们对这种师生关系特别不适应,他们觉得自己习惯了传统的"传道授业"式的师生关系,现在导师们一下子放手不管,反而让他们无所适从找不到方向。所以对于大部分留学生来说,除了语言关,可能最难克服的就是教育观念上的差异了吧。

　　总而言之,在新西兰生活学习工作的这段时间,我经历了不同的挑战,也在逐渐克服各种困难。随着全球经济的发展,中西方的交流越来越多,文化的冲突也会慢慢由显著走向淡化,并最终趋于融合。作为国际中文教育专业的学生,我们难免会在海外工作学习环境中遇到跨文化交际的困难,我们都要在不适与适应中调整自己,从而成功地实现跨文化交际。

"新"奇差异

——新西兰跨文化体验

娄艳彦　上海交通大学人文学院

作者简介　上海交通大学人文学院国际中文教育专业研究生。本科与研究生专业均为国际中文教育，本科期间曾任对外汉语教师，负责越南、印尼、泰国等东南亚国家汉语学习者的口语线上课程。研究生期间赴新西兰任教，就职于奥克兰的一所小学(St Heliers School)，负责全校学生的汉语课。

2023年1月，由于新冠疫情而暂停的国际汉语教师志愿者项目在新西兰再次启动，我也非常幸运地成了疫情后第一批赴新西兰任教的汉语志愿者。虽然仍处于跨文化交际过程中的蜜月期，一切对我来说都很新奇，但在异国他乡生活的过程中，我还是遇到了一些大大小小的跨文化交际冲突或者一些令人哭笑不得的趣事。

首先是在学校里的一些见闻，我所任教的学校为一所公立小学，该学校的Decile得分为10分。Decile是新西兰教育系统针对中小学所设立的一个评分体系，其中10分为最高分，1分为最低分。其数据主要考量该学校学区内居民的家庭收入、职业状况、教育程度、人口密度和福利领取情况这五个因素，简而言之，分数越高说明该学区所居住的居民越富裕，受教育程度也越高。由此可见，我所工作的学校是一所比较优秀的学校，不少家长对该学校的评价是，虽然这是一所公立学校，但却和私立学校没什么两样。

就像其他的精英学校一样，我所任教的学校对于学生的穿着打扮要求非常严格：学生必须从里到外都穿校服，衬衫打底、毛衣再加上外套；鞋子得是全黑的，并且女生只可以穿白色袜子，男生可以选择穿白色袜子或者由学校统一定制的足球袜。虽然国内的不少学校也有校服，但大部分都不限制鞋子，因此学生们总是会在鞋子上大做文章。而在这里,大家的穿着打扮都是一致的,全黑的鞋子也无可比性,女生大多穿全黑小皮鞋,而男生则是黑色凉鞋或者黑色跑鞋。虽然学校在穿着上对学生有着非常严格的要求,但我却发现这里的女孩子可以染头发、涂指甲、戴耳钉,这让我非常吃惊,因为这些事情往往在国内是严令禁止的。可是后来我了解到,虽然学生可以染头发、涂指甲,但学校规定发色和指甲的颜色必须是我们学校的代表色,即蓝色、红色和白色。

　　除了穿着打扮,我所任教的学校对于学生的言行举止也有着非常明确的要求,学校有一个部门被称为"Learning Hub",在学业上需要额外帮助的学生通常会来这里补习,类似于国内的"家教",只不过这是由学校提供的。但这个部门同时也负责对学生言行举止的监督和管教,如果学生之间发生矛盾,部门的老师往往会对学生进行谈话,严重时则会邀请家长、校方等介入。因为我的办公室就在 Learning Hub,所以我也对该部门的运转、学校发生的一些事情有比较深入的了解,其中令我印象最深的一件事是一起学生和老师的冲突。A 为学校八年级的学生,是一名患有自闭症的孩子,但他的自闭症程度不是很深,可以做到自由交流,只是在注意力方面有所欠缺,偶尔无法控制自己。B 则为他的班级老师,这里的小学与国内小学不同,一个班只配有一个老师,该老师负责该班所有的课程教学,主要为写作、阅读、数学和体育等。之前我给这个班级上汉语课时,B 老师总是对 A 学生关注有加,常常会帮助 A 学生完成 Bingo、Quizlet 等活动,看起来一切都非常和谐。直到有一天,B 老师花了一整个上午和 Learning Hub 主管老师"控诉"A 学生,大致是 A 学生与班级的另一名学生起了冲突,老师试图解决问题时,A 学生辱骂了老师并撑开雨伞做出攻击状,这令 B 老师非常生气。自从那个上午以后,A 学生被禁止回到自己的教室,因此之后的一周他都在 Learning Hub 接受老师的特殊关照,直到他转了班级。与此同时,与其发生冲突的学生也被特殊监管了一周。我想这一点与国内非常不同,在国内,往往有特殊需求的孩子是不被普通公立学校所接收的,并且在他们犯错时,我们也常常会以"他和我们不一样,不要和他计较"这种心态草草了事。而在这里,我所任教的学校不拒绝有特殊需求的孩子,他们在学校是非常普通的一分子,他们被平等地看待,学校没有给予他们特殊帮助,在他们犯错时,学校也不会因为他的特殊而给他优待。

　　虽然管教严格,但学校整体的氛围还是非常轻松的,且在教学中以鼓励式为主。新西兰的中小学将一个学年分为四个学期,每学期 10 周左右,而我所任教的学校,每个学期最后4到5周的周五都有全校大会(Assembly),该大会的意义在于授予学生各种奖状。我所任教的学校将奖状设立为以下几个:①Merit Awards,奖励在学业上较为优秀的学生,每个班会有5个学生获得该奖状;②Citizenship Awards,奖励严格遵守校纪校规的学生,每个班挑选1个学生获此殊荣;③Excellence Awards,奖励各方面都非常优秀的学生,包括学业、体育等等,每个班1个学生获得奖状。就拿这个学期来说,全校学生共有两次 Merit Assembly 和一次 Citizenship Assembly,所以每个班共有11个人可以在这学期获得奖状,而在我所任教的学校,班级人数最多不超过30人,那么在该学期至少三分之一的学生可以获得奖状。加之一个学年有四个学期,相当于每个学生都可以在该学年中收获一两个奖状。说到全校大会Assembly,这对我来说是一种全新的体验,总体而言,国内的全校大会是较为严肃的,往往分为领导发言、学生代表发言等部分;在这里,领导是主持人,真正的主角则是学生,学生需要在全体大会上以班级为单位作展示,展示形式多种多样,可以是唱歌、跳舞、绘画等等。甚至在第二学期的开学典礼上,校长在全校师生面前播放了我跳伞的视频,旨在鼓励学生永远要敢于尝试新的东西,挑战自己。

以上这些是对学校整体的一个印象,那么接下来就谈谈在教学过程中我体会到的文化差异和一些文化冲突。在这一学期,我给学生们安排了"家庭"主题的汉语教学,在该过程中,我惊讶地发现当地孩子并不忌讳表明自己来自单亲家庭、重组家庭等。令我印象深刻的是一位一年级5岁的孩子,在我教完"爸爸""妈妈""哥哥""姐姐""弟弟""妹妹"等词后,我准备了一个涂色、绘画的课堂活动,学生需要画自己的家庭成员,这个时候这个孩子跟我说:"Can I just draw my mom and me? Because my dad is in the jail.(我能只画妈妈和我自己吗?因为我的爸爸在监狱里。)"话音刚落,坐在他旁边的女生大声说道:"His dad is in the jail because he punched his mom.(他爸爸在监狱里因为他爸爸打了他妈妈。)"我一时语塞,班级老师见状后立即说道:"Please do not say it anymore.(请不要再说了。)"并且挥手示意我过去,后来她说正如你所听到的,他的爸爸非常暴力,因为家暴了他妈妈所以进了监狱。我点点头,问道:"你认为介绍自己的家庭对他们来说合适吗?"老师说:"我们经常会在班里谈论关于家庭的话题,所以这是 OK 的,这位男生也并不忌讳说这些。"无独有偶,在我给其他年级学生上课时,他们需要画一棵家庭树,每个人可以拿到六片叶子和一棵树的图纸,这个时候班里会有学生跟我反馈自己家庭成员很多,需要额外的叶子,我一般会顺势问学生那你家有几口人。令我惊讶的是他们并不介意说出自己家庭的情况,而是自然地告诉我家里有很多 step-sisters/brothers。

然而让我时常感到疑惑的事情则是关于性少数群体的问题。新西兰是一个比较开放且多元化的国家,也是亚太地区首个承认同性恋婚姻的国家。在这样的文化环境下成长的孩子,他们可以成为任何他们想要变成的样子,男孩子留长发戴发卡、穿漂亮的小皮鞋、丝袜等等非常常见。因此有的时候我非常困惑孩子们的 pronoun,要知道,在汉语里不管是他还是她甚至是它,都是一个读音——ta,所以在口语表达中,不会有误解的产生。但是由于英语中区分 she/her 和 he/him,所以说出正确的 pronoun 就显得尤为重要了。我应该称一个看起来像女孩子的男孩子为 she/her 还是 he/him 呢? 我该直接去找学生确认他们的 pronoun 吗? 有一次我和一位老师一起走在校园里,碰到了一位学生,我就提到:"Oh, I know he has a sister in Year 3.(他有个在三年级的姐姐。)"老师转过头看着我说:"No, he has a brother.(不,他有个哥哥。)"我再次和老师确认我们说的是否为同一个人,老师说:"是的。"我表示吃惊,因为这位男孩子完全就是女性化装扮,齐肩的头发,通常绑小辫子和带一个大大的蝴蝶结发卡,背着芭比娃娃的书包,甚至在课间也只和女孩子一起玩耍,从不加入男生的篮球、手球等活动。不过在吃惊之余,我也在暗自庆幸,因为我从来没有用pronoun 称呼过这位学生,我都是直呼其名。在与其他老师聊到这个话题的时候,他们也都一致认为最好的办法就是在不确定的情况下,尽量避免使用pronoun,而直呼其名,这是个很好的法子,但也就意味着我要记下全校 600 余名学生的名字。虽然记住所有学生的名字是解决 pronoun 的好方法,但这并不意味着关于性别的问题不再出现,还是在家庭主题的教学中,我说到在汉语中,每一个亲属都有其特殊的称呼,如姐姐是 older sister、妹妹是 younger sister 之类的,这时候一名七年级的学生问我:"How about non-binary people? How to call a non-binary sibling?(非二元性别的人群呢? 如何称呼一个非二元性别的兄弟姐妹?)"我顿时哑口无言,首先在中文里,确实没有词汇是针对非二元性别的,所以我只能告诉她在汉语里没有这样的词汇;其次,我也感慨,一位年仅11 岁的七年级学生不仅有着非常强的性别认知能力,同时也非常开放且乐于谈论性少数群体。

在教学生活中,我的大部分时光是非常快乐的,甚至可以用幸福来形容。

学生非常喜欢汉语课,低年级的学生会在我每次走进教室的时候过来拥抱我,在我下课走出教室的时候说"谢谢娄老师";高年级的学生也总是会在我走进教室的时候大喊一声"Yeah! Mandarin class!",然后放下手头的事情,拿着汉语笔记本坐到地毯上。

小部分的不开心甚至气愤来源于我与一位三年级班级老师的矛盾。其中第一次是在第一个学期的最后一天,该班有汉语课,当我走进教室时,学生们都非常兴奋,而老师却当着全班学生的面跟我说:"We get a lots of things to do, so we don't have Mandarin class today.(我们今天有很多事情要做,所以没有汉语课。)"学生听到后,都失望地叹气,而我也非常地生气。首先,如果班级老师有其他安排,那她应该提早与我进行邮件沟通,调换汉语课的时间,而不是在我走进教室之后再通知我今天不用去上课了。其次,当我听到我的汉语课被取消了以后,我提出了另一个解决方案——在当天的空余时间播放一个汉语小视频,但这个解决方案也被该老师否决了,她说我们今天没有空余时间。最后,当天我也去了其他的三年级和四年级的班级,他们的老师都非常欢迎我,三年级和四年级是一个 team,他们有大致相同日程安排,那为什么其他班级都能正常上课,而就这个班级不可以呢? 因为当天已经是学期的最后一天,所以这次冲突在没有得到任何解决的情况下草草了事了。

第二个学期开始后,该老师常常忘记汉语课的时间,每当我准时走进教室的时候,她都是一副惊讶且懊恼的样子,而我也因为她的神情举止变得非常地失落,甚至不想去她的班级上课。后来有一次,我仍然是按照课表准时到她的班级,学生正准备写作,很明显,该老师又忘记汉语课的时间了。看到我走进教室后,学生都欢呼起来,而该老师看到学生的表现后,只能让学生停下写作,坐到地毯上开始汉语课。在我安排学生进行涂色时,该老师跟我说低年级的学生通常在早上进行主课的学习,即写作、阅读和数学,而小孩子没办法很快地从轻松愉快的状态转换到严肃认真的状态,所以我的到来会让班级浪费一整个 block 的时间。因此该老师提出更换汉语课时间的请求,将每周四早上的课调换到周二的最后一节,我表示理解并且同意了她的请求。大概是由于这几次大大小小的摩擦,每次去这个班级上课也变成了我最不情愿的事情,即使她的学生都非常可爱和友善。事后我也一直在反思应该如何处理与这位老师的关系,作为汉语志愿者老师,任期通常为一年,所以我有时会觉得自己并不属于这里,正因为有这种想法,抑或是受到谦虚准则/高语境文化等影响,我会把自己放在较低的位置,并不常提出反对意见,也会隐藏自己的不满情绪。

总而言之,尽管有些小小的不愉快,但我还是非常喜欢这里,也希望可以让学生更享受汉语课,与同事更和谐地相处。

重　构

——新西兰奥克兰大学孔子学院汉语教学

吴卓松　上海交通大学人文学院

上海交通大学人文学院国际中文教育专业研究生，现任新西兰奥克兰大学孔子学院汉语志愿者。

研一的时候我始终认为我在学校接受到的理论学习是丰富且全面的，从语言学的理论知识到教学法的实践再到跨文化意识的培养，我所理解的课程设置是将一堂完整的课程做精细化的分解——课件制作、教学法的选择、编写脚本、用于教学的视频拍摄，甚至细化到课堂用语、专业英语等。可谓无所不至，无所不及。

但是当我来到新西兰的高中课堂，我却一下慌了神。我发现固化的训练是绝对不够的，我需要再次经历一个重构的过程——将所学的技能分解，与当地教学实际与文化背景相结合。

理想环境中的二语教学应该是沉浸式的，能够让学生更多地接触到目的语。回想我自身的英语学习历程，在外教课堂中，我几乎听不到外教口中说出一句中文，但是我们仍然是专注于课堂、专注于语言本身的。然而新西兰的对外汉语教育截然不同。我所任教的学校是奥克兰地区北岸的一所历史悠久的高中，开设的二语课程当中涵盖了西班牙语、法语两门传统的二语课程，随之是日语以及汉语。因为汉语在这所学校起步较晚，且由于三年的新冠疫情，没有汉语教学助教进入到这所学校，我认为学校的汉语氛围是浮于表面的——虽然学校有专门的汉语教师和汉语教室，但是相较于法语和西班牙语的学习氛围，汉语的学习氛围不算浓厚，且选修汉语的学生结构较为单一——以华裔小孩为主，亚洲学生次之，很少有新西兰本地学生会选择汉语课。

新西兰本身就是一个移民国家，学校里的学生除了土生土长的毛利人，还有着来自世界各地的学生。这所高中就是新西兰这个文化大熔炉的一个具体体现，对于汉语的教学来说充满了挑战。

在语言的实践环节，不同学生的需求完全不同。例如，我在 11 年级的班级有中国学生（母语为汉语的中国学生，近两年才移居至新西兰），有泰国学生（HSK4 级的水平），还有华裔学生（会说不太流利的中文，但是不认识汉字），还有零基础的新西兰本地学生和日本、越南的学生。想要在这样的一个班级当中来组织一场同步内容的中文课几乎不太可能，顾此失彼是必然的。因此我的 Lead teacher 便会根据他们的不同水平来教授课程。但是这样一来对于老师的要求很高——一堂课需要关注不同的群体，且教学用语要随着他们汉语水平等级的变化而变化。由于第一个学期我们所有汉语教学助教处于观察期间——我们不需要上课，只需要观察 Lead teacher 的授课方式。所以我就看着我的 Lead teacher 一堂课下来就像陀螺一样，转完这里转到那里。我问他没有更好的办法了吗？他回答我说："没办法，这就是实际情况。如果你真的能上好这样的一堂课那证明你真不错。"于是第二个学期我开始负责零基础的新西兰本地学生和日本、越南的学生。在他们的课上，我的授课语言几乎是英语，一旦我连续输出汉语，他们就开始自顾自地做自己的事情。因为他们听不懂，也就不想听了。我深刻地体会到 Lead teacher 的那句"没办法"，虽然我知道这与我接受的二语习得理论学习相悖，但我也不得不为之。

语言教学与文化是必然脱不了干系的。我虽然在案例分析的书上看到过很多文化冲突的情况，但我觉得我就是一个教语言的，只要我专注于语言本身，那么……

显然没有一个对外汉语老师可以幸免于西方学生跳跃的思维。我在九年级的一节课上教授"自我介绍"的内容的时候，有一个学生突然在下面大叫："Mister! Do you eat cats and dogs?"我知道当他问出这一句问题的时候，全班的注意力都来到我的身上。身为一名受过专业训练的汉硕人，我当然条件反射性地先回答了："No!"正当我准备跟他们解释的时候，一位华裔女生很生气地转过头去对他说："Yeh we do! Just be careful of your pets otherwise I'll come to your house to eat them up!"

　　我觉得她的回答可真酷啊！看来能打败魔法的还只能是魔法，那个提问的小男孩瞬间只能用微笑掩饰尴尬，笑着道歉说："Oh sorry!"

　　我认为这是一种很西方的回应方式，在幽默中讽刺并予以反击，往往比跟他长篇大论更加直击要害、一语中的。毕竟道理这东西谁不懂呢？关键是要让他们记住这次被怼的滋味，他们才不会再次抱着嘲笑的心态来对待一种文化。当然了，这场闹剧之后，我还是出于专业的惯性，为他们解释了为什么这个"刻板印象"是错的。

　　九年级的课程是文化冲突的主要战场所在。究其原因，他们是刚刚从 Intermediate School 升学上来的　　既有着初中学生的活力和对老师的敬畏，又拥有一点想要挑战权威的苗头。由于我既在高中任教，又在初中任教，因此我非常清楚这两个年龄阶段学生的特点。

　　在一节介绍自己居住地的课上，不可避免地要提到新西兰的奥克兰、中国的上海等城市。孩子们对上海一点也不陌生，当我问道："Do you know Shanghai?"他们不仅踊跃地回答我他们知道，还会补充一点："上海是中国最大的城市。"由于中国和新西兰政府之间会有一些游学项目的推广，即新冠疫情之前在新西兰学习中文的学生（从今年开始也逐步恢复）都会有机会获得前往上海沉浸式体验中国文化的机会（周期一般在十天左右），所以很多中学生其实是比较了解上海这座城市的。因此我经常在中文课堂上鼓励我的学生："Everyone of you can get the opportunity to visit Shanghai as long as you learn Mandarin well."

　　不过学生接下来的回答却让我措手不及："Mister, Is Shanghai not safe for kids?"虽然我不知道他们是从哪里看到或者听闻这些不实信息的，也不知道他是怀着认真提问的心情还是仅仅只是想让我难堪的心情来问这样的问题的，但我对于他们这样的问题感到非常震惊。我瞪大双眼，显示出难以置信的表情，一边摇头一边拖长我的声音："No ... It's very safe for you to visit Shanghai and you will find people there are very friendly."

　　卡耐基曾经说："天下只有一种方法能得到辩论的最大胜利，那就是像避开毒蛇和地震一样，尽量去避免争论。"我深知他们对于中国的误解不会因为我在这堂课上的一次否认而有明显的改变，并且如果我持续输出我的解释有可能适得其反。在人际交往当中我们常常会掉入所谓的"自证陷阱"，当一个人越想要去证明自己"不是这样"的时候，不仅会被别人抓住更多的话柄，而且对于改变这件事情的结局没有丝毫帮助——他们仍然会沉浸在他们的误解当中，坚持他们的误解。

如何在跨文化交际当中去跳出这样的"自证陷阱"呢？于是我联想到了之前在上海交通大学人文学院交换的留学生拍摄了一系列在交大留学的视频，主要记录了他们在交大的学习和生活。我认为，这是让我的学生接触到当今中中国最直接的方式，并且拍摄的人同样也是外国人，具备一定的"客观性"。于是在征得 Lead teacher 的同意之后，我在一次课堂上把视频放给我的学生看。当他们看到在交大校园里面有星巴克的时候，他们惊呼："OMG, there is Starbucks on the campus!" "Mister, can we grab a coffee there?"于是我顺着他们的话回答他们："Why not? Of course you can buy coffee there and there is also McDonald's on our campus, which means you can have lots of options. "因为在奥克兰地区，星巴克和麦当劳不像在上海那样随处可见，只是集中在比较大型的商圈。大概是物以稀为贵，所以学生对于能够在校园里面看见这两大国际知名快餐品牌感到不可思议。

在新西兰，工作和生活的区分还是很明显的，所以同事之间也不会过多地接触到对方的私生活，比如，同事之间的联系大部分都是通过邮件来进行。同时，学生和老师之间也是需要保持一定的"距离"。我虽然也知道这一点，但是在课堂上却也因此"犯了错"。

九年级的学生由于还是比较活泼好动，他们的注意力往往只能够集中 15 分钟左右。上课时我通常会播放一些视频来吸引他们的注意力以及帮助他们习得一些新的词汇。在一节学习中国美食的词汇课上，我给他们播放了 YouTube 上一位外国博主在长沙探店的视频，学生对湖南的美食表现出来很大的兴趣。于是其中有一个学生便问我："Mister, can I have this video?"我当然说："Sure, I can send it to you on WeChat. "这时候我感觉到我的 Leader teacher 已经放下手中的事情望向我，但是我当时的注意力主要还是在学生身上，所以继续说："And you guys can pick up your phones, and download the WeChat. "接着我转过头在白板上写下了我的微信 ID。正当学生掏出手机准备加我微信的时候，我的 Leader teacher 冲到他们前面，用身体挡住了我的微信号，然后示意让他们赶快去上下一节课。等学生都走了之后，我的 Leader teacher 转过身来对我说："吴老师，你不应该把你的微信号告诉你的学生，因为这可能会给你带来很多不必要的麻烦。"我的第一反应是错愕，紧接着 Leader teacher 对我说:"这一次因为你要发给他们的东西是跟学习中文相关的,可能还说得过去,但是没人保证不会有误会发生,因为一旦学生的家长知道了你有了学生的联系方式,你发什么消息给学生,他们会向学校投诉,你在课后的时间还在给学生安排额外的事情。为了避免不必要的事情发生,下次你最好不要把你的联系方式给学生。学生如果想要找你,只能通过邮件而不是社交媒体。"我顿时恍然大悟,我刚刚的行为已经越界了。虽然在中国,关系好的师生之间可以互加微信,但是在这边却不是一件那么合适的事情,尤其是对于未成年人来说。这件事情发生之后的不久,班上又有一位学生在课堂上问我:"Mister, do you have Instagram?"在经历上一次的"教训"之后,虽然我知道我不能再给他社交媒体账号了,但是其实我的内心是想跟学生保持联系和建立良好的关系的。正当我纠结要不要把邮箱给他的时候,他旁边的同学看见我犹豫不决,面露难色,便帮他打圆场说:"Is it a private one?"为了引起不必要的麻烦,我只能回答说:"Yes."我不知道我的回答会不会让他们受伤,但是我自己是很受伤的。因为拒绝不是我的本意,我也想跟学生保持着亦师亦友的关系,但是出于职业道德规范,我不得不做出一些"合理但是不合情"的做法。在之后跟同事的交流中我也很多次地提到这件事情,并询问他们,如果是他们的学生问他们要社交媒体,他们会怎么做,他们都回答我说——不能给学生,因为这会给你带来麻烦。我也突然联想到了,之前 Leader teacher 班上有学生把手机落在教室里了,学生的家长也不是打电话或者发信息给老师,而是通过邮件跟老师沟通;我在工作的第一天因为想跟同事多一些交流,一上来就问对方的 Facebook,同事当时也没有主动加我。原来这种在越界边缘徘徊的事情会时不时地发生,只是以前我没有意识到而已。而正是通过这一次,让我明晰了在西方国家跟同事、跟学生之间保持一个礼貌的距离,留给对方一定的私人空间是一件多么重要的事情。

重构的过程还在继续,我也十分享受这其中带来的"挑战",毕竟我在做一件很有意义的事情:看着他们学习一门新的外语,从无到有,从一开始的傲慢到逐渐的尊重,于一种语言,于一种文化。同时,我也在重构我自己,从一种文化,到另一种文化。

新西兰孔子学院汉语志愿者的
工作生活感想

陈可心　上海市建平中学西校

作者简介

上海交通大学人文学院国际中文教育专业硕士毕业。于 2023 年赴新西兰奥克兰孔子学院担任国际中文教育志愿者,在 Westlake Boys High School 工作,帮助中文老师进行中文教学,帮助学生参加 HSK 考试以及中文比赛。现就职于上海市建平中学西校。

奥克兰是新西兰华人最多的城市,也是最繁华的城市。在我生活的地方,到处都可以看到汉字和中国人。在刚来新西兰甚至到现在,我也常常会被人认成日本人或者韩国人,我学会了日语和韩语的"我不是日本人/韩国人,我是中国人"的表达。在外面,看到需要帮助的人时,我一般都会给予力所能及的帮助。我常常看到迷茫的老人,因此会想到,如果是我,或者是我的亲人,如果他们在一个陌生环境,他们一定很需要帮助吧。有一次,一个韩国老太太问我路,我会一点点韩语,我尽量用我会说的一点韩语和英语帮助这位韩国老太太,这种感觉真的很奇妙。最后老太太问我:"你是韩国人吗?"我笑着说:"不是的,我是中国人。"有时候,我在外面帮助别人,或者是被人夸奖外貌长相:"哇,你那么善良,你一定是日本人吧?""你长得真好看,你是韩国人吗?"我听到这些夸赞,并不会非常高兴,我会礼貌地说谢谢,然后说:"不,我是中国人。"很多西方人对日本人的印象是做事认真严谨,女生可爱友好,对韩国人的印象是外貌出众。对中国人的印象呢? 从我所接触的西方人来看,他们认为中国人爱赚钱,工作认真,沉默寡言。

很多中国人会在外国自嘲,试图用自我贬低的一种方式,融入西方的文化圈。比如说,"是啊,在中国工作是很辛苦,压力很大。"或者"中国人是什么都吃,中国人的东西是便宜,但质量不好。"中国人用自嘲来避免他人的一些错误判断,其实这算是一种防御机制。但是,这些话久而久之会让外国人真的以为中国是这样子的。但事实上呢? 我们勤勤恳恳工作,对工作认真负责,但同时,我们也懂得享受艺术、享受生活,中国的文化艺术博大精深、源远流长。中国地大物博,美食丰富,不排除个别的地方会用一些少见的动植物作为食物,但是我们对美食很讲究,讲究色香味俱全、荤素搭配。我们与自然和谐相处,不会虐杀动物。中国劳动力丰富,因此劳动成本低,东西价格实惠,但是,随着科技的发展,我们同时也在追求高质量的生活水平、高科技的产品。

很多人都说,出门在外,你代表的是中国的形象。我听说过这句话,但是直到我身在异国,我才真的觉得这句话有多么正确。西方人对中国的印象来源于哪里? 来源于他们的新闻媒体所报道的中国,来源于他们在社交网络上所看到的中国,以及最直接、最深刻的,与中国人的接触。每个国家都有好人和不太好的人。新西兰向来以友好热情著称,可我仍然也碰到了一些冷漠的或者带有攻击性的人。这是没有办法避免的。我所能做的,就是尽可能地展示友好的、努力的、乐于助人的中国人形象。至少让我所接触到的外国人,对中国有个好印象。

很多汉语学习助教在初到国外,或者是初到学校时,不愿意惹麻烦,不愿意跟别人发生争吵。这当然是好事,可是如果真正面对一些恶意、一些歧视,如果忽视或者容忍,是一种纵容,会让他们认为中国人真的是这样。

在我刚来到学校时,很多学生会问我:"你喜欢吃冰淇淋吗?""你吃过冰淇淋吗?"我刚开始不知道,以为只是因为小朋友真的很喜欢吃冰淇淋,我会说:"是的,我喜欢吃冰淇淋。"他们问我喜欢吃什么口味的冰淇淋,我也会一一回答。我也很奇怪,为什么他们都问我同样的问题。后来我才知道,冰淇淋是一个在这边很火的梗。原因是有一位国外男明星在宣传电影时,用中文说:"我喜欢吃冰淇淋。"他的发音有一些洋腔洋调,如果不知道中文的人,很容易听成"Bing Chilling",这引起了很多海外年轻人的模仿。本身这样一段视频并没有恶意,但是却在海外引起轩然大波,海外网友认为这是这位男演员对中国的讨好,因此嘲讽这位演员,并且开始用夸张的语调,配上一些带有恶意的动作开始模仿。中文在一些外国人眼中是非常难的语言,其中一个原因是,大多数的拼音文字没有声调,但是中文有四个声调,因此,外国人会觉得中国人在说话的时候抑扬顿挫,语调颇有起伏。他们觉得这样的语言很夸张,模仿起来有意思。

在传播的过程中,娱乐性会逐渐稀释消解原本的含义,不论是好是坏。很多中国人不认为这是一种种族歧视的表现,但是,当你走在路上,或者走在街上,有人冲你莫名其妙地大喊冰淇淋,我认为这是一种冒犯,就像是我们不会突然冲一个西方面孔大喊 hello 一样。大部分外国人都知道"chin chong"是一个非常歧视的词语,因此大部分不会使用这个词语,但是冰淇淋不一样,表面上它只是代表着冰淇淋,但是它隐藏着一些歧视。

如何在学校或者在生活中对待这些问题呢。首先,发生明面上的冲突肯定是不合适的。中国人向来以和为贵。我不确定我的处理方式是否正确,但是我是那么做的:在学校里,碰到学生问我是否喜欢吃冰淇淋,我会大大方方说,我喜欢吃冰淇淋,我经常吃冰淇淋。因为西方人真的很少接触到真实的中国,他们觉得非洲人吃不起西瓜,他们也觉得中国人吃不起冰淇淋。碰到他们用冰淇淋跟我打招呼,我会回复早上好、下午好、你好。我会告诉他们,这是中国人打招呼的方式。但我有一个学生,经常看到我就说冰淇淋,我跟他说,我们这学期学了很多中文单词,我不希望你只会这一句冰淇淋,你是个聪明的小孩,你知道我什么意思,并且你知道我想要你怎么做。有一次在一个车站,有几位中国老人在等车。我听到了有几个青少年在用英文大声地嘲笑他们,并用夸张的语调说着中文的脏话。我一般都会无视粗鲁的青少年,可是我忍受不了他们对老人无礼。我对他们说:"男孩们,你们在说什么,你可以对你的言语负责吗?别表现得很蠢。"他们看了我一眼,然后不说话了。我其实那时候有点害怕,我不知道他们会做出什么事情,我也不知道他们会不会跟我发生争吵。但是,我不希望我们祖国的老人在异国他乡被欺负而熟视无睹。所以,在我看来,如果你真的在国外遭受到了歧视,遭受到了不公,你需要勇敢地站出来,沉默或忽视只会在纵容这种行为,让他们更加肆意妄为。

在刚到国外的日子,很多汉语学习助教会有点不习惯西方社交文化中的 small talk。Small talk 可以简单地理解为唠家常。我刚来的时候,每一天,我碰到的老师问我:"How are you?"我的住家问我:"How was your day?"刚开始,我有点疲于应对,因为我不理解他们为什么每一天重复地问我同一个问题,即使是陌生人也这样问。我不觉得他们真地关心我一天过得怎么样。我相信很多中国人,面对"How are you?"的第一反应是:"I'm fine, thank you, and you?"这不是错误答案,但是,确实有很多中国人不知道,对于"How are you?"我们应该怎么应对。我目前还没有真正地适应,对于大多数的简单问候,你都可以用"I'm fine.""Good."来应答,并且询问他人的一天。如果是你关系亲密的朋友、老师,你可以展开说说你的一天。很多人都说,学会西方人的 small talk,是你融入他们社交圈的第一步。虽然我到现在好像也没学会,但是,以下这些主题是不会出错的。关于天气,尤其是在新西兰,天气多变,常常一会暴雨,一会大太阳。关于这个国家的景点,我会跟我的同事分享,这个周末,或者假期的时候,我去了哪里。我是个很喜欢旅游的人,当然,当地人也会很乐意跟你分享他们推荐去的地方。关于美食,美食大概是永远不会出错的主题,你可以分享你吃到的不错的餐厅,你可以分享你喜欢的食物。分享你周末的计划,或者假期计划,永远是最有趣的主题。在与别人聊天时,我认为需要重视边界感,最好不要涉及个人隐私以及敏感话题。或者,如果你真地不知道应该说什么,不如从夸奖别人今天的穿搭开始吧。

在我看来,在外国生活,最重要的是正确对待与你不同的生活方式。我们都知道,中西方文化有巨大差异,比如,在新西兰,刚开始我会很惊讶地发现这里的人不喜欢穿鞋,即使在冬天,在我的学校,你也经常能看见年轻人光着脚到处跑,更不用说小孩子了。习惯一日三餐吃热乎乎饭菜的中国人,到新西兰一定很不习惯,他们中午可能只吃一个水果,或者一片面包,或者是三明治。很多与我们原本的生活习惯不同的事情,或多或少地影响着我们的价值判断。我的看法是,不要去对他人下定义,那只是别人的生活方式。每个人或者每个民族都拥有自己的文化和生活习惯,尊重是最重要的,不要认为跟自己不一样就是奇怪。在尊重的基础上,做到理解、适应。

在新西兰的日子,在大洋彼岸的另一端,我领略到神奇大自然的魅力,体验着不一样的风土人情,让我对中国人这个身份有了更深刻的理解,我更加深沉地爱着我祖国母亲,感谢她给予我的根和灵魂,更加为我的祖国感到自豪,也希望在异国他乡用自己微小的力量,让中文走向世界。

新西兰小学儿童汉语教学

兰晋伟　上海交通大学人文学院

作者简介

上海交通大学人文学院国际中文教育专业研究生。2022 年通过选拔成为新西兰奥克兰孔子学院国际中文教师志愿者,2023 年任教于新西兰北地大区的两所小学,工作内容包括汉语教学、中华文化教学(手工、武术与烹饪)与任教学校的课堂辅助。

新西兰小学阶段注重单纯的教育,没有平时作业与考试,教师教和学生学两方面就是小学阶段教育的全部内容。根据小学校长的要求,汉语教学的目的在于让汉语教学成为学校课程体系和教育内容的一部分,使小学生能够接触、认识和体验到汉语与中国文化。接触、认识和体验的这一过程是最重要的,而是否能够掌握一定水平的汉语则相对不重要,也不是硬性要求。所以,小学阶段的儿童汉语教学最重要的在于让汉语融入小学课程体系与教育体系之中,同时作为中国实际代表和形象的汉语教师也要慢慢融入其学校的教学环境和校园文化中。

在这一融入的过程中,作为汉语教师,我主要面对两个问题:汉语教学的适应问题和汉语教师的适应问题。汉语教学的适应问题,即汉语教学要怎样适应新西兰本土的教育意识和内容,怎样适应教学对象——新西兰小学儿童,怎样适应新西兰小学教育体系和课程体系,成为其教育的一部分;汉语教师的适应问题,即教师怎样融入教师集体,成为学校的一部分;同时融入当地社会,获取社会与人际支持,成为当地社会的一部分。

一、汉语教学的适应问题

新西兰小学的儿童年龄从 5 岁到 10 岁不等,教学课堂形式灵活,学生常席地而坐,也会坐在课桌旁,上课时常自由活动与交谈,需要教师进行一定的引导。近几年新西兰的学校教育强调融入毛利文化与意识,我会在介绍一些中华文化时将其与毛利文化相对比,在达到这一要求的同时促进学生对中华文化的了解;同时,我也在适应以儿童为教学对象的课堂环境,针对儿童的身心特点和学习方法来进行汉语教学。

1. 教学意识适应问题

新西兰本土的教育意识中比较独特和重要的一点在于,强调在教育中融入新西兰原住民毛利人的文化传统与意识。在汉语课堂教学中,我也需要考虑并践行这一意识。如何在教学过程中融入毛利文化意识,是影响我教学的一大因素。文化比较是极为有效的手段。在汉语教学中,我通过毛利文化同中华文化的比较,来实现融入毛利文化意识,同时,这样也以一种新西兰本土熟悉的方式——毛利文化,更自然而然地介绍和宣传中华文化,教授汉语。

毛利文化与中华文化有许多相似的地方,在社会观念和伦理关系上体现颇多。以下是两者一些相似之处:

创世神话。在毛利人的创世神话中,世界起初是一个整体,森林之神唐(Tāne)与他的兄弟们分开了天父(Rangi)与地母(Papa)。这与中华神话中的"盘古开天辟地"极为相似,盘古将一体的世界分开,分出了天与地;毛利人崇拜天与地,常提到 sky father 与 earth mother,而在古代中国,人们也敬仰天地,在北京保存着天坛与地坛;毛利神话中的半神毛伊曾拖住太阳,使白天变长,而中国神话中有夸父追日的故事。深入考察的话,中国神话与毛利神话中有许多相似的故事。我在教学前同学校的毛利老师讲过这些相似的中华神话,毛利老师表示这些神话确实相似,而且适合小学儿童,是极好的教学内容。

玉石文化。玉石(当地毛利人称"green stone")在毛利文化和生活中有着极为重要的地位,他们认为玉石是带有威严气息的神圣物品。毛利人会将玉石雕刻、制作为不同的艺术品,如项链吊坠、耳环等,作为饰品戴在身上,直到现在,课堂上的不少学生和老师还会佩戴玉石。而在中华文化中,玉石也有举足轻重的地位,玉石文化同样也是中华文化的一大部分,中国人爱玉、赏玉、佩玉,也有着悠久的历史和文化。两种玉石文化相似颇多。

此外,毛利文化和中华文化还有许多相似之处,比如重视家庭关系、尊重年长者、敬畏神灵等等。

在毛利文化与中华文化的比较中,我发现了两者之间许多的共同点。在课堂教学时,我会先介绍中华文化,之后再介绍毛利文化中的相似之处,让学生们更容易感同身受,认识到中华文化所蕴含的普遍性。同时,将中华文化、毛利文化与英语文化同时进行展示、比较,能够形成明显的文化光谱,并以毛利文化为中介,更好地让英语文化的学生认识和接触中华文化。

2. 教学对象适应问题

我的教学对象是5—9岁的儿童,不同年龄段的儿童心智成熟度不同,但大体上处于一个区间。儿童汉语课堂面临两个问题,一个是课堂管理问题,一个是教师的教学方法问题。

在课堂管理方面,我需要保证基本的纪律以使汉语教学能够顺利进行,同时也要给予学生充分的活动自由。新西兰小学课堂上学生可以自由活动,不同老师对于课堂纪律的约束不同,可绝大部分学生会在上课时自由交谈,教室里说话的嘈杂声会很大。面对这一现象,我会使用一套明确的教学指令,来管理学生的活动。我在初期的汉语课上提前教授好基本的指令,比如将一起鼓掌或者一个响亮的口号约定为"停止交谈,保持安静",将某一手势约定为"跟我说",等等。我认为,只要保证了教师讲解和说明时的课堂纪律,即有一定程度的约束,学生可以保持自由活动与交谈,从而使其身心保持自然的放松状态,促进其汉语学习。而如果过多地强调纪律,减少其自由的行为,学生会难以专注,时常走神,而且会觉得汉语课堂无聊乏味。

在课堂教学方面,我要逐渐熟悉儿童心理和学习特点,有针对性地进行汉语教学。在心理上,小学生爱动,很难长时间保持一个没有变化的状态,比如一直坐在椅子上、简单重复一个词或句、眼睛保持在一个人身上。所以在整个课堂教学过程中,我会使自己的声音与姿势经常变化,比如在讲解与提问时,我的声音会抑扬顿挫,并配有丰富的手势,面部表情也保持相对夸张的样子,且随声音进行变化,同时我也会走来走去,不时与学生进行互动;在语音教学时,我不会直接让学生跟着自己读几遍,而是在短时间内融入一些其他小任务,比如在学"猫"这个词时,我会让学生跟读一遍,接着让他们拿起笔写下拼音,写完了自己念出来,所有学生写完之后跟读一遍,之后再让学生快速就这个词画一个简画,画完了自己念出来,全部画完后跟读一遍。这样一来动作变化多了起来,就避免了单调的重复问题,学生也不会觉得单调乏味,同时也能加深学生对词语的印象,将有意识记和无意识记结合起来;在操练时,我也会经常设计一些调动学生身体运动的活动,让学生可以动起来。

二、汉语教师的适应问题

在教授汉语的同时,我作为汉语教师在慢慢融入教师集体,融入整个学校,也在融入当地社会中。面对这些教师身份与文化适应的问题,我时刻保持开放的心态和交流的态度,与其他教师多分享多交流,同时在课后参与到其他课程当中;在当地社会中,我也在多见识、多思考,慢慢适应当地衣食住行各方面的生活习惯,同时多结交当地朋友,努力习惯当地的生活。

1. 学校适应问题

在平时的教学活动中,我会在备课时向该班级的负责教师了解学生在汉语之外的所学内容,以使自己的教学能够与其他课程更好地衔接,确认自己的教学内容是否合适。同时,我也会让班级的负责教师参与到汉语课堂的管理与互动来。在汉语教学之外的空闲时间,我也会参与到其他课程的管理与互动中去,帮助其他课程的教师与其学生进行互动,在学生发生摩擦或者有其他问题时帮助课程教师处理问题。有时学生会因为与课程教师长时间的相处而对其解决问题的方式或说教感到厌烦,而让学生有新鲜感的我则可能会让其感到不同,而使其乐于接受。这样自己就可以慢慢成为学校教育体系的一部分。

在课堂之外,我会在休息茶歇时与其他教师交流,内容不限,在交流的过程中增进与其他教师的相互了解;我也会参与教师在校外的聚会,在生活上与其他教师相互接触,加深关系,逐渐成为教师集体的一员。在学生活动时间,我会参与到学生的活动中,比如与他们一起踢球,在活动中解答他们关于中国的问题,并可以放松地用汉语课堂上所学的内容与其交流,融入学生的学校生活中。

2. 文化适应问题

刚进入新西兰当地社会时,由于没有亲友,饮食习惯不同,所以我感到一切都很陌生,与当地社会与文化有一些疏离。生活时间久了,与当地不同人员接触和交流多了之后,自己慢慢会开始习惯当地的生活习惯与社会文化。

新西兰在饮食方面多生冷清淡,但讲究食材新鲜,营养均衡。在寄宿家庭中,女主人的早餐常常是冷牛奶泡干麦片,而午餐则是一些高热量零食,比较简单,晚餐则相对丰盛,会有大量熟制的肉类与新鲜的蔬菜。喝水时当地人习惯直接引用冷水或冰水,而没有喝热水或温水的习惯。我刚开始会尝试同当地人一样的饮食习惯,喝冰水、吃生冷食物,但由于自己喜爱中餐,习惯口味丰富、加工精细的食物,所以自己会时常自行准备午餐,做得比较丰盛,每次午餐时间我拿出自己的午餐,其他老师都会围过来看我今天吃什么,他们往往会对中餐的丰盛精美感到惊叹,吃饭时我也会与其他教师聊天,分享各种生活中的事情。

在穿衣习惯方面,新西兰人相对随意,时常着短裤 T 恤,穿拖鞋凉鞋。由于新西兰多雨、风大,而且难以预测,同时也因为喜爱户外运动,新西兰人常穿着冲锋衣(英语叫"outdoor jacket",户外夹克)。汉语中的"冲锋衣"就是指户外夹克。"冲锋衣"其实指登山运动中最后冲刺阶段使用的"charge jacket",属于户外夹克的一种,但性能更强、更专业。汉语中用"冲锋衣,charge jacket"通指"户外夹克,outdoor jacket"。刚到新西兰的时候,下雨时我会打伞,而周围人都不打伞,直接淋雨,或者穿着冲锋衣。后来我也逐渐习惯,时常穿着一件冲锋衣,在防风的同时以防下雨。

在休闲活动上,新西兰人喜欢户外运动。新西兰有着优美的自然风光和丰富的户外资源,徒步、爬山、骑车、露营等都是普遍受欢迎的户外运动,更有滑雪、滑板、跳伞、潜水等颇多极限运动为许多人喜爱。新西兰素有"徒步天堂"的美誉,几座城市有世界级的步道,引来不少徒步者;绿地沙滩也随处可见,随时都可以去露营;滑板场地也有很多,平时周末各处滑板池都有不少玩滑板的年轻人。刚到新西兰的时候,我因为不熟悉周边环境会时常待在家里,住家会常常让我去户外活动活动,后来住家带我出去几次,慢慢熟悉后,我也慢慢喜欢上了徒步、骑车、爬山等户外运动。我平时会滑一种少见的滑板,中文叫"漂移板",英文叫"freeskate",每次到滑板池玩的时候都会引来不少好奇的目光,展示我的技术之后常常会收获不少人的惊叹和赞许,同时也让他们看到了街头流行文化中中国人的身影。

在社交习惯上,新西兰人有一套固定的社交礼仪和一些常聊的生活话题。新西兰人见面会相互用"How are you?"问好,之后可能会闲聊一会儿,离开时说"Have a good day."。聊天时注意尊重他人隐私,不随意打探别人的生活私事,除非别人主动与你分享他的私事,否则不能开口过问,因为这是越界。聊天的话题包括生活中的各种事情,如天气、交通、周末过得怎么样、周边新闻等等。农事也是经常谈论的话题,因为新西兰本土农业发达,新西兰人生活中的很多方面都是与农事相关的。在我待的北地城镇 Whangarei 里,农场与牧场很多,有很多农业家庭,或者家庭中的成员从事农业活动,所以大部分人都很了解农事。因为我出身农民家庭,所以闲谈中我常常会与他们交流农事,他们都会感叹我对农事的了解。此外,本地人家庭中都有许多子女,有的家庭多子多孙,我本人也有许多兄弟姐妹,这就为闲聊提供了许多共同话题。我时常会与其他人谈论家庭成员的情况,他们也乐于互相分享,这些也是他们平时生活中经常谈论的话题。这些共同话题很能让我和当地人产生共鸣,让我们明白彼此之间的生活其实有许多共同点,我们之间的距离在不知不觉中也被拉近了。一步步地了解和交流后,我逐渐能够理解本地人的生活习惯,同时也在渐渐地融入他们的生活状态。

在新西兰的生活与工作中,我遇到了一些问题,我在观察、自省和调整的过程中,逐渐了解本地的各种生活方式与学校的教学与教育方法,慢慢适应新西兰的生活,渐渐融入其中,在融入的过程中完成自己的工作,完成自己的使命。

在海外孔子学院开展中国文化活动

——以澳大利亚新南威尔士大学孔子学院为例

李果　上海宋庆龄学校

作者简介　上海交通大学国际中文教育专业硕士毕业。硕士期间曾赴澳大利亚新南威尔士大学孔子学院担任学生事务专员,负责组织面向校内师生的中国文化活动,并协助孔院开展其他大型文化活动。硕士毕业后进入上海宋庆龄学校,从事语文教学工作。

文化活动是外国人了解中国的一扇窗,通过各类文化活动可以吸引更多外国人促进对中国的正确了解。中国文化活动可以从特色传统文化入手,辅之以现代面貌,以参与者体验为主,以体验促了解。各类文化活动既要保持中国特色又要融入当地风格,以"亲切的面孔"激发当地人参与的热情。

虽然国外不少大中小学都开设了汉语课程,可是很多人对中国的了解还不全面,接收到的信息较片面,或局限于课本的描述或受网络不客观、不真实的描述影响,对中国文化了解不深,对中国现代发展了解不足。

各类文化活动形式多样是展示现代中国的"活"名片,一方面可以在活动体验中加深对中国文化的了解,促进海外学习者学习汉语的热情;另一方面可以通过多彩的活动吸引未学过汉语未接触过中国的人来学习汉语、了解中国。

一、大学校园内常规文化活动

1. 汉语角

汉语角旨在为新南威尔士大学在校学生提供加深了解中国文化的平台。不同主题的汉语角将文化体验与话题讨论相结合,为中澳学生交流沟通搭建桥梁,不仅促进了当地学生对中国文化的了解,而且帮助他们提升了汉语水平,让汉语学习者在轻松有趣的氛围中练习说汉语、了解中国文化。现在的汉语角已成为喜爱中国文化的学生的学习园地。

汉语角每周固定时间举行一次,根据学校中文课的时间来确定汉语角举办时间,既要和中文课错峰又要在大部分学生没课的时间内举行。常规地点在孔子学院,也可根据汉语角的主题来确定活动举办地点。活动每周聚焦一个主题,比如中国书法、中国画、茶艺、剪纸窗花、中国通信工具、中国当红明星、影视作品、中国城市、中澳学生旅行观等等。在中国书法一期中,新南威尔士大学在校二年级学生 Amy 感叹到:"写毛笔字就像在画画,精髓在于画得像!"有直接将笔杆包进拳头中的,有砚台掉下来砸到脚的,有泼墨到自己衣服上的,也有书法写得令人称赞的……活动结束后每个人都拿着自己的"墨宝"激动地向别人炫耀今天学到的技能。一期的汉语角能让参与者有参与感和收获感,那么在下一期就很可能会看到那些老面孔和不断被吸引来的新面孔。

另外,可以根据当天活动参与人数和反馈情况了解当地学生对哪些主题比较感兴趣,以后的活动就可以多开展相关的专题,比如茶艺、书法、绘画、中华美食等。

2. 中华饮食文化体验活动

民以食为天,对于"吃"这件事中澳两国人民都乐此不疲。相对于炸鱼、薯条、牛排、沙拉,中国饮食可谓菜系丰富、种类繁多。通过参与此系列活动,参与者可以了解中国饮食文化中各种元素之间的关联,如时令美食与二十四节气、餐具与生活理念等。

在悉尼情人港金龙阁海鲜酒家举办的饮食文化体验活动中,餐厅名厨王晶为大家展示了精湛的刀工和雕刻表演。盘子中的豆腐转瞬间变成了盛开的菊花,用胡萝卜雕刻的鸳鸯寓意中澳两国关系像鸳鸯一样亲密更是赢得了无数喝彩。活动中还举办了画盘和食物摆盘比赛,将自己理解的中国饮食文化和澳大利亚饮食文化融入盘中,参与者纷纷跃跃欲试。

从口到心,食物不仅带给人们生存的能量和味觉上的享受,更传达了智慧的先辈对生活的体验。中国食物的味道令人津津乐道,每一种食物的内涵更令人寻味。节气美食就是典型例子。将食物与传统节气相结合,制作并品尝当季美食,在活动中了解饮食文化中的来源故事、礼仪观念、地域特色等。

在清明节我们组织了一场制作青团的活动。中国草药在西方人眼中是神秘的,得知青团是要用艾草或小麦草制成的,一些学生有了质疑,这绿绿的东西能吃吗? 饺子还有绿色的(green dumpling)? 青团为什么是在清明节吃的? 因此在制作之前我们先介绍了青团的来历、功效、文化寓意。解决这些疑问后,大家动起手来干劲十足。在饮食文化体验活动中制作、品尝是形式,目的是要让参与者了解这部分饮食蕴含的文化意义。类似的活动还有粽子与端午、月饼与中秋、筷子与刀叉、广东早茶……作为活动组织者,在活动之前必须自己先熟悉知识点,才能有条不紊地临场应对参与者提出的各类疑问。

3. 中国茶艺

俗语说开门七件事——柴米油盐酱醋茶,可见茶在中国人民生活中的地位。品茶又离不开具有浓厚民族特色的中国茶艺文化。一场关于茶的活动可以从"望、闻、泡、品"这几个方面来开展。从观察茶叶形态、颜色,到闻其气味,再到冲泡技巧,最后到品茶回味,在四个环节中让参与者了解中国饮茶的历史,鉴别不同种类的茶,欣赏茶艺表演和品茶。

在澳大利亚当地超市里最常见的就是各种包装精美的一次性茶包,有薄荷茶、茉莉花茶、水果茶等。当看到茶艺师拿出绿茶、红茶、白茶、乌龙茶时,经常喝茶的 Richeal 大吃一惊:"这不是变形的树叶吗? 怎么是茶?"活动中令他印象最深刻的莫过于茶艺表演。看到茶艺师投茶、洗茶、冲泡、闷茶、出汤过滤之后他更是惊呆了,如果说这是喝茶的礼仪,那么他觉得以前对待茶就太粗暴了。

中国人离不开茶,澳大利亚人则离不开咖啡。茶和咖啡都是万人迷,茶清幽,咖啡浓烈。当茶遇上咖啡会发生什么样的碰撞呢? 孔子学院联合校内咖啡爱好者协会共同举办了一场"饮品大会"。活动除了介绍中国茶、进行茶艺展示,还有鉴别咖啡豆、研磨咖啡豆、亲手制作咖啡环节。不同饮品映射着不同地域文化内涵,参与者在杯盏中切身体会中西文化交融的乐趣。参与者不禁分享起了自己与茶的结缘之路、喝咖啡的心得……在宣传中国文化的同时能引入当地文化,进行两种文化的比较,更容易激发参与者兴趣,也有助于促进对中国文化的理解。

4. 中澳商业精英论坛

除一系列的校园文化活动外,在全球化和一带一路的背景下,商业、职业也为广大学生所关注。新南威尔士大学孔子学院组织了为中澳学生提供职业导向的交际活动——中澳商业精英论坛。论坛的邀请嘉宾成为活动中首先要考虑的问题。作为活动组织者要邀请谁? 嘉宾是否有代表性? 其话语是否具有权威性? 既然是中澳商业论坛,嘉宾既要有中澳两国的丰富工作经验,又得是行业中有一定分量的人,要依据这两点锁定邀请目标。论坛邀请了澳洲旅行社(AussieYou Travel)负责人、当地碧桂园负责人、汇丰银行中国板块经理、中澳商会经理作为嘉宾分享其创业或求职历程、职业发展、中澳商业背景下的工作经验以及对未来市场的一些看法。论坛结束后进入自由交际环节,参与学生对于自己的求职就业疑惑向各位嘉宾单独进行了请教。

中国文化活动不仅限于五千多年来的传统习俗也包括现今中国发展过程中涌现出的时代特色。新闻时事下两国学生共同关注的问题、与其自身现实利益相关的主题都可以作为活动的切入点。

二、依托校内资源,使活动在当地学生的支持下落地开花

1. 孔子学院学生大使

可以寻找在校的中国留学生、当地学生以及其他国际生担任孔院大使,协助开展每期的汉语角。不同文化视角下的讲解者不仅能在讲解内容和形式上别开生面带来不同的火花,而且能分享自己的学习经历、感受易使其他参与者产生共鸣,此外这些大使在活动的过程中又加深了对中国文化的认识,是中国文化的学生代言人。

2. 社团合作

找准和校内学生社团的异同点,寻求合作。每个大学社团都覆盖一定数量的社员,和他们合作举办活动可以促使活动受众范围更广,而且合作宣传的效果也更佳。例如,将汉语角与中国留学生会的"语言交换"项目相结合的活动,孔子学院与中国留学生会共同开展的"澳洲月,中国情"庆中秋活动,都吸引了更多对汉语和中国文化感兴趣的当地学生参与活动。联合新南威尔士大学"茶与咖啡爱好者协会"共同举办主题为"当茶遇上咖啡"的文化活动,则帮助参与者了解了中国各类茶的特色。与中澳青年联合会联合举办中澳商业精英论坛,邀请在澳中国商业人士与在中国创业或工作的澳洲商业人士,分享其创新创业之旅,促进中澳青年间的交流,帮助澳洲青年更好地了解中国商业文化环境,以及在中澳商业环境中如何更好地发展自我。另外还可以邀请当地"中国通"开讲座,分享与中国文化结缘历程。

在非母语环境中开展文化活动,既要保持本色又要融入当地特色,要以中国文化为根基,以参与者体验为本。通过一系列文化活动,加强两国人民友好交流,增进彼此了解。对于很多未到中国、不太了解中国的外国人来说,中国文

化活动就是他认识中国的途径之一，这些活动就是在塑造他眼中的中国。成功的"塑造"离不开他的参与感和收获感，也离不开组织者对中国文化的精准把握和对当地文化的深刻理解，知己知彼，相互映衬。

三、活动注意事项

1. 活动前期准备

（1）详细的活动方案，每个环节具体到几分钟，什么时间做什么事、怎么做、谁来负责。

（2）提前购买好一期活动所用材料。

（3）至少提前一周做好海报，张贴在校园里，发布在 Facebook 等平台上。同一类型的活动海报格式要统一，比如校徽位置、孔子学院标志位置、二维码位置、时间地点。

（4）活动中 PPT 上展示出来的词汇都要与小组成员核对一下，保证专业性，不能出错，演示前写好文稿。

（5）校内活动提前一个小时去布置场地，工作人员穿统一活动文化衫或佩戴活动名牌，便于参与者寻求帮助。

（6）活动正式开始前了解参与者汉语水平，决定整场活动的主要语言是英语还是汉语。

2. 活动进行时

（1）可现场直播，拍照、录好视频做宣传备用材料。

（2）活动接近尾声时预告接下来的活动。

（3）收集反馈，请参与者谈谈参与感受，对活动有何建议。

3. 活动结束收尾

（1）活动总结，与小组成员开会，谈谈可借鉴经验和改进之处。

（2）整理影像资料、撰写通讯稿，宣传媒体及时更新。

跨文化交际案例点评

郭恋东　上海交通大学人文学院

上海交通大学人文学院教授、硕士生导师,复旦大学文学博士,美国普渡大学访问学者(2007—2008 年),澳大利亚昆士兰科技大学访问学者(2014 年 8—11 月)。研究方向为中国现当代文学的海外传播、跨文化交际。在《学术月刊》《当代作家评论》《文艺争鸣》《南方文坛》《小说评论》等 CSSCI 来源期刊上发表学术论文近 20 篇。主持国家社科基金项目、上海市教委科研创新重点项目、上海交通大学人文社科学术领域文化专项项目等多项。作为第一负责人开设的海派文化与中国传统文化全英语课程获得首批上海高校外国留学生英语授课示范性课程称号(2016);作为第一负责人主持的《面向留学生的全英语中国文化公共课程体系构建与实践》获上海交通大学 2015 年教学成果奖二等奖,同时获得上海交通大学教书育人奖、青年教师教学竞赛奖、烛光奖等荣誉称号。

本次来自六位志愿者教师反馈的跨文化交际案例数量并非只有六个,众多案例反映出的问题可主要归为三种类型:跨文化适应问题、跨文化课堂教学问题以及跨文化交际的心理与态度问题。

本着志愿者教师的身份,三类情况中较多涉及的是跨文化课堂教学问题,而具体情况又多聚焦在课堂教学中的跨文化国际汉语教学管理这一方面。志愿者教师在境外的教学工作中,课堂教学是实现教学目标的主要形式,而教学管理则贯穿课堂教学的始终。教学能力和课堂管理能力同样重要,可以说是营造良好课堂教学效果的两大关键因素。在对案例的具体描述中我们可以看到六位志愿者教师在教学工作的具体开展过程中均具备良好的教学能力,比如,专业基本功扎实,能够熟练使用当地语言,但出现的大部分问题属于课堂管理能力的范畴,是较为典型的跨文化国际汉语教学管理问题。因为教师和学生的母语背景、文化传统、价值观、不同文化对教师角色期待的不同以及社会规范存在的差异,课堂管理给我们的志愿者教师带来较大挑战,这也说明课堂管理能力是国际汉语教师和志愿者的薄弱之处,急需提升和改善。

就文化适应问题来说,加拿大跨文化心理学家约翰·贝里(John Berry)认为文化适应的过程是个人改变自我的过程,两个主要因素决定个人处理跨文化适应的策略选择,一是个人对保持自己原有文化传统和身份的态度,二是个人寻求与新环境主流文化建立新的人际关系的模式。两个因素相互作用,形成了四种不同的文化适应策略,分别被称为同化、分离、融合和边缘化。其中的融合策略被认为是最成功和理想的适应策略。采用融合适应策略的人希望保持自己的原有文化,也接受新的文化的部分价值观念和行为方式,可以说是同时吸收和融合两种文化中的积极方面。具体的表现形式是在人际交往方面,他们既与自己的同胞保持密切关系,又主动结识较多目的国的新朋友。通过案例描述可知我们的六位志愿者几乎都倾向于采用融合的跨文化适应策略,说明他们具备良好的跨文化交际意识和敏感度。但在实际的交际过程中因为自身文化与目的文化之间的差异、环境陌生,对目的文化的期待与现实并不完全符合,对目的文化的知识,如文化价值观、教育体制、行为规范、习俗、语言使用和非语言行为的特点不完全了解等,因此在交际中产生焦虑情绪、遭遇交际障碍。六位志愿者均具备良好的反思能力,且通过调动积极的内在动机乐观面对困难,把适应不同文化看作是提升自身能力和增加个人阅历的好机会,特别是碰到疑惑和困难时能够及时调整自己的心理预期,通过与目的国同事、朋友的积极沟通,加深了解目的文化知识,并有效缓解焦虑和克服障碍。

第三个方面属于跨文化交际的心理和态度范畴。志愿者教师在案例中提及在海外生活工作期间曾遭遇目的国人群对中国及中国人存在刻板印象、偏见,并在行为上表现出歧视的情况。刻板印象是一种成见和定型观念,指对一个群体成员特征的概括性看法,在跨文化交际中刻板印象是一种普遍存在的现象。偏见是对一个群体的成员建立在错误而僵化的概括基础上的负面感情。对他人的偏见主要基于对方的肤色、口音、方言、某种宗教和文化习俗等因素,也是跨文化交际中普遍存在的现象。与刻板印象相比,偏见一般都是负面的,且带有强烈的感情色彩。偏见易于导致歧视,偏见是态度,歧视是行为。我们的志愿者碰到的具体问题是跨文化交际中的歧视性话语问题,歧视性话语一般分为性别歧视语言和种族歧视语言。志愿者们碰到的是种族歧视话语。歧视性话语是不可取的,是消极的。从社会语言学和语用学的角度讲,使人们能进一步了解歧视性话语及其产生的原因和规律,将有益于跨文化交际中正确的语言实践。歧视性话语是一种历史现象,也将随着人类思维的进步,社会秩序的平等、公正而成为语言的遗迹。我们的志愿者在遭遇歧视性话语时,首先选择思考,在明确辨识确实是歧视行为时,没有选择沉默,通过不卑不亢的说明和对问题的回答积极维护群体和个体的利益和尊严。本着加强群际间的沟通和交流的目的,志愿者们以语言和切实行动为他者提供了一个客观认识中国的视角,帮助他者以全面、客观和发展的眼光看待中国和中国人。当然,在这样做的同时也需要根据实际情况注意保护自身安全。

以下是具体案例分析及点评。

一、由玥的《中国和新西兰的文化差异》

志愿者由老师的故事因为经历了从志愿者教师的身份到重回目的国成为留学生的身份的重大转变,同时在目的国的时间较长,跨度较大,因此她的案例内容丰富,覆盖了包括文化模式和价值观差异、跨文化适应、跨文化的语言交际、跨文化人际交往以及跨文化的国际汉语教学管理等在内的多方面内容。我们仅选择其中一个典型,可以说贯穿了由老师在海外的整个工作和学习阶段的跨文化适应案例进行分析。文化适应是一个文化融入的过程,当进入新的文化环境以及返回本文化的环境时,跨文化者一定会经历生理和心理上的变化,严重的时候会出现文化休克和返乡休克的现象。由老师的案例呈现出一个完整的跨文化适应过程,比较典型地经历了美国人类学家奥伯格的跨文化适应理论中所划分的所有四个阶段:蜜月期、沮丧期、调整期和适应期。另外当由老师的志愿者工作结束返回中国后,她又经历了一次返乡休克,也就是说当一个已经适应了海外文化环境的人返回本民族文化环境后,又经历了一次文化适应过程,两次的文化休克结合在一起其实形成了典型的 W 曲线。由老师在初到新西兰经历了短暂的蜜月期后,很快进入到沮丧期,主要的原因可能包括五个因素。第一个因素是目的语能力和社会文化知识不足。虽然学习英语多年,具备较好的英语表达能力,但在实际生活中依然存在语言障碍,还有她所提到的不同国家的文化习惯差异。第二个因素可能和她个人性格特点有关,我们知道个体差异与跨文化适应紧密相关。第三个因素是文化距离,中国和新西兰的文化距离较大。第四个因素是期望值过高,比如由老师所提到的工作带给她的压力,因为新西兰中小学的教育环境、学习理念以及学生的学习习惯与中国差异很大,这些新情况都不在由老师的预期中,因此造成很多工作上的障碍。第五个因素是社会支持。由老师刚到新西兰,在工作环境中并未很快结交到很多当地朋友,同时生活中住在当地人的寄宿家庭,也因为一次看护事件的误会使她和寄宿家庭发生冲突,对由老师来说来自目的国的社会支持较少,甚至没有,因此导致其在某段时间处于焦虑状态。由老师在案例中总结道:"总的来说,在新西兰担任汉语教师志愿者的一年中,我所感受到的不适和焦虑应该远远超过了异国生活带给我的新鲜和幸福感。也许是经历了太多挫折,至少在我呆在新西兰的那一年中,我每时每刻都在盼望着早日回国。日子过得很快,转眼间我就结束了任期顺利地回到了上海,日子也慢慢重新步入正轨。"通过她的描述可以看出其在新西兰任教期间经历了文化休克,可能她本人并没有意识到自己在经历文化休克后又经历了调整期和适应期,直到她回到中国,再次经历了返乡休克,可以判定其在新西兰的后期阶段已经在不知不觉中度过了调整期和适应期。通过由老师的跨文化适应案例提醒我们,志愿者教师在海外工作生活期间,特别是前往与中国文化距离较大的目的国时,文化差异会给志愿者的工作和生活带来很多困难和障碍,如何克服这些障碍需要从三个方面进行准备:①端正文化观念,以包容的心态尽量了解和接受不同文化;②全面了解文化差异,特别针对目的国的深层文化,破除文化定式;③了解不同文化的行为规范,采取相应的规避措施,这样才能更好地保障跨文化交际的顺利进行。

二、娄艳彦的《"新"奇差异——新西兰跨文化体验》

志愿者娄老师分享的案例内容丰富,虽然集中于学校这一教育场景,但具体问题又不局限于这一领域,而是扩散至新西兰社会中诸如性别平等、人文关怀、人际交往中的隐私等多方面的问题。我们从具体问题入手进行分析,娄老师观察到新西兰优质公立小学在教育规则的制定方面既严格又人性化。比如对校服着装要求严格,但同时又较为人性化地允许学生在配饰发型方面展现独特个性;有特殊需求的孩子可以和其他孩子一样进入公立学校学习,面对特殊需求孩子与老师发生冲突时校方并未不了了之,而是按照规定进行较为合理的处理,公平公正的理念贯穿教育的各个方面。特别是娄老师案例中所描述的学校整体氛围,用具体的事例验证了新西兰所实行的"愉快教育"理念,使我们充分感受到新西兰中小学课堂的自由开放,贯穿始终的"平等教育""鼓励式教育"理念。当然我们也在其中看到,正是因为新西兰中小学课堂相较于中国的中小学更加自由开放,课堂氛围更加活跃,同时也因为中国和新西兰的文化差异,特别是针对孩子的教育理念上的差异,涉及课堂教学和管理时会出现很多意想不到的情况,也超出娄老师的预期。当涉及学生的个人家庭隐私问题时,虽然我们看到娄老师对学生的提问感到不知所措,但本土教师积极干预,既是对问题进行处理,同时也是给娄老师做出示范作用。娄老师具备较强的跨文化适应能力,能通过观察本土教师的做法,反思两种文化的差异并通过事后向本土教师询问的方式深度了解这一情况,正确地采用积极方式适应新文化、新的教育环境。

另外,在案例中娄老师提到让她时常感到疑惑的事情是关于性少数群体的问题,"新西兰是一个比较开放且多元化的国家,也是亚太地区首个承认同性恋婚姻的国家。在这样的文化环境下成长的孩子,他们可以成为任何他们想要变成的样子,男孩子留长发戴发卡、穿漂亮的小皮鞋、丝袜等等非常常见"。我们知道当前西方社会提倡的包容地对待人类的性取向、消除性别二元对立的思想其实来源于女性主义思潮。早期女性主义思潮重在发出男女平等的呼吁,到20世纪20年代,男女平等的主张得到了欧美资本主义国家一定程度的响应。20世纪60年代,心理学家提出人的性别可分为生理性别(sex)和社会性别(gender),生理性别是先天的,社会性别是文化建构的。20世纪70年代,学界开展了社会性别在文学文化中的表现形式研究和生理性别/社会性别制度研究。在此基础上产生的性别与跨性别理论及其发展提倡突破性别二元对立,在阐明生理性别与社会性别的多维关系和跨性别群体的现状问题的基础上,深度剖析和揭示西方现行社会体制的局限性,将建构性别平等的和谐社会作为最终目标,体现了学术研究服务于社会发展的理念。娄老师所看到的正是这些理念在新西兰社会中的具体表现。娄老师碰到这些不一样的文化现象时,虽然震惊、疑惑但并没有急于下断言,而是通过与同事交流,思考并查阅相关资料,在深化自己对性别、自由和平等的认识的基础上,主动提升自己的适应性。

就当地教师不尊重汉语教学的问题再进行一些分析。就某位当地教师任意取消汉语课,不遵守汉语课的时间安排这一情况,娄老师感到气愤,但又无可奈何,采用了较为消极的方式说服自己接受现状。其实可以尝试进行改善,在清楚了解校方对汉语教学的明确规定的情况下,如果本土教师的做法确实不符合规定,我们的志愿者教师也应该对这种不公平和违背规则的做法提出质疑,应该具备交流的底气,确保自己的话语权。我们提倡在符合当地人的交流方式的前提下,应该适度合宜地表达自己的观点和立场,并树立自己的原则和准则。当然在这个过程中也要积累总结经验,以营造平等共赢的合作模式为目标,更好地与同事相处。

三、吴卓松的《重构——新西兰奥克兰大学孔子学院汉语教学》

志愿者吴老师的案例主要集中于跨文化的国际汉语教学和跨文化的国际汉语教学管理这两个方面。其中最典型的事件是有关师生关系和新西兰的青少年保护制度。吴老师具备良好的跨文化交际意识,在赴新西兰任教前做了充分准备,良好的语言交际能力以及较好的应变能力都加快了他的跨文化适应速度。但即使是这样,吴老师还是在教学工作中遇到一些意想不到的情况。首先是跨文化教学中的师生关系,不同文化背景中的师生关系会存在差异,中国师生关系中教师的权威较高,但师生关系又会因为学生的不同年龄阶段而有所不同。中国的小学和初中阶段,师生关系更类似于家庭关系,老师们本着热心服务学生的精神,对待学生类似于对待自己的孩子。但很多西方国家将教师视为一种职业,特别是教师与未成年人的关系更是一种敏感关系。吴老师出于热心,当学生对汉语课堂上播放的视频感兴趣并想下载时,吴老师主动向全班告知自己的私人社交媒体账号,希望通过微信转发视频给学生。这种做法显然有违当地的相应规则,幸好本土教师及时制止吴老师的做法。正如本土教师对这一不符合规定的做法所进行的解释,这样做其实会给任课教师带来不必要的麻烦,因为教师通过私人社交媒体发送给学生的信息,无法保证不会有误会发生,一旦学生的家长知道教师有学生的私人联系方式并在课余时间与学生进行非教学方面的联系,很可能出于保护未成年人的心态向学校进行投诉。学生与老师的联系可以通过正式的学校邮件而非社交媒体。事后,吴老师积极反思自己的做法,并在本土老师的指导下更好地应对类似情况的发生。在社会生活中,每一种身份都有其社会规范要求和规则,而不同国家不同文化背景下对这些身份的要求又会有所差异,讨论教师角色就离不开具体文化背景下教师的身份以及相应的行为规则。当承担某种社会角色的人其行为并不如所期望的那样,就会出现矛盾与困扰,从而引起跨文化冲突。我们看到吴老师的做法,因为当地教师积极的干预和指导,因此并没有发生较为严重的冲突,但需要引起重视。

尽管对外汉语教师赴任前会进行赴任国国情与文化的相关培训,但由于实际接触不足或事先了解不够充分,仍然可能在教学和生活中出现跨文化交际问题。因此应该通过多深入学习,入乡随俗,提高对于此类问题的敏感度,从而避免造成不必要的误解。

四、陈可心的《新西兰孔子学院汉语志愿者的工作生活感想》

志愿者陈老师在奥克兰遇到的情况是较为典型的刻板印象案例。当地人对中国人、日本人以及韩国人的认知是一种刻板印象的表现。这些刻板印象,或许是源于对当地亚裔以及华人的形象的主观认知,或许是源于当地社会的主流偏见、新闻媒体片面的报道。刻板印象有正面的,也有负面的。比如陈老师在案例中描述的当地人认为日本人善良,韩国人长相出众,非洲人吃不起西瓜,中国人吃不起冰激凌。但即使是正面的刻板印象也会给跨文化交际带来消极后果。陈老师具备较强的跨文化交际意识,对刻板印象会给跨文化交际带来消极后果有清晰认知,以积极心态面对刻板印象,采用沟通交流方式力图缓解、弱化、尽量消除对方所持有的刻板印象。另外,当遭遇可能是歧视性话语时,陈老师在思考后采用了勇于面对的态度,以不卑不亢的言辞和行为表明自己的立场,维护个人和群体的尊严。我们知道歧视的发生有许多原因,但任何一种原因都不能成为歧视被无视和忍让的理由。当陈老师面对奥克兰青少年在公共场合用歧视性语言对中国老人出言不逊时,尽管处于陌生环境中,依然挺身而出指出对方的问题。当然我们的志愿者在海外面对这种情况时一定要考虑自身安全,在保证自身安全的前提下,直面歧视并采取一定措施为自己和群体争取尊重和平等待遇的做法是值得提倡的。

五、兰晋伟的《新西兰小学儿童汉语教学》

志愿者兰老师在案例中较典型地反映出志愿者个人在教学环境以及当地生活中的跨文化适应问题。兰老师对这些问题进行了深入思考,并且在陈述案例的过程中对文化差异和不适应情况进行了细致分析。正如他的分析所说:"作为汉语教师,我主要面对两个问题:汉语教学的适应问题和汉语教师的适应问题。汉语教学的适应问题,即汉语教学要怎样适应新西兰本土的教育意识和内容,怎样适应教学对象——新西兰小学儿童,怎样适应新西兰小学教育体系和课程体系,成为其教育的一部分;汉语教师的适应问题,即教师怎样融入教师集体,成为学校的一部分;同时融入当地社会,获取社会与人际支持,成为当地社会的一部分。"正是因为对所遇问题的准确诊断,我们看到他的具体做法可谓对症下药,立竿见影。在解决教学意识适应问题时,兰老师通过将中国文化和新西兰毛利文化的异同点融入汉语教学中,既满足新西兰本土教育规定和导向,又达到有效传播中国文化的目的。因为兰老师的教学对象是5—9岁的儿童,这个年龄的少儿心智尚未成熟,还未养成良好的学习习惯,兰老师在教学实践中遇到困难,但很快明白"有效的课堂管理是推动新西兰中小学汉语课堂高效的关键",因此他采用针对儿童身心特点和学习规律的课堂管理方法和汉语教学方法进行教学。比如以类似契约制的方式制定一些课堂规则逐步引导小学生养成规则意识,有利于课堂管理也有助于学习效果。从教学方式上来看,兰老师有意识将教学内容与游戏结合,让学生在娱乐中受到启发并获得知识,这种寓教于乐的教学方式和做法不仅符合学生的年龄特点,也契合新西兰所提倡的"愉快教育"理念。

从兰老师作为旅居者在新文化中的适应情况来看可以说他较好地采用了跨文化适应的融合策略,在保持自己原有文化的同时,积极主动寻找与新环境主流文化建立新的、良好的人际关系,获得更多来自新文化中的社会支持,可以说在短期内较好实现了跨文化适应。

六、李果的《在海外孔子学院开展中国文化活动——以澳大利亚新南威尔士大学孔子学院为例》

作为在国际舞台上推广汉语、传播中国文化的重要机构,孔子学院具有"向世界展现真实、立体、全面的中国"的重大作用,支撑着中外文明的彼此交融、相互借鉴。"文化传播的根本在于融合",如何增强孔子学院在全球的传播效果?其中促进中国文化与各种在地文化融合发展是一种有效手段,也是一种必然趋势。本案例中的李果老师任教于澳大利亚新南威尔士大学孔子学院,担任学生事务专员一职。其工作的核心是负责组织面向校内师生的中国文化活动,多次协助校方和孔子学院开展各种大型文化活动。从她的案例描述中可知,其所在的孔子学院举办的常规和特色中国文化活动种类丰富,收效良好。李老师对孔院举办文化活动的目的和意义认知清晰,其在案例中分享道:"通过各类文化活动可以吸引更多外国人增进对中国的正确了解。中国文化活动应从特色传统文化入手,辅之以当代面貌,以参与者体验为主,以体验促了解。各类文化活动既要保持中国特色又要融入当地风格,以亲切的面孔激发当地人参与的热情。"确实是这样,孔子学院以语言文化推广为主业,同时在对象国或国际上举办讲座、演艺、人员交流等活动,所有活动的目的都是为了传播、交流文化。大部分孔子学院在文化传播工作中以传播中国传统思想和文化、开展各类民俗文化活动为主,李老师所在的孔子学院也不例外。但实际的情况却是"全球读者越来越渴望了解中国当下的样子",强化中国的当代特色更是应该成为孔院传播活动的重要内容。尽管李老师所在孔子学院开展了"中澳商业精英论坛",李老师也特别强调"中国文化活动不仅限于五千多年来的传统习俗,也应该包括现今中国发展过程中涌现出的中国新秀名片",但我们看到这类活动相对来说占比不大。强化当代特色,将孔子学院的形象更多与当代气息联系在一起,增强中国的当代文化魅力是增强孔子学院文化传播效果的一条有效途径。

参考文献

[1]祖晓梅.跨文化交际[M].北京:外语教学与研究出版社,2015.

[2]朱勇.跨文化交际案例与分析[M].北京:高等教育出版社,2018.

[3]朱勇.国际汉语教学案例争鸣[M].北京:高等教育出版社,2015.

[4]王亚妮.对外汉语教学中文化冲突案例分析及应对策略研究[D].西安:西北大学,2014.

[5]高奋,万安迪.论西方当代性别与跨性别理论的缘起、内涵与特性[J].浙江大学学报(人文社会科学版),2021,51(05):110-118.

[6]甄真,王大可.全球多语种媒体视域下孔子学院文化传播效果探析[J].科技传播,2021,13(01):74-77.

[7]张天伟.国际语言文化推广机构与国家语言能力研究[J].陕西师范大学学报(哲学社会科学版),2023,52(03):149-157.

[8]宋晨,蔺雅芝,郑冰清等.愉快教育理念与新西兰中小学多元文化汉语课堂[J].云南师范大学学报(对外汉语教学与研究版),2021,19(01):1-12.

[9]郭广伟,杨英法,孙立朝.跨文化交际中的中西方文化差异及其障碍破除[J].衡水学院学报,2021,23(03):121-125.

[10]赵舸.跨文化交际背景下的东西方隐私差异辨析[J].大庆师范学院学报,2014,34(05):121-124.

[11]丁玫.族群关系的协商:新西兰的社会契约与二元文化主义[J].世界民族,2018(04):11-20.

[12]葛宝祥.跨文化交际中歧视性话语逻辑透析[J].北方论丛,2000(04):91-94.

［13］OBERG K. Culture Shock: Adjustment to New Cultural Environments ［J］. Practical Anthropology, 1960(07):177 - 182.

［14］BERRY J W. Immigration, Acculturation and Adaptation ［J］. Applied Psychology: An international Review, 1997(46):5 - 34.